術としての生活と宗教

漢民族の文化システム

Watanabe Yoshio

渡邊欣雄

森話社

[カバー図版]　中国江西省興国の浮き橋（二〇〇三年、筆者撮影）

中国では「牽綫搭橋」（双方の間に入って物事がうまくいくように橋渡しすること）の諺のように、人生、「中」と「和」が重要で、それが橋渡しにたとえられる。

術としての生活と宗教

漢民族の文化システム

◉

目次

序章　術としての生活と宗教

一　「術」をキイワードとして

本書は、わたしがおよそ四〇年にわたって描いてきた、「漢民族」（漢族、漢人）に関する文化人類学的、民俗学的研究の研究成果なのだが、それを標記のように「術《じゅつ》」として、漢民族の特徴ある文化システムを再解釈しようとした試みである。正確には本書第四章第一節「術としての宗教」に描いたような考え方に基づいて、改めて漢民族文化の背景にある原則を理解しようとした試みなのだが、かならずしも本書全体を通じて再解釈が成り立ったとは思っていない。

漢民族の文化が、「術」というシステムを通じて理解可能であると考えるようになったのは、かなり漢民族研究が進んで後のことで、それ以前に書き上げた論文にまで、その新しい解釈は十分に及んでいるわけではないからである。

本書の序章として本書の内容を簡単に紹介する前に、まず「術」という語義について検討しておきたい。「術」とは日本語では、「技、手段、すべ」のことをいう。辞典的意味はそうなのだが、しかし「術」は単に「目的達成のための手段」という意味に終るわけではなく、「ある考え方の特徴や様式にもとづいて行われる手段」であり、したがって単に「目的達成のためのプロセスや行為」を表わすのではない。中国語でも日本語と似ていて「技巧やテクニック（芸術、美術、医術、算術、武術）」を意味し、あるいは「手段や権謀術数などの策略」を指すとされる。中国には「方術」とか「術数」という、「陰陽五行などの理にもとづいて吉凶を占う占いの手段」が存在した。本書では中国における「風水術」についても触れるわけだから、狭義には中国で分類されている「術」としての「方術」「術数」が含まれる［三浦編 二〇一三］。

かつて王崧興は中国（漢民族）社会の特徴に対して「関係あり、組織なし」の社会だと指摘していた［王 一九八七：三七―四二］。第一に中国社会は個人を超えた組織からなるというより、個々人の関係網（ネットワーク）を基礎とした個人中心の社会である。そして第二に個人のネットワークは固定的で半永続的な関係網なのではなく、個人が「関係づけ」「コネづけ」をしてこそ成り立つ動態的な関係なのである。絶えず関係づけという行為を行って、社会が維持される関係網だと称してよい。この「関係づけ」を含めて、本書では「術《すべ》」と考えようとしている。いわば「関係術」「交際術」「生活術」あっての人間関係である。

二　漢民族の思考を貫く原則——李亦園の指摘から

さてここで参考にしたいのは、台湾の人類学者李亦園が指摘していた「中和位育」の理論である［Li 1992］。

わたしが漢民族の社会や宗教を考える上で非常に重要だと思っている事柄は、「漢民族自身が特徴だと思っている自身の思考の原則」そのものである。李の試みは、その点で「欧米や日本の思考」とはかなり異なった、自文化に対する解釈を示して見せていると思われる。それが、わたしの捉えたい「術としての漢民族の生活と宗教」の理解に大いに役立つと思うのである。

李は意欲的な試みの論文で、儒教思想のなかにある「中和位育」の概念に注目し、この概念が中国人（漢民族）のあらゆる理想を表現したものであるとして、つぎのように指摘している［Li 1992］。「中和位育」の「中和」とは、『中庸』のなかでこう謳われているという。

喜怒哀楽の未だ発せざる、これを中と謂《い》う。発して皆節に中《あた》る、これを和と謂う。中は天下の大本なり。和は天下の達道なり。中和を致して、天地位し、万物育す。

「中」とはいわば極端に偏らず両極の中間状態をいい、「和」とは異質な諸要素を統合して調和することをいう。「中」と「和」の状態が保たれているとき、好ましき秩序は宇宙に拡がり（位）、万物は生え栄えていく（育）。このような状態を通して、最終的には「天人合一」（天と人との一体化）が達成される。「中和」の概念はたんに古典や上流階級だけの観念ではなく、一般の人びとの生活や宗教においてもいっそう広汎である。

宗教に関する「中和位育」の理論的説明は、多くを第四章第一節に譲るとして、ここでは「術としての生活と宗教」にかかわる解釈のための李の主張を、できるだけ簡単に追うことにしたい。

李は人びとの行為や儀礼の観察から理想状態に至る実際のプロセスを分析し、「中和」の概念による三つの価値体系を図示している（一八二頁・図①を参照）。李によれば、これらはひろく「中国の伝統的な宇宙認識モデル」として考えられる。

社会にAという単位とBという単位とがあるとき、漢民族のなかで強調されるのは「AとBとの間の中和」の「関係づけ」である。

漢民族の「社会の体系」とは、人間関係のサブ・システムと、神霊（神・祖・鬼）相互の関係におけるサブ・システムからなっている。前者の現世の人間関係で「中和」を強調するのがまずは儒教道徳であり、先の「中和位育」は現世の人間関係の理想を表している。「中庸」をわきまえた人間は徳の高い人間であり、「和を以て貴しと為す」ことを理想としている。中国をはじめ東洋諸国にある「天下」という高次元の社会概念は、「天」（自然）の下すべての秩序あるハイアラキーを言った。だからとくに「天下」を治め構成員の調和と安定を図る統治者にこそ、「中和」の道徳が求められた。

儒教道徳は「批林批孔運動」のあった一時期を除けば、いまの時代、漢民族のあらゆる階層に広く行き渡った倫理であり道徳である。本書は漢民族の一般庶民を対象としているが、そのような庶民の間でも、親の「恩」に対する子供の「孝」という「関係づけ」は、人間生活の基本的な「生活の術《すべ》」となっている。すなわち親と子の両者の「中和」、言い換えれば両者の「中」という思いやりがあって、初めて両者の「和」という調和＝両者の納得できる持続的で温厚な人間関係が実現する。そのような人間関係を実現しようとする行為が、わたしのいう「術《すべ》」ということになる。

三　両者共通の要素の同調こそ「中和」

わたしは李の、このような「中和位育」の動態的な理論を、さらに一歩進めて、対人関係を「中和」に至らしめるような、両者に共通した固有の要素＝波長があるのではないかと考えた。漢民族がほぼ共通に抱いている感情、すなわちお互いに「八字」が合うか合わないかで人間関係が「調和」する（日本で言うと「気が合う」）かどうかが決まるという感情は、いわば日本で言う「相性」だが、その「八字」こそは生年月日時の四種の時間という要素が、干支《えと》という要素の組み合わせで成り立っているので、そう呼ばれている。つまりは、干支年干支月干支日干支時の八つの文字である。

たとえばある人間は、生年月日と時間が「甲子年乙丑月丙寅日丁卯時」生まれなので、これらの「甲子・乙丑・丙寅・丁卯」という八つの文字の干支と「相性が合う」者こそが配偶者になり得る相手であり、先に言う「調和」した人間関係が得られる相手だとされている。

この「八字」については、李も「中和位育」の具体例の一つとして挙げている。しかし「八字」を構成する人間固有の干支という要素が、どうして時間の命運にかかわって、幸運とされたり不幸とされたりするのかについては、李の論文に説明がない。想像するに、占い師によって導き出されたお互いに共通した干支が、同じ波長なので「同調」しているからだと、そう判断されているのだろう。わたしがここで、「同調」という言葉を使ったので、ここでは両者がそれぞれ固有に持っている「八字」の文字という構成要素を「波長」だとして説明すると、お互いが持っている「固有の波長」が互いに「同調」するから「相性が合う」と判断されるのだと言い換えることができる。
本書では全篇にわたり、こうした「関係づけ」の特徴について触れているわけではないが、人間どうしの関係も、神・祖・鬼という神霊界の存在と人間との関係も、こうした互いの「同調」に至る「中和」の過程が、「存在」や「関係」の背景にあることを理解してほしいと思う。

四　本書の構成

さて、本書は次のような章節から成り立っている。

第一章は、わたしが漢民族研究をするきっかけとなった、調査研究体験談三篇を載せたエッセイである。わたしが漢民族の調査研究を始めたのは、一九七八年の台湾研究が最初であり、その後およそ一〇年にわたり、台湾のほぼ同じ客家《ハッカ》地域を調査し続けた。その成果の多くは拙著〔渡邊 一九九一〕に載せたが、なお未掲載だった論文を本書に載せている。本書には台湾客家研究を行った経緯などについて載せた。同時に大陸渡航以前、一九八三年に二度にわたり、香港の水上居民の調査を行っている。本書にもその成果の一部を載せた。ここに載せた調査研究の体験談は、台湾研究とそれ以後の漢民族調査の経験談である。

第一章「漢民族の調査研究事始め」は、**第一節「台湾研究と客家文化—客家の人びとは永遠の友であり師である—」**、**第二節「中国浙江省調査体験記」**、**第三節「中国研修紀行」**の三節からなるが、第一節は、一九七八年、初めて台湾に赴くまでわたしが知らなかった漢民族の「一民系」である「客家人」、および客家研究事始めの経緯を紹介した節である。客家研究を始めて、やがてわたしは『日本大百科全書』での紹介［渡邊 一九八四］を最後に、漢民族研究のなかで客家文化の紹介や評価を止めたが、その理由についても触れてある。

第二節は一九九二年に、初めて大陸中国に赴いて調査ができた、その経験談を綴ったものである。それまではずっと台湾の漢民族研究を進めてきたが、福田アジオさんを団長とする民俗学調査の調査団に入って、福田さんから大陸の浙江省に行ってみないかと誘いを受けたのである。このような機会がなかったら、わたしは大陸中国の漢民族研究をすることができなかったか、大幅に遅れたことであろう。

そして第三節は、その翌年の一九九三年、前期は東京都の交換研究員として、後期は国際交流基金の資金による調査研究のために、およそ一年間中国に滞在して各地の調査に赴いた、その研修のための体験談を綴ったものである。現在の中国では体験できないこと、すなわち外国人は兌換券による生活だったということなど、歴史的な出来事を記録したつもりである。

こうした大陸中国での調査研究を始めたことによって、わたしの台湾・香港・東南アジアの華人社会研究を含め、漢民族研究は飛躍的に拡大した。本書の最初に、こうした体験談を載せたのは、それに続く諸章、それらは折々の時期に書いたものだが、わたしの海外体験の違いや時代状況の違いなどが、その背景にあることの一端を示したかったからである。

＊

第二章「家族と親族の生活術」は描いた時期がまったく違うのだが、テーマを同じくしている数少ないわたしの家族親族研究の成果として、ここにまとめることにした。

第一節「中国東南部の親族組織」は、いまだ台湾にも大陸中国にも調査に赴いていない時期の、一九七五年ごろ綴った漢民族の親族組織の概要であり試論であった。だから、一九七〇年代までの漢民族の親族組織に関する一般論に終始しており、具体例に挙げた地域や統計も中国東南部一帯にわたってバラバラである。現在は一地域の集約的な調査研究がかなり進んでおり、漢民族の親族研究は本論文のような概論説明に終わるような時代ではなくなっている。そこで本書に本論文を載せることをためらったが、しかし本論文は「日本の戦後の中国親族研究」としてはきわめて早期の成果に属しており、その「歴史的な」価値があろうということで採用した。

なお本節のタイトルとして、わたしの本書の主張と矛盾するような用語「〜組織」を用いているが、これは漢民族が「組織的な親族なのだ」ということではなく、むしろ「術《すべ》」の研究に合った当時の「社会組織論」によっていることをお断りしておく。社会は固定的な人間関係や構造からなるのではなく、個人の行為や行為の体系からなるというR・ファースの理論によっているからである〔Firth 1964〕。

第二節「香港水上居民の家族生活」は、すでに述べたように一九八三年における白鳥芳郎調査団によって行われた、「香港の竜舟祭」調査の副産物としての家族研究である。主目的は「竜舟祭」の過程や仕組みを調査することであり、その成果は英文報告書にして載せたが〔Watanabe 1985〕、和訳は別書に載せた〔渡邊 一九九二〕。ここに載せた調査報告書は、プロジェクトとしては副産物だったが、調査としては基礎データの収集に属していた。家族生活は漁船の種類によって異なり、また陸上生活者（陸上居民）とはまったく違うものだった。水上居民の生活が、いかに多様性に富んでいるか、読者は通読しただけで理解できるかと思われる。

＊＊

第三章「患者と高齢者の養生術」は、家族や親族関係のうち、患者や高齢者に焦点をあてた研究であり、漢民族のいわば「養生術」を紹介したものである。漢民族の「養生術」は目的が明確である。第一に「死」に至らぬためにはどうすべきかという術《すべ》、第二に漢民族の高齢者の養生術は子供にも支えられており、ここが「術《すべ》」としての儒教道徳である。しかし儒教道徳に支えられた台湾の高齢者生活も、日本のような年金制度によるようになってきており、家族の支えではなく社会や政府の支えによる養生術に変化しつつある。そして第三に、「死」は避けられない人生の階梯なのであるから、祖先として祀られるための人生後期から末期の養生をどのようにすべきかという術《すべ》である。それら三つの典型例をここに載せてみた。

第一節「治療法と病院文化」として用意した話題は、わたしの台湾における入院生活のなかで体験できた、医術の考え方の日本との違いに発している。「医術」も「術」のうち。それがわかれば本論文は、よく理解できるだろう。しかし「医術」は広く「養生術」として、病院外において、多くは寺廟の占い術から薬局による施薬法にも及んでいる。

第二節「差序体系下の高齢者養生術」は、これも台湾での調査による成果である。台湾の特徴は「官と民」との国の福祉制度の違いによって、老後の生活が異なっていたことである。これを中国の用語にしたがって、「差序体系」と呼ぶことにした。台湾の老後の生活は「老本・老伴・老友」からなるという。「老伴・老友」はいわば家族や人間関係の社会資本によるが、大きな関心は老後の生活を支える「老本」という生活資金である。その点で、「官」すなわち国家公務員は老後の恩給によって成り立っていたが、「民」にはそのような期待された資金がほとんどなく、子供の扶養に支えられていた。その扶養も外国人介護者に頼りつつある現在、養生術は大きな変化を遂げつつある。

第三節「死の条件と往生術」は、かならず経ねばならぬ「死」から説き起こして、では死後「祖先」として子孫に祀られるためには、生前どのような準備をせねばならないのかについて、中国各地の例を取り上げつつ紹介したものである。その条件とは陽寿をまっとうする年齢、死に装束ほかの準備の条件、そして息の引き取り方をはじめとした臨終の条件である。こうした厳格な死の作法があることは、漢民族を理解する一つの重要なポイントなのではなかろうか。

＊＊＊

第四章「宇宙三界との交渉術」は、本書の「術としての宗教」という主張の中心部分をなしており、第一節「術としての宗教」はその理論であり、本書刊行の動機になっている。すでに述べたように、漢民族の宗教は李亦園が指摘したように、宇宙の「中和位育」の運動から成り立っている。宇宙間の彼我の存在の関係が、「中」となり「和」に至るためには、わたしは李の指摘を発展させて、神・祖・鬼と人間との、あるいは宗教者と顧客との両者を媒介する共通要素が同調することにより達成されるとした。同調するための共通要素に相当するものが、人びとの宗教的行為のすべてにわたって認められる。たとえば風水術における「気」のような共通要素が、自然と人間や、人間と人間の両者に認められる。少なくとも「中」と「和」に至る両者間の条件のうち、与えられた条件としての「所応」と、その条件に同調しようとする「感応」という行為は、漢民族のあらゆる宗教に存在するだろう。そう考えて、図式的に「中和」に至る原理を示そうとする。

第二節「玉皇上帝誕生祭をめぐる祭祀術の多様性」は、民間における漢民族の最高神とされる「玉皇上帝」およびその誕生祭（通称「天公生」）に関する中国各地の神観念、祀る時刻、祀る場所、神饌・供物、そして祀り方

（祭祀術）、祭具・祭品まで、ことごとく術《すべ》が異なることを解説した論文である。民間信仰＝民俗宗教とは、かつて馬淵東一教授が、沖縄の例をもって「驚異的な融通性」を持っていると指摘していたように、従来からの通説ではとうてい理解できない、最高神祭祀の多様性を紹介した論文である。

第三節「餓鬼の変化《へんげ》とその対応術」は、漢民族の神霊界における神・祖・鬼が、人の対応（祭祀・不祭祀）如何によって、その状態が変化することをまず説明し、とりわけ鬼《き》＝鬼魂という、人びとにとって最低最悪で危険な存在に対し、どう対応しているかについて解説したものである。本論文は、日本民俗学の海外研究の成果として発表したものだが、よく言われるような「比較民俗学」ではない、海外における民俗学研究のあり方を示したつもりである。

第四節「神・祖先と人の交流──台湾客家人の正月──」は、台湾南部客家人の正月行事を例として、今度は正月儀礼の側面から、人びとがどのように正月に祀る諸神や祖先と交流し、また人びとどうし、正月という機会にどのような「関係づけ」を行っているのか考えてみたものである。正月には鬼《き》を放逐するという積極的な儀礼はみられないが、神がみと祖先へのアプローチは頻繁である。そして普段は地元に住んでいない者ならなおのこと、重要な人間関係のある先に訪れて、年賀の挨拶を行い交流を深めようとする。そんな事例を示そうとした一節である。

＊＊＊＊

第五章「市場経済化する漢文化と風水術」は、数あるわたしの風水研究の成果のうち、できるだけ近年の風水判断活動の拡がりについて論じた論文や、エッセイを選んで載せたものである。台湾や香港とは異なり、大陸中国では依然として基本的に「風水術」は迷信であり放逐の対象なのだが、しかしシャーマンによる託宣や占い師による運勢占いとは異なり、大学で風水術は「迷信」か「科学」かを巡る論争まで行われたようである。ヨーロッパ人による中国の風水術の研究が行われた一九世紀には、ヨーロッパ人でさえ風水術をして「疑似科学」「中国科学」などというレッテルを貼ってヨーロッパに紹介してきた［渡邊 二〇〇一a］。「科学」とは、いわばときの政権でさえ合法化しうるほど価値を持った代名詞だった。最近、風水術は中国において、徐々に合法化されつつあるのではなかろうか。

第一節「中国政治経済下の風水師」は、そのような近年の中国的環境に至るまでの、ある風水師個人の、ここ数十年の体験を通してみた風水術に対する社会の評価の変化について述べたものである。文革以前と文革以後、そして改革開放政策が進んで中国が経済大国に踊りでた昨今の、風水師に対する境遇の違い。それはあまりにも劇的であり、むしろ中国の経済発展を陰で支えてきたのは風水師だったのではないか。風水術は、もはやそこまで暗に合法化されているといえる。

第二節「拡がる風水術と知識の普及」は、もともと二篇あったエッセイを一つにまとめ、風水術に対する評価の諸例を簡単に紹介したものである。まだ風水研究さえ公言できそうになかった一九九三年のある日、わたしは中国の風水研究者とともに講師の一人として、北京で「風水の講習会」を行った。わたしが紹介したのは、日本を含めた海外の風水研究の現況だった。そして、そのような状況の背景となるさまざまな「行政発言」が、風水術に名を借りて行われている。それはもはや中国だけのことではない。

第三節「市場経済化する漢文化」は、内容そのものは大陸中国の最近の市場経済化の動きのうち、漢民族地域で起きている「文化の商品化、市場取引化」について紹介したものである。だから必ずしも「風水術」だけが、商品化されていることを述べたわけではない。北京はオリンピックの実施を契機として、とくにマナーの普及を図った。それが保護すべき文化と開発すべき文化とを区別することにつながり、保護された文化は、「伝統文化」としての市場価値を持った。とくに「宗教」の市場経済化は著しい。「宗教施設」は観光化され「功徳」も帰依のランキング化にしたがった。「客家文化」も「社区（コミュニティ）」も、市場価値が表現されるようになった。

日本は早くから、このような文化の市場経済化が進行してきたから、読者はあまり驚かないかもしれない。しかし文化の市場経済化が進みすぎると、逆に市場経済化しない文化が確保される。そんな中国の動きを知って、我がフリを見直さねばならないのは日本ではなかろうか。

＊＊＊＊＊

付章として「フィールドワーク徒然草」という、論文以前の題材とも言うべきエッセイを載せておいた。二二の題材を取り上げたが、もともとこれらは新聞の連載記事として載せてきた話題を、テーマ別にしてまとめたものである。大陸中国を含めた東アジアだけでなく、東南アジアの華人社会をもフィールドワークしたおりに、「不思議だ」と感じた話題を記録しておいて、将来は論文に仕上げたいと思っていた題材である。話題のいくつかは、一つのエッセイや論文として本書にも載せていることでわかるだろうと思う。大部分は論文やエッセイにできなかったが、学術的なこの世の不可思議は知っていただきたい。そう思って付録のエッセイとして載せた次第である。

第一章　漢民族の調査研究事始め

第一節　台湾研究と客家文化

客家の人びとは永遠の友であり師である

一　躊躇している自称＝客家研究者としてのわたし

わたしがこんにちに至るまで一貫して「客家《ハッカ》」研究を続けてきたことを知る者は日本でほとんどいないであろうし、わたしの著作の翻訳が多い中国でさえも、わたしが客家研究者であることを知る者は多くないであろう。わたしの「客家」研究は永遠に終わらないし、「客家文化」から学びたい内容も尽きることはない。だが他方で、「客家人」や「客家文化」について書くことは限定的にしたい、と思っている、いまの自分がある。客家研究をめぐるわたしの心理的な矛盾は、いまなお続いている。

「客家人」が「客家ナショナリズム」を抑制し、自らの「客家文化」が決して特殊かつ固有のものではないと客観視できるようになったとき、「客家人」や「客家文化」は非客家の人びとから認められるようになる。そのような時代になったら、以上のようなわたしの心理的な矛盾は解消されるかもしれない。

二　漢民族研究事始め＝台湾客家人の研究

わたしが「客家人」と「客家文化」の存在を知ったのは、一九七八年三月一四日から四月七日の間、植松明石先生（当時、跡見学園女子大学教授）に付き添っていただいて、初めて台湾を訪れてからである。それまでわたしは、日本本土と沖縄をフィールドの対象にしていた。一九七二年五月、米軍から日本に沖縄の施政権が返還されることになり、わたしの「海外」研究のフィールドがなくなっていた時期だった。

沖縄の次は中国だ。

わたしは前々からそのような研究計画を立てていたし、文献を通して「中国東南部の親族組織概報」（『国際基督教大学社会科学ジャーナル』一四号、一九七六年。本書第二章第一節に所収）と題する文化人類学的研究も世に問うていた。当時の日本は、中国（中華人民共和国）と国交が回復していたとはいえ、中国に行って文化人類学的な調査ができる状況ではなかった。文化大革命直後の時期だったからである。

しかしだからといって、中国の代わりに台湾を調査しようと、わたしは思っていたわけではない。実際、台湾はいまでもかけがえのないフィールドであるし、決して中国と代替可能な地なのではない。わたしにとって台湾は、わたしの漢民族研究の原点であるし、わたしに理論構築をさせてくれた第二の故郷でさえある。

わたしが台湾をフィールドの地として選んだのは、当時の意識で言うと、「漢民族を文化人類学の視野から研究したい」という思いによるものであり、決して当時指摘されていたような「残余中国 Residue of China」として「台湾」を選んだわけではない。

しかし台湾の政府、すなわち中華民国政府は、当時、日本の一方的な国交断絶で怒りを露わにしていた時代だった。なのに、いまに至るような日本との良好な関係が、当時も政府ではなく台湾の人びとの日常生活のなかにあったことは、たいへん幸いだった。

「戦後、日本人を初めてみた」、そのような感想を口にして、握手してくる台湾の人びとが多かったからである。

しかし台湾で漢民族の研究をしたくても、わたしには台湾に頼るべき関係者がいなかった。そこでわたしは、大学院時代の指導教授である馬淵東一教授に事前にお願いして、台湾で漢民族の研究を行うために指導してくれるような、現地の研究者を紹介してもらっていた。それが当時の宋文薫・台湾大学主任教授だった。馬淵先生の名作『人類の生活』（復刻版）を馬淵教授から宋教授に贈呈する、その代理人として台湾大学を訪問するという名誉ある訪問形式をとらせていただいた。

こうしてわたしは、宋教授にお会いすることができ、わたしの台湾での調査意志を告げることができた。

「台湾で漢民族の研究をしたいのですが、どこかよい地方をご紹介いただけますでしょうか?」

こう尋ねたわたしに対する宋教授の応えは意外なものだった。

「ならば客家人の住む地域を訪問したらよいでしょう」

……客家人?

宋教授と話すうちに、「客家人」というのは漢民族の一種だということがわかった。このとき、わたしは、台湾では「漢民族」（現地では漢人）が「高山族」（当時のカテゴリーでいう少数民族）との対比で意識されていることは知っていた。しかし、エスニシティ分類の上で、「客家人」が生活の上で意識され、語られ、独自の人びとのカテゴリーとして基本的な名称であったことは、全く予想していなかった。というよりも、この時までわたしは、「客家人」の存在さえ知らなかったのである。

日本に帰国後わかったことなのだが、わたしが大学院生だった当時の東京都立大学指導教員だった鈴木二郎教授や竹村卓二助手は、「客家人」については、よく知っていた。したがって日本でも、当時、「客家人」は決して知られていない相手ではなかった。わたしが知らなかっただけのことだったのだ。それ以来、「漢民族」を知るためには、その下位分類にあたる「客家人」を知らねばならないという自覚が、わたしに生まれることになった。

台湾大学の宋文薫教授もまたご自身が客家人であった。自分より具体的に調査地を薦めやすいだろうということで、宋教授は自分の教え子である台湾中央研究院民族学研究所の徐正光助理研究員を紹介して下さった。徐正光先生。この先生も客家人であり、後々民族学研究所の所長、政府の少数民族政策の責任者などになる人物である。民族学研究所に赴いて、わたしは徐先生に宋教授に告げた同じ目的を伝え、さらに宋教授から「客家人」について調べなさいという助言を得たことも伝えた。

徐正光先生は語る。

「ここがわたしの実家で、父親は××である。台湾南部に赴いて、まずは自分自身で調査地にふさわしいと思う客家人居住地域を選んでみなさい。（地図を見ながら）台湾南部で客家人が居住している地域は、この範囲である。もしも適当な調査地が見つからなかったら、わたしの実家を尋ねてみなさい」

徐先生は、このような助言をわたしに与えて下さった。

徐先生から受けた助言をもとに、わたしは、植松明石先生とともに台湾南部を歩いてみることにした。当時の台湾は戒厳令下であり、村々を歩いていると「何をしているのか」と村人から尋問されるし、旅館に泊まっても警察が外国人宿泊の確認に来るありさまで、かつまた撮影してはならない場所、たとえば橋や海岸などがあった。

市販の地図などスパイ活動防止のためだろうか、きわめて質の悪いものしか購入できなかった。

わたしは植松先生と台湾南部の村々をいくつか訪れたが、その後、植松先生はご自身の台湾北部の調査村落に赴かれた。その後、わたしは妻と同伴で、さらに調査地を探すべく村々を歩き回った。そして、ようやくわたしの調査地となる、「六堆地区」の範囲にある村落にたどり着くことができた。この「六堆」というのは、本来は南部客家人たちの自衛組織だとされる（だから「六堆」の原名は「六隊」）。台湾の日本植民地期にも数々の本に「六堆」が紹介されており、たとえば村上玉吉編の『南部台湾誌』（台南州共栄会、一九三四年）によると、「鳳山の野、一大種族あり、一種の風、一種の俗を為す。粤族又客家族と云い、その庄を粤庄又客庄と云う。南支那広東の移民なり」（傍線引用者）と書かれている。

台湾当地でもまた、六堆客家の紹介誌として、鍾壬壽主編『六堆客家郷土誌』（常青出版社、一九七三年）、曾秀気編『六堆英華』（六堆文教基金会、一九七八年）、雑誌『六堆』（一九七八年創刊）などが出版されていた。「六堆」という自衛組織は、日本の記録では「粤族」や「広東人」の組織と記されることが多かったが、日本植民地期の記述にも、一九六〇～七〇年代の台湾の自称にも、「客家（族、人）」の記録はすでに存在していた。だから、当時のわたしは、現地の人びとから聞く「六堆」も、その組織母体である「客家人」も、歴史的に新しい組織のカテゴリーだとは全然考えていなかった。それ以後、わたしは毎年台湾に赴いて、この「六堆」地区の客家諸村落を調査することになった。

他方、「客家人」が実に古い移住の歴史を持っている「民系」（羅香林の用語）だと知ったのは、羅香林著・有元剛訳『客家研究導論』（原著は一九三三年刊、訳書は台北で一九四二年刊、非売品）を、当時の現地客家人のリーダーだった徐傍興先生から贈られて読んでからである。羅香林は客家人の歴史を詳細に復元（創造）し、客家人およびその研究者たちに深い影響を与えたことで、かれの著はいまや客家研究の原典になっている。わたしは当時、この翻訳書を通して、客家人の並々ならぬ歴史の深さを知ると同時に、日本人側の客家人認識もこの本で知ることになった。この本の「序」で訳者・有元は、こう書いている。

> 客家は客族又は客属とも称せられ、広東省嘉応市（梅県県城）を中心として福建、広東、江西、広西各省の山地方面に盤踞し、台湾、海南島を始め、宏く南方各地域にも散居する、所謂南洋華僑の調査研究上忽諸に附し難き一種特異の南支民族なり。（傍線引用者）

訳者・有元は、当時の台湾銀行台北頭取席調査課長であり、研究者ではない。だから訳の正確さは疑われるが、当時の「客家人」を認識していた書としては前掲書とともに、日本ではきわめて早い時期のものだったといえよう。

三　わたしが日本に紹介してきた「客家人」と「客家文化」

それ以来、わたしもわたしなりに日本で「客家（人）」を紹介してきたつもりである。たとえば『日本大百科全書』（小学館、一九八四〜八九年）では、「客家（ハッカ）」を以下のように紹介していた。

> 客家――漢民族のなかにあって独自の伝統、生活様式、および方言客家語を保持する人々。自他ともに「客

家人」と称するほか、「客族」、「客属」、「客人」などの別称がある。原郷は彼らのなかで、黄河中流域の中原地方であると信じられている。紀元四世紀、東晋の時代以後、五胡乱華によって第一回の南渡を経験して以来、一九世紀後半の清朝同治年間まで五回（説によっては三回）、南下移民を余儀なくされたとされる伝承がある。「客家」とはそもそも「客而家焉」（客にして家す）という義であり、移民先の広東省内で、先住の漢民族と区別する意味でつけられた他称であった。人口は諸説あって一致しないが、香港崇正公会の推定では中国国内に四〇〇〇万、華僑として五〇〇万であろうとされる。最も人口の多いのは広東省で約一五五〇万、以下江西省五〇〇万、広西壮族自治区五〇〇万、福建省四〇〇万、台湾一七〇万などとなっている。大部分は農業を生業としているが、移民である条件を生かして、第二次・第三次産業に従事する海外の都市居住者も多い。また太平天国の乱（一八五〇〜六四）の首領である洪秀全は客家出身であることが知られているが、その他、中国近代および現代の歴史的要人のうちには、客家出身者が少なくない。　［渡邊　一九八四］

わたしが三〇歳代の当時、日本の辞典その他の執筆者として「客家」を紹介するほど客家研究者として評価されていたのは、台湾から帰国後、日本の客家人組織に参加しほぼ毎年集会にも参加してきたこと、そして当時の主要な客家研究者だった戴国煇教授、中川学教授、橋本万太郎教授、鍾清漢教授などと親交を深め、学際的な客家研究を推し進めていたからである。そして近年、この文章の末尾に記したわたしの肩書きに見るような、国際的な多数の客家研究組織のメンバーになるまでに至っている。

さて、わたしが辞典で紹介した客家人紹介に似た内容は、いまなお記述されている。しかし右のような認識は、近年、客家研究をしていくうえで慎重にならざるをえなくなってしまった。最大の問題は、客家の人びとの「ナショナリズム」であり、「唯我独尊」の精神にある。

四　客家文化の特徴と他文化との共通性の発見

特に台湾で、こんにちもなお聞くことの出来る「××こそ、客家独自の風俗習慣である」という民族主義的な説明が、それである。

文化人類学者たるもの、相手の話を信用してこそ学問が成り立つのだが、現地の話を鵜呑みにして論文やエッセイに仕上げると、「それは客家文化とはいえない」などと、学術界から鋭い批判を受けるのが昨今の傾向である。また、わたし自身が非客家系の漢民族地区を訪れて調査してみて、客家の人びとより以前からずっと聞いてきた「固有の客家文化」は、決して客家だけに固有ではなく、「民系」を越えて中国各地に見られることもわかってきているのである。

例えば、わたしが台湾で聞いてきた「固有の客家文化」には以下の四つがあったが、これらの言説はいずれも客家だけに特有のものではなかった。

•「台湾の三合院住宅は客家文化の特色である。閩南の人びとの民家も三合院だが、客家とは屋根の形が違う」という言説。

↓実際に福建省南部の閩南地区に行くと、そこには「三合院住宅」が至る所にあった。台湾客家の言と異なり、「三合院住宅」は、決して客家地区の特色ではなかったし、屋根の形のさまざまな違いも、閩南地区に数多く認められる。

•「客家の住宅文化は、完全に風水思想と結びついたものである」という言説。
→風水思想によって住宅を判断している地域は客家地区だけに限定されないし、風水思想を重視している地域も客家地区だけではなかった。この点について、わたしほど研究している者はいないであろう。
•「客家独特の文化と言える、その象徴的なものは、三山国王信仰と義民廟（義塚）信仰である」という言説。
→神像としての「三山国王」や義民廟、義塚もそうだが、むしろ広東省潮州・汕頭地区のほうが圧倒的に多い。潮汕地区は決して客家地区ではない。
•「二次葬、すなわち一度死体を墓に埋めて数年後に掘り返し、再び骨だけを納めて埋葬する習慣は、客家だけの習慣である」という言説。
→日本では沖縄の二次葬が有名である。二次葬の習慣は決して客家地域に限定されず、東アジア各地や東南アジアほかに広く分布する。

その他、「客家の食文化は××が特色である」、「客家の婦女子は××である」、「客家精神は××を特徴とする」などといった「客家固有の文化」もまた、これまで各地で発見され、各地の文化の特徴として次々と指摘されてきた。しかし、ここ一〇～二〇年にかけて、客家の特色とされてきたそれらの要素は、決して客家固有の文化ではなく、他の地域や他のエスニック・グループにも存在することが明らかになってきている。そして、特に血縁的な関係がない人びとまで、「客家人」として発見され、新しい「客家人」の成員として組み込まれている事実が、最近になって指摘されるようになった。

五　しかし「客家文化」は尊重されねばならない

もはや日本においていや世界においても、「客家文化」の固有性を学術的に証明することは、なかなかできない時代に至ってしまった。また「客家人」そのものが、近現代の創造物であるという見解も、最近の日本の学術界では広く普及するようになっている。だからこそ、冒頭で挙げたわたしの悩みが深まるばかりなのだ。あれこれ証拠を挙げ、「客家人」や「客家文化」と言われるものが、その後の構築物にすぎないとする見解は、学問的には正しい。近年の学問的潮流は、こうしたエスニシティの構築性を指摘しやすくしている。

しかし、だからこそ客家研究をめぐるわたしの悩みはますます深刻になっていく。「客家人」や「客家文化」の固有性を否定することで、「客家人」であり、「客家文化」をもっている人たちに対し、それは「ウソ」だ、「間違い」だ、「でっちあげ（捏造）」だという権利は、われわれ研究者にはないからである。「民族」という概念自体が近代の虚構だと指摘した本もあるが、「客家」というエスニシティもまた「虚構」（嘘）だと指摘することで、彼らの「客家人」としてのアイデンティティを破壊し、「客家文化」を認めないとする権利は、実はわれわれ研究者にはないのである！

台湾では、「客家人」は国の客家委員会により人権保護の対象に指定されており、「客家文化」を政策的に保護しようとしている。「客家人」は人権を持った存在であり、「客家文化」は文化財、文化遺産として保護すべき対象である。それは外国人を含めた非客家系の人びとこそが、積極的に護り擁護せねばならぬ対象でもある。日本の諸学会としても、犯すべからざる人権や保護すべき文化は、これを護らねばならぬことを倫理としてすでに総会で決めている。日本文化人類学会会員や日本民俗学会会員は、学会の規則により相手の人権や文化を護らねばならないのだ。それを犯してまで、研究する権利は研究者にはない。

したがって創られた「客家人」「客家文化」こそ、われわれもまた倫理としてその存在を認め、保護せねばならない対象だということになる。われわれ非客家系の人びとこそ、犯してはならぬ一線を意識して、「客家人」「客家文化」と共存して行かねばならない時代なのである。

では「客家人」の人権を尊重し、「客家文化」を保護しようとするとき、われわれ非客家系の人びとに何ができるのだろうか？　どんな実践人類学が成り立つのだろうか？　このような課題に対して、いまのわたしが何も「客家人」「客家文化」に対して貢献できていないこと、それこそがわたしの客家研究を困難にしているのであり、悩みなのである。

この文章には、「客家の人びとは永遠の友であり師である」という副題を入れた。わたしは、こうした立場により「漢民族」の研究成果を、本書を含めこれまで多数公表することができた。またわたしは、この文章の末尾に記した肩書きにあるように、客家研究のさまざまな特権や資格を得てきた。

このような状況に立ち至っているいま、わたしは「客家の人びとは永遠の友であり師である」と言うだけでは済まされないと思っている。「如何にしてわれわれも客家人の人権を護り、客家文化の創造に協力し保護していくか」。この難問に応えられるまで、残念だがわたしは状況が許すまで「客家」について語らないだろうし、語れないだろう。

わたしの立場は明確である。決して文化人類学的な「構築主義」に満足することなく、現地あっての学問だとして、その倫理まで堅持すべき、「戦略的本質主義」の立場に立とうとしている。日本の客家研究もまた、そのような新たな段階に来ている。読者の皆様には、本書各章の内容を通して、以上のことを理解していただければ幸いである。

最後に、この文章の執筆当時（二〇一三年）から本書刊行時点に至るまでの客家研究関係の肩書きを、ここに掲げておくことにする。

台湾『客家研究期刊』顧問委員会委員
中国嘉応学院客家研究院客座教授
同学院客家研究院学術顧問委員会委員
中国贛南師範学院客家学刊編輯委員会学術顧問
元日本国際客家文化協会副理事長

第二節　中国浙江省調査体験記

一　「中国」初訪問

一九九二年のことである。「中国訪問は何回目ですか」、「以前、中国に来たことはありますか」。杭州で中国側と合流して共同調査が開始されたころから、それが終わる日の直前まで、ずっと同じ質問にあってきた。「第一回目です」、「初めてです」。中国側にとっては、そう応えるわたしが不思議だったようだ。むろんじっさいは、中国訪問は初めてではない。台湾で「大陸」と呼ぶ「中国」には、初訪問だっただけのこと。台湾に対する評価、そして香港、華人社会などという、いわゆる大陸中国以外の中国研究を進めてきたわたしに対する評価がわからなくて、「中国」初訪問だということをくりかえしくりかえし述べてきた。

わたしにとってこのときの「中国」訪問は、じじつ「初訪問」に等しかった。人びとの生活が台湾その他とちがっていたことより、「民俗学」（社会人類学なんて知らないだろう）、「調査」（現地に対しては「考察」と称する、おもしろい！）等に関する学者・現地の人びとの認識全体が、まるで台湾その他とちがっていたからだ。以下の感想や調査の特色の紹介は、むろん台湾その他でわたしが経験してきた、個人による農家下宿型の調査が下敷きになっている。調査は文部省海外科研費によって行われ、調査期間は一九九二年八月一七日から九月一四日までの二九日間だった。

二　「中日江南農耕民俗文化聯合考察」という名の日中共同の予備調査

この中国訪問は、日中共同による中国江南農村文化の民俗学的調査のためだった。日本側は、福田アジオ・国立歴史民俗博物館教授を団長として、朝岡康二・同教授、小林忠雄・同助教授、菅豊・同助手、日本の「中国民話の会」気鋭の民間文学研究者・橋谷英子こと馬場英子・新潟大学助教授、それにわたしの六名だった（肩書きはすべて当時のもの、以下同じ）。福田アジオ団長といえば、調査報告書『中国江南の民俗文化』（国立歴史民俗博物館、一九九二年）が出たように、すでに何度かにわたり浙江省江南地方を調査し、日中共同調査の試みを繰り返してきた日本民俗学界の重鎮だ。日本民俗学、いや民俗学にとっては、学説史上初めてに等しい試みを、福田氏はあえてこうしてずっと続けている。日本人学者・中国人学者の別なく、ひとしく両国の農村調査を、双方の共同によって実施しようとする試みである。

中国側のメンバーは、林相泰・民間文芸家協会副秘書長を頭として、陳徳来・浙江省民間文芸家協会副主席、馮育楠・天津民間文芸家協会主席、劉鉄梁・北京師範大学副教授、劉曄原・民間文芸研究所主任、陳勤建・華東師範大学副教授、蔣水栄・浙江省民間文芸家協会編輯の七名である。共同調査のため、滞在中すべての世話を引き受けてくれたのは、浙江省文聯組織部の程士慶氏だった。現地通訳は、ときには一人、ときには五人だったりしたが、日本側のために最後までつきあってくれた。だから総勢一五人から一九人。これほどの大所帯を車で運んだのは、専任のベテラン運転手二名である。

今回は「江南農村文化調査」の予備調査が目的で、だから来年度に向けての調査地を探すための調査だった。いわゆるエクステンシヴ・サーヴェイ（拡大調査）である。訪れた村落はおよそ一二カ所。二九日間という短期間に、九州ほどの地域を一二カ所調査してまわるという、おそろしいほど過密な日程だった。しかも新しい市町村に着くたびに歓迎・答礼の宴会があり、つぎの調査地に赴くため、一日中バスに乗っていたことも何度かあった。休息らしい休息はたったの一日だけ。こうして調査できるのだから文句はいうまい。しかし日本側のほぼ全員が、幾度かなにかしら体の不調を訴えたことも事実。日本国内でもやれない過密日程の調査だった。現地の人びとから直接話を聞く機会は、一村一度とはかぎらなかったので一二回以上にも及んだが、一回の調査時間は一時間半から三時間。むろん調査報告が書けるようなインタヴュー時間ではない。昼・夜の宴会時間のほうがはるかに長かった。あくまでも予備調査の特殊性に由来する、そう思いたい。

三　予備調査のプロセス

八月一七日上海着。上海から杭州へ行き、そこで中国側と合流、麗水経由で温州へ。麗水に一泊。調査開始は、上海到着後六日目だった。温州地区では、六日間に六村を訪問した。わたしは「風水」を主として調査したが、訪問地域のなかで風水知識がいちばん豊富だったのは、この地区だったと思う。亀甲墓《かめこうばか》あり泰山石敢当あり、影壁（沖縄ではヒンプンという）あり風水樹ありで、わたしはこの地域がいちばん気にいった。沖縄・台湾・香港の風景に共通するところが少なくなかったからで、それらの地域と似たようなものがここにもあることを、しかと確認できた次第。調査成果については、一九九五年と一九九九年の二度、世に問うた（詳しくは［渡邊二〇〇一a］を参照のこと）。六村を訪問し終えて、わたしは腹の調子がおかしくなった。紹興酒は飲み慣れていると思ったが、一気飲み（乾杯）の連続で、これには閉口した。いまは「カンペイ（乾杯）」よりも、中国人のいう「イッキ、イッキ」の掛け声がこわい。

温州地区の調査を終えて、こんどは寧波地区へ。中国の交通事情はおそろしい。われわれを乗せた専用バスが、五～六〇キロの快速で走っていたかと思うと、たちまち数時間も待たねばならぬ渋滞に巻き込まれる。寧波のてまえ奉化市までの約三〇〇キロの距離を、けっきょく一四時間かけてたどり着いた。時速約二〇キロということか。バイパスがなく、幹線道路一本に頼るこの地域一帯の風景の一コマは、のどかな田園風景のなかに果てのみえない車の渋滞の列がつづくというもの。それを予想してかタマゴや水、お菓子やくだものを売りにくる親子連れの物売りがある。炎天下でエンジンはオーバーヒートするし、異常荷重のトラックはすさまじい音をたててパンクする。外ではケンカがはじまり、バスのなかでは日中の歌声交換がはじまる。かと思うと、突如葬式の列が渋滞をよこぎる。あわてて写真を撮りに……。調査根性のいやらしさ。ハンドルを切り損ねれば、闇夜の海へという不安を抱きつつ、深夜近く奉化へ到着。

蔣介石が出たところだから風水がいいとかなんとか、妙なことを自慢するこの奉化をふくめて、寧波地区では六日間で三村を調査、一村を見学。この地域にかぎらず、あらゆる村落で聞くカミさまの名が「××菩薩」。「××菩薩」というカミの名に仏教は関係なし、これこそ「民俗宗教」だとわかっていても、やはり「××菩薩」は仏教を連想してこまる（付章第六項16参照）。中国人学者なら、この地域一帯の宗教観念を「通俗仏教」などと書きたてるんじゃあなかろうか。また、この地域の墓はドマンジュウ型が多く、このあたりの風景、温州に比べてわたしのなじみは薄い。調査地は、最早期の稲が出土したことで有名な河姆渡遺跡近くの村だったり、鑑真和尚ゆかりの「阿育王寺《アショカ》」近くの村だったり。中国側の準備は心にくいばかりだった。

寧波地区を離れて内陸の湖州地区へ。わがあこがれの紹興市には、一時停車だけで通り過ぎたのは無念。風水を研究しているせいで紹興にある禹陵にはまま興味があったが、魯迅にも王羲之にもぜんぜん興味なし。ただただ、紹興を見ずして紹興酒を飲むなかれの一念あるだけ。杭州を経て湖州へ。湖州地区では七日間で三村を調査。とくに最後は、太湖に面する漁村を二日間にわたって調査した。漁村調査なら香港水上居民を、二カ月にわたって調査した経験（第二章第一節）をもつわたしにとって、漁村調査への期待は大きかった。しかし、結果は海面漁業と湖面漁業との差を思い知らされた。質問はほとんど的外れ。とくに端午節の竜舟祭は農民がやるものだ、との応えには驚いた。屈原の故事とは無関係だという予想は当たったが、肩透かしを食った思いである。その他、コンクリート製の漁船の普及にも驚いた。その漁船に乗って、太湖のほんの一部を遊覧した。日本じゃ、かの大戦末期、鉄が不足して瀬戸内海を航行させていた舟だが、いまどき中国でこんなに普及しているのはなぜか。今後の調査課題は尽きない。

四　いちばん印象に残ったこと

最後にいちばん印象に残ったこと、およびその次に印象深かったこと、この二つを述べて体験記を閉じたい。

いちばん印象に残ったのは、中国人研究者の調査だった。かれらは方言通訳を通じて、その地方の民俗のありかたを知る。その点はわれわれとて同じこと。しかし何をもって調査情報とするかがちがう。わたしはいままでの経験から、閩南語や客家語などは、単語だけならいささかわかる。方言通訳を通じ、たとえば話者が「土地公を祀る」といっているのに、通訳は普通話（共通語）に直し「土地爺を祀る」と伝えてしまう。話者が「（庭を）明堂という」と言っているのに、通訳は「（庭を）院子という」と訳し伝えてしまう。中国人研究者は、「方言で何というか」という質問を決してしない。これには驚いた。「浙江省のある地域では『土地爺』を祀っている」などと書いたり、「ある村には家屋の前に『院子』がある」などと書かれては、たいへんなまちがいだ！　文献を読むだけで研究している学者の身になったらいい。これではその調査報告書を読んで、読者は浙江省の民俗がわかるのではなく、北京付近の民俗との類似物がわかるだけだ。われわれは「土地公」と「土地爺」とを区別して考える。風水研究者ならわかるだろう、むろん「明堂」と「院子」とは、ぜんぜんちがう。いってみれば、沖縄にある「シーサー」（屋根獅子）を「狛犬」という、などと書いてしまうようなものだ。

ここに調査の必要性があるわけだ。文献だけでわかるならなにも調査する必要はない。現地で現地語を知ろうとしないで調査したのでは、調査していることにはならない。

つぎに印象深かったこと。これは知識人類学をやっているわたしの問題だ。意外に大陸中国の話し手は、漢文化の大伝統を知らない。それはそれでいい。もともと漢文化は「無文字社会」なんだから、漢字で書かれたものほど疑ってかかる必要があるのだ。しかしあくまでも印象だが、神も祖先も鬼も、全体として台湾の農民よりはるかに貧弱な認識しかないかにみえた。文革のせいなのか、四人組のせいなのか。話者の感情・認識に近い部分を、こんな予備調査で知ろうとすることそのものが無理なのだ。でも今後の調査においても、宗教観念の貧弱さがめだつんだったら絶望的だ。人類学者（民俗学者）のわがままを許したまえ。いまや大陸中国は「文芸復興期」にある。もう少し待って、大陸中国を調査したほうが良かったかな。廟には神が、祠堂には祖先が鎮座するのはいつのことなのか。そのときは鬼《き》もまた復活して、人びとを震えあがらせていることだろう。「百聞は一見に如かず」。いずれにせよ、わたしにとって「中国」初訪問の意義は大きかった。この体験を「一見（ちらっと見る）は百聞（くわしく問いただす）に如かず」といえるまで、徹底的に調べるということ。さあ大陸中国の漢民族調査で、そんなことできるんだろうか。できる方法があるなら、教えて下さいな。

第三節　中国研修紀行

一　はじめに——大陸中国研究の動機は台湾から

一九九三年度は、わたしにとって生涯忘れられない年になった。これまでずっと台湾研究を推し進めてきたわたしにとって、この時期になって大陸中国に赴き、そしてさらに大陸で調査をふくむ専門研究が実現できるなどとは、つい最近まで夢にも思っていなかったからである。

大陸中国で人類学研究をしようと思い立ったのは、そもそも台湾にその原因があり動機があった。一九八九年、わたしは台湾の台北市で行われたある国際会議に出席し、そこで研究発表を行うとともに、ときどき赴く台湾南部の農村を調査のために再訪問した。いつものように台湾の友人たちはわたしを暖かくもてなしてくれ、数々の貴重な話を聞くことができた。あれはたしか一一月ごろだった。

奇しくも、わたしが訪れたある台湾南部農村では、廟に祀られた神がみが、その神がみの出身地である大陸に渡り、その台湾への帰還を祝って、村祭りが催される時期にあたっていた。「台湾と大陸の間を神がみがすでに往来している！」。これはわたしにとって、たいへんなショックだった。時代は大きく変化していた。つい最近まで台湾と大陸との人物往来は不可能であった。聞けば、神がみのみならず、農村の多くの人びとはすでに大陸旅行を経験しているという。

いつごろから台湾海峡の往来が可能になったのか。わたしは当時すでに時代遅れになっていた。「きみは日本人だから、大陸に渡るのは簡単だろう。なのになぜまだ大陸に行っていないのか？」と、逆に問われる始末である。「大陸はまた、台湾とはちがった美しい風景がある。ぜひ一度行って見て来なさい」とまで勧められた。

調査を終え台北に戻って、ホテルのテレビのスイッチを入れてみると、テレビでも大陸紹介を試みた映像が映し出されていた。台湾に赴いたおりかならず訪問する中央研究院民族学研究所の図書館にも、大陸発行の雑誌のコーナーが設けられていた。民族学研究所のスタッフもまた、大陸研究者と共同で大陸の調査をすでに実施しているという。台湾と大陸との間には、わたしの知らぬ間に好ましい学問環境が整えられつつあったのだ。漢文化を知ろうとするわたしには、台湾だけの研究をつづけていく理由が、すでになくなっていたわけだ。それ以来、いつか機会をみつけて大陸に渡り、調査研究を試みようと夢見ていたのである［1］。

しかしそう決意しても、すぐさま大陸に渡り、調査研究ができるというわけではなかった。われわれの仕事はたんなる観光や見学とはちがい、相手先からの「招待状」や「身分証明書」を要する調査研究であり、「招待状」や「身分証明書」を発行してくれる大陸の研究機関との関係がなくてはならなかった。しかし、そんな学問的な関係を、わたしはこれまであえて持とうとしてこなかった。わたしのこれまでの研究では、台湾が中国のすべてだったからである。

そんなおり、前節で述べたように一九九二年度になって、福田アジオ氏（元国立歴史民俗博物館教授、以下すべて所属や肩書きは当時のもの）を団長とする大陸江南の農耕文化調査団による調査の機会があり、わたしもその一員として大陸調査に赴く機会がえられたのだった。調査は浙江省文聯のおかげで大成功だったが、調査成果と同時に大陸の研究者との関係がえられ、その翌年度に単身で大陸での調査研究が実施できる可能性が生まれたのである［2］。台湾で大陸行きの動機を得てから、四年近くの歳月が流れていた。

二　大陸中国研究の目的と受け入れ機関

一九九三年度一年のあいだ、大陸中国で調査と文献研究の機会に恵まれたのは、日本では東京都と国際交流基金のおかげであり、中国では首都師範大学関係者と北京師範大学関係者のおかげであった。前期（一九九三年四月～一〇月）は東京都の研究助成金を得て、後期（一九九三年一〇月～一九九四年三月）は国際交流基金の研究助成金を得て、途中一〇月に一時帰国した期間を除き、延べ約一一カ月にわたり主として北京に滞在し、さらに北京からたびたび中国各地に調査に赴いた。ほぼ全期間を通じ夫婦同伴で大陸に滞在したが、われわれの滞在目的はそれぞれ別だった［3］。

わたしの所属していた東京都立大学（現、首都大学東京）は、東京都と北京市が姉妹都市である関係で北京市所轄の諸大学と姉妹校の関係にあり、毎年「交換（交流）研究員」を派遣しあう制度があるので、わたしは前年度研究員に応募し、審査を経て派遣されることになったわけである。北京での研究目的は、大陸中国の研究者との研究交流・文献収集・現地調査を通じて、「大陸中国の、とくに漢民族における民間風水と民俗宗教の研究」

を実施するためだった。前期の東京都、および後期の国際交流基金に申請した題目は若干ちがっていたが、大筋は同じだった。

その研究目的達成のため、前期、わたしが滞在を希望した北京所轄の大学は首都師範大学であり、受け入れ単位はその中文系だった。できればわたしの専門とする社会人類学研究に理解ある受け入れ単位を選びたかったが、中国全土においてさえ「社会人類学」という学問はいまだほとんど開設されておらず、大陸中国では残念ながら未知の学問に等しかった〔4〕。だから受け入れ単位はどこでも良かったのだが、漢民族研究をするのに若干の理解はあろうと思い、首都師範大学中文系を選んだのだった。首都師範大学では、その学系にかかわらず国際文化交流部の黄敬之部長や、中文系の邢化祥先生がわたしの研究に理解を示してくれ、前期の研究活動が大いに進展したことは特記すべきである。

とくに首都師範大学では、研究者としての身分証明書（文教専家証明書）と人民元使用許可証を支給された。あとでわかったことだが、これらの証明書は、外国人一般にそう容易には支給されない非常に便利なものだった。たとえば、国際郵便局で研究者としての身分証明書を示すと、日本からの郵便物で普通は関税のかかるものが、研究に必要な物品にかぎって関税免除になったり、人民元使用許可証を駅やホテルで示せば、一定の額まで中国人同様の安い金額で旅行できるという特権があった。後者はわたしの中国滞在中に廃止になるという歴史的過去の遺物となってしまったが、中国友人と観光地とはおよそ縁のない各地を訪ねたとき、相手にわたしの研究旅行の趣旨を容易に理解してもらえたという意味で、これら二つの証明書は「研究者特権証」にも等しかった。その他、首都師範大学では、中国では破格の金額である八〇〇元を研究費として毎月支給された〔5〕。

後期、北京師範大学中文系を受け入れ単位として研究に従事したときは、それら二つの証明書は支給されなかった。国際交流基金による「派遣研究員」として中国に渡ったとはいえ、国家として招いた客人ではなかったからだ。単なる「訪問学者」にすぎなかったので、身分証明書といったものはなかった。ましてや人民元使用許可証もなかった。とくに強く要求して発行してもらった身分証明書は、なんと「学生証」だった。したがって地方農村では、ビザのみがたんなる観光ではないことを示す証拠になった。といってビザには、研究者であることを示すような証拠はなかった。だから後期の調査にあたっては訪問目的をいちいち理解してもらわねばならず、わたしも訪問先の友人も大いに苦労した。

前年度に申請しておいた「国際交流基金派遣研究員」としての渡航が北京出発前に許されており、後期はこの資格で北京師範大学中文系を受け入れ先に選び、前期とほぼ同じ目的の研究活動を達成することができた。研究助成金を得て中国に渡るため、日本で申請するその手続きもたいへんなら、受け入れ先の中国側もまた受け入れがたいへんんだ。北京師範大学は、日本でいえばいわば「国立」大学だから、日本の文部省にあたる国家教育委員会所轄の大学である。受け入れ先は北京師範大学そのものではなく、国家教育委員会だという。中国側としてわたしを受け入れるために、北京師範大学中文系の劉鉄梁先生には、何度も書類を書き直して、国家教育委員会に提出してもらった。中国人研究者を日本に受け入れるときには、中国よりもっと繁雑な手続きがいる。そう思うと中国政府や北京師範大学には、手続きの繁雑さを声高に批判するわけにはいかない。

北京師範大学中文系の劉先生とわたしとは、前年度に浙江省各地の農村を共同調査した「耐久の朋《とも》」だ（前節参照）。劉先生はわたしの社会人類学研究を知り、またわたしも北京師範大学の民俗学研究の伝統とその優秀さを知っていた。さらになによりも当時の北京師範大学中文系は、中国民俗学創設者の一人である鍾敬文教授・中国民俗学会理事長をいただく、中国民俗学界のメッカだった。後期半年は、したがって実質的な研究交流が果たされ、共同研究も意見交換も、そしてわたし個人による調査出張も比較的容易だった。研究交流の忘れ難い成果の一つといえば、わたしが日本人研究者として初めて、北京で催された中国民俗学会全国代表大会で若干の講演を行い、日本の民俗学研究の実情を紹介できたことだろう〔6〕。その他北京師範大学では、講演や中文系スタッフとの茶話会など、わたしが北京にいる間は日々あまたの交流をすることができた。

写真①　中国民俗学会第3次代表大会の代表席
（右からわたし、宋兆麟副理事長、鍾敬文理事長）

写真②　中国民俗学会全国代表大会で親交をもつことのできた鍾敬文理事長とわたし

三　大陸中国におけるわたしの研究活動の概要

一九九三年度の前期「東京都交換（交流）研究員」としての、そして後期「国際交流基金派遣研究員」としてのわたしの大陸中国における研究活動は、じつに多岐におよんでいる。まずそれを整理して述べておかないと、これから触れようとするわたしの研究活動の一部が、十分に紹介できないことになる。

すでに触れたように、わたしの中国訪問の研究目的は三種あった。第一に、大陸中国の研究者との意見交換を中心とした研究交流、第二に、わたしの発表・講演による日本の研究情報の提供（国際交流基金にいう「研究指導」）、第三に、文献収集と現地調査による中国の研究情報の入手だった。

研究目的の第一とした研究交流の相手は、両師範大学のほかにも、北京市高等教育局（日本における東京都立大学に相当）、中国国家建設部（日本の建設省に相当）、北京文聯（文芸活動の連合体）・天津文聯・上海文聯・浙江文聯およびその下部組織である各民間文芸家協会、中国民俗学会関係者、中央民族学院（のちに中央民族大学と改称）関係者、社会科学院民族研究所、北京大学社会学・人類学研究所、南開大学関係者、華中師範大学歴史文献研究所を中心とした関係者、武漢大学関係者など、きわめて多岐におよんだ。研究交流のうえで、なかでも思い出深いのは、東京都立大学総長山住正己教授とそのご一行を、北京に迎えるという栄に浴したことである。北京市所轄の諸大学と姉妹校関係を結んで以来、都立大総長が北京市を訪問するのは、これで二度目だと聞いて、その希有の機会に立ち会ったことに驚喜した。総長の北京市訪問によって、北京市高等教育局との交流はむろんのこと、世話になっていた首都師範大学との交流も格段に深まったのである。

こうした研究交流を通じて、第二の目的であったわたし自身の中国における研究発表や講演も、場所と時間をたがえて幾度かにおよんだ。まず講演の機会を得たのは、武漢市にある華中師範大学歴史文献研究所においてだった。ここでだれの通訳もなしに、日本の大学の一般的現状とわたしの研究について、二時間も講演しえたことがいま不思議でならない。日常会話ならともかく、わたしは講演のような堅苦しい場面での中国語会話には、語彙不足を痛感していたからだ。

華中師範大学と縁をもつことになったのは、この研究所のスタッフの一人王玉徳先生との、風水研究上の縁があったからである。中国に来る前までは、たがいに顔も知らない文通相手にすぎなかった。かれは大陸中国における数少ない風水研究者の一人であり、わたしの研究をもよく理解できる数少ない研究者の一人だった。かれの助力がなかったなら、わたしの研究活動もかなり不自由したにちがいない。その後時期をちがえて二度にわたり、華中師範大学を訪問する機会を得て、やがて研究交流はわたしを華中師範大学の「永遠の」客員教授にするという、儀式にまで発展してしまった。このときの大陸中国訪問のなかで永久に残る成果といえば、この「華中師範大学客座教授」の資格獲得かもしれない。しかしそればかりではなく、わたしを手厚くもてなそうとするかれの熱意で、ほぼ中国滞在の全期間を通じてお世話になってしまった。

中国国家建設部城郷研究所主催の、「中国建築風水理論研修班」と銘打つ講習会の講師として招かれたのは、華中師大で講演してから二カ月後のことだった。城郷研究所主催とはいえ、この研究所は中国国家建設部のなかにある一つの国家機関である。講習会の会場が中国共産党中央組織部招待所だったことも、わたしには驚きだった。大陸中国における、学問としての風水研究の曙である〔7〕。そうわたしには思えた（詳しくは第五章第二節第一項を参照のこと）。

その後すでに述べたように、北京で行われた中国民俗学会全国代表大会の席上で、日本民俗学の最近の研究動向について講演をすることができた。日中両国は一衣帯水の間柄などと形容されてきたが、その学問的交流となるとなおまだ不十分な点がめだつ。たとえば両国の民俗学会がそれだ。これまでお互いに、その研究内容さえ知ろうとして来なかった。とくにこの点は、日本民俗学会のほうが著しい。中国民俗学会の動向など、知ろうとはしなかったのである。だからわたしの講演が、相互理解の一助になったとはとうてい思えないが、未知の事柄を知ろうとすることにおいて、中国民俗学会のほうがはるかに熱心だということを知ったことは、わたし個人の貴重な体験になった。

わたしの講演の機会は、その後もずっと続いた。一〇月下旬の中国民俗学会での講演に引き続き、一一月には社会科学院民族研究所と北京師範大学民間文化研究所の双方で、主として日本の社会人類学研究の歴史と展望について講演を行うことができた〔8〕。日本の社会人類学については、おそらく日本の民俗学より以上に、中国側の情報不足があったことだろう。先にも触れたように、中国にはいまだ全国規模でこの種の学問は普及をみていないからだ。社会人類学や文化人類学は、その淵源を欧米の植民地主義・帝国主義に求めることができる。かれらの非西洋社会の人類学研究こそ、異民族支配と植民地統治の政策と不可分であった。日本は統治され侵略を受けた東アジア諸民族の立場に立つより、欧米の帝国主義に加担した苦い歴史をもっていると同時に、中国はとくに日本の帝国主義に蹂躙されて苦しんだ経験をもっている。このような歴史経験のちがいが、社会人類学研究の有無にまで影響を及ぼしてきたのではなかろうか。

しかしいまや帝国主義や植民地主義の時代ではない。異文化理解に、社会人類学はいまこそ必要な時代だ。その必要性は中国とて同じ。中国国内の異文化理解のためにも、海外の諸民族理解のためにも。そう思って、最近の日本の社会人類学の研究動向までを紹介した。同様の講演は、翌年の一月、北京大学社会学・人類学研究所でも行った。やはり主として日本の社会人類学研究の歴史と展望についてだったが、北京大ではとくにわたしから要望して質問を受けつけた。質問は日本の企業組織や国内の民族、とくにアイヌ人の生活におよんだ。日本社会に関して、北京大の学生が何に関心をもっているかの一部がわかったことは、たいへん幸いだった。

そして最後の第三の目的には、その達成手段として二種あった。第一は、主として北京における関連文献の収集であり、第二は、各地における現地調査だった。関連文献の収集は、小包にして二〇箱以上の成果になった。むろんまだまだ文献収集は不足している。驚くべきことは、この一〇年間で書店や仮設の売店で入手しうる研究書が、飛躍的に増大したことである。ただし、われわれに必要な現地調査データを掲載した、たとえば民俗宗教関連書は、ほとんど出版されていない。中国文化は、文献だけに頼って理解するとたいへんな誤解を生む。人びとは「道教」「仏教」などほとんど意識して祭りを行っていないのに、あたかも道教儀礼や仏教儀礼が行われているかのように紹介することは、学問的な誤りなのだ。台湾を含めて、中国人学者には、人びとの宗教に対する理解がきわめて薄い、とわたしは思う。

だからとりわけ後者、すなわち第一次資料を入手できる現地調査が大陸中国で実施できたことは、わたしにとって最大の貴重な経験になった。日中共同調査のような、各コミュニティの招待状や許可証を伴う比較的おおやけの調査は、前年度に大陸中国ですでに経験ずみであり、共同調査が可能だということはわかっていた。しかしこのたびのように、わたしの個人的な目的による比較的長期の調査が自由にできるものかどうか、中国へ出発する前までまったくわかっていなかった。それが後述するように、結果として「自由に」調査できたことは、たいへんな収穫だったわけである。

滞在の長短はあるが「現地調査」が行えたのは、北京付近では、その北郊にある承徳からはじまって北京市郊外の明十三陵・清西陵・清東陵であり、北京市内の四合院住宅であった。この北京市四合院住宅の調査に関しては、前期、清華大学との共同調査に訪れた法政大学教授・陣内秀信先生らスタッフの調査に参加させてもらったものである。後期は、わたしの学生である楊昭くんの縁で、北京市人民政府観光局を通じ、さまざまな四合院の調査をすることができた。いずれも文献と突き合わせて、中国の風水の実際を知りたいがためだった。西に行っては、西安（長安）・洛陽の都城・庭園・墳墓などを観察し、湖南省に下っては、長沙市西部にある劉少奇故居・毛沢東故居などを観察することができた。湖北省では岳陽市近くの農村、安陸市の農村、武漢市郊外の陵墓・墳墓と農村を、安徽省でも黄山市内その他の各地の農村を訪れ、そして南京市にある明孝陵や中山陵その他まで訪れることができた。また、東に向かっては上海市郊外の農村からはじまって、浙江省の杭州・湖州・温州・奉化・寧波の各農村を調査することができた。さらに下って福建省福州東南部の農村にまで足を伸ばし、多くの話を聞くことができた。

これら延べ四カ月にわたる現地調査は、むろんのこと「観光」とはほど遠いもので、多くの現地の人びとの協力と、わたしの中国友人の助力とがあった。行くつもりでいて時間がなく、行けなかったのは雲南省だった。しかし一年間でこれだけの現地調査が果たせたことは、予想外のことだった。本書にこれらすべての体験談を載せられないのが、はなはだ残念でならない。

四　大陸中国における現地調査簡介

1　わたしの研究テーマ

すでに述べたように、わたしの研究テーマは二種あった。第一に大陸中国における民間風水の研究であり、第二に民俗宗教の研究だった。いずれのテーマも大陸中国に赴く前、研究が困難ではないかという一抹の不安は隠せなかった。「改革開放政策」を謳う中国より、「社会主義」中国のイメージが強かったためである。しかしのちほど述べるように、この二種のテーマはわたしの研究遂行のうえで、どんな文献を集めても、またどこに調査に赴いてもなんら支障はなかった。たしかに中国は、わたしの想像以上に大きな変貌を遂げていたのだ。

それではこの一年間、わたしがどんな研究成果を得たのか。日本ではなかなか理解しがたい現地調査の成果の一部にかぎって、ここに紹介してみたい。ここに紹介するのは、なかでも温州市内およびその周辺の農村各地で聞けた「風水知識」、すなわち民間風水知識の実態である〔9〕。

風水知識の調査を行ったのは、すでにあげた中国各地のほとんどすべての農村においてであった。そして結論から先に言うなら、わたしが赴いたほとんどすべての農村で、風水の話を聞くことができた。たとえば上海近郊の農村では、かつて風水師だった二人の老人に会って終日風水の話を聞くことができたし、波乱に富んだ人生経験を語ってもらった。また福建省のある農村や湖北省安陸市のある農村では、いま活躍中の専業風水師に会って、風水判断の実地指導まで受けたし、逆に風水術が秘伝だという理由で奥義の部分が聞けなかったこともあった。風水思想が生きていればこそ、秘伝が秘伝として存在するのだ。安徽省黄山市のある農村では、風水の方位判断に用いる羅盤を製作していた。中国各地から注文が殺到して、羅盤製作に忙しい毎日を送っているという。その他の農村にも風水知識を担う知識人がかならずいて、ある者は家伝の羅盤を用い、ある者は魯班尺を用いて、わたしのつたない質問に、ていねいに応じてくれた〔10〕。中国において風水の知識というものは、それほど普及した民俗知識の一部なのだ。一般の日本人には、このような中国の〈伝統〉がなかなか理解できないだろうと思う。

2　夜行バスで杭州から温州へ

一一月下旬から一二月初旬にかけてのおよそ一週間あまり、東京都立大学客員研究員の何彬さん、東京都立大学大学院生の楊昭くんとわたしの三人で、杭州から夜行バスで温州入りした。「暖房付きの日本式豪華バス」だという触れ込みだったので、われわれは日本の豪華なリムジンバスを想像していた。しかし期待は完全に裏切られた。日本ではすでに旧式になった、リクライニング・シートさえないごく普通の大型バスにすぎなかった。それに乗り、一二時間かけて杭州から温州まで山越えするのだ。帰省の時期ではないのに乗客は補助席まで埋めつくして、余席もないくらい超満員だった。道路コンディションは決して良からずバスは揺れに揺れ、おまけに深夜一時ごろ運転手が食事を取るというので、乗客全員零度近くの冷え冷えとした野外で待されたりして、結局三人とも寝られずに、早朝、温州に着いたのだった〔11〕。

温州でお世話になったのは、北京で行われた中国民俗学会全国代表大会で面識をもった、温州民俗文化研究所の葉大兵所長とその関係者だった。われわれ三人の調査目的はそれぞれ別。わたしは主として、温州の人びとの風水知識について知りたかった。葉大兵所長は翌日からわれわれのために座談会を用意してくれ、温州の概要を何人かの老人を交えて聞きただすことができた。わたしはここで、まず温州の都市風水史ともいうべき話をうかがった。

3　温州の都城風水

わたしの要望に応じて話をしてくれた葉所長は、話のはじめにこう語った。「われわれは弁証法に従って、物事を善悪に分けて考えなくてはならない。つまり風水は歴史上迷信であった。（それは物事の悪い側面である。）ただし風水はいま流行しており、それには（なにかしら良い側面としての）理由がある。風水はあきらかに、現代の環境学に貢献しうるものなのだ」と。この善悪弁証法は、決して正―反―合の弁証法なのではなく、陰陽二元論の言い換えだったことが興味深い。風水もまたこのような論法のなかで、いま大陸中国に蘇生しているのだ、とわたしには思えた。葉所長ほか、老人の話はつづく。

「言い伝えによると、温州は古くは甌江の北側に立地していた。しかし風水を看にきた郭璞《かくはく》の判断で、集落を甌江の南に移すことにした。郭璞が温州太守に任じた、西暦三二三年のことだった。集落が河の北側にあると、かならず兵火に遭うというのだ。甌江南側には、北斗七星の形をなす七つの山があった。また別の説によると、その外域の山々を含めて、九つの山があった。地形が北斗七星形なので、温州を別名『斗城』ともいった。風水説に従えば、都市はかならず周辺に山があるような地形のところに造らねばならない、というのが郭璞の指示だった。さて昔の温州だが、旧市街の中心部には、温州府と鼓楼とがあった。いまは城壁さえ残っていないが、往時は内城（子城）と外城とがあり、外城の南には、二つの南門があった。水路が周囲をめぐり、南から水路を利用して温州府に入ることもできた。温州の中心部には、鼓楼（譙楼）がある。清代に修理したものだ。なおまた温州には、二十八宿にちなんで、二八の井戸があったという。塔は南の巽吉山に建てられていたが、一九七四年に崩れてしまった。この塔は風水とは無関係だがしかし、この塔があると、文風が盛んになるという言い伝えがある……」。

話を聞きながら、わたしが復元したのが図①である。この話は、『温州府志』に記載された内容とほぼ同じものだった（図②）。郭璞が実際に風水を看たかどうかはともかく、ある風水師がこの地の風水を判断したことは

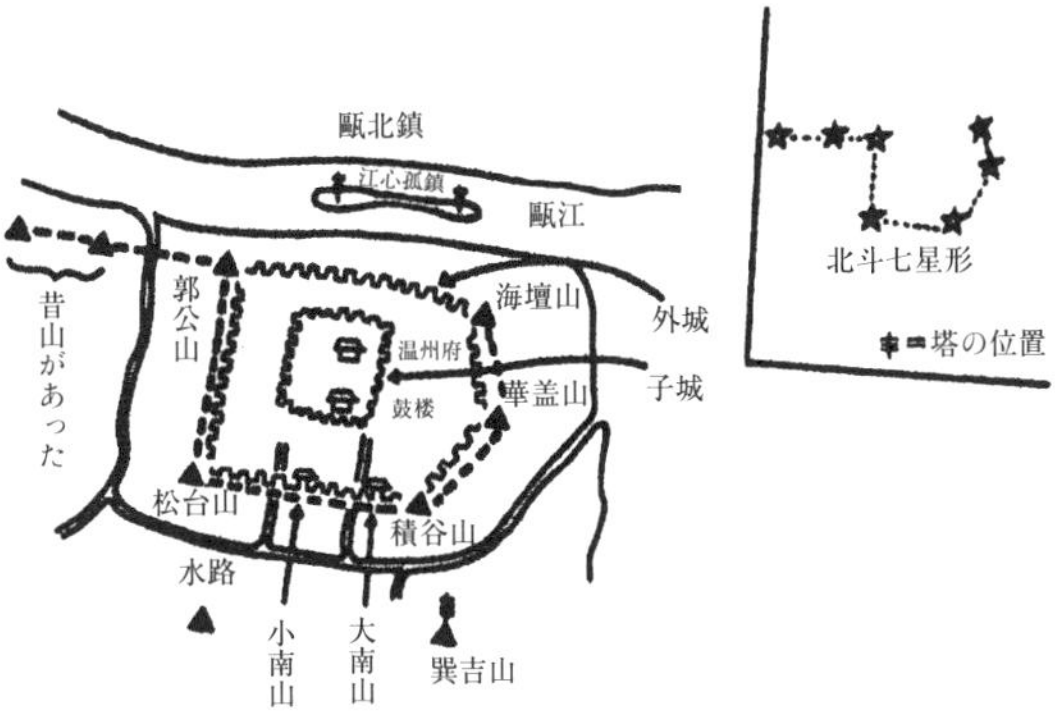

図①　聴取による温州古城理念図

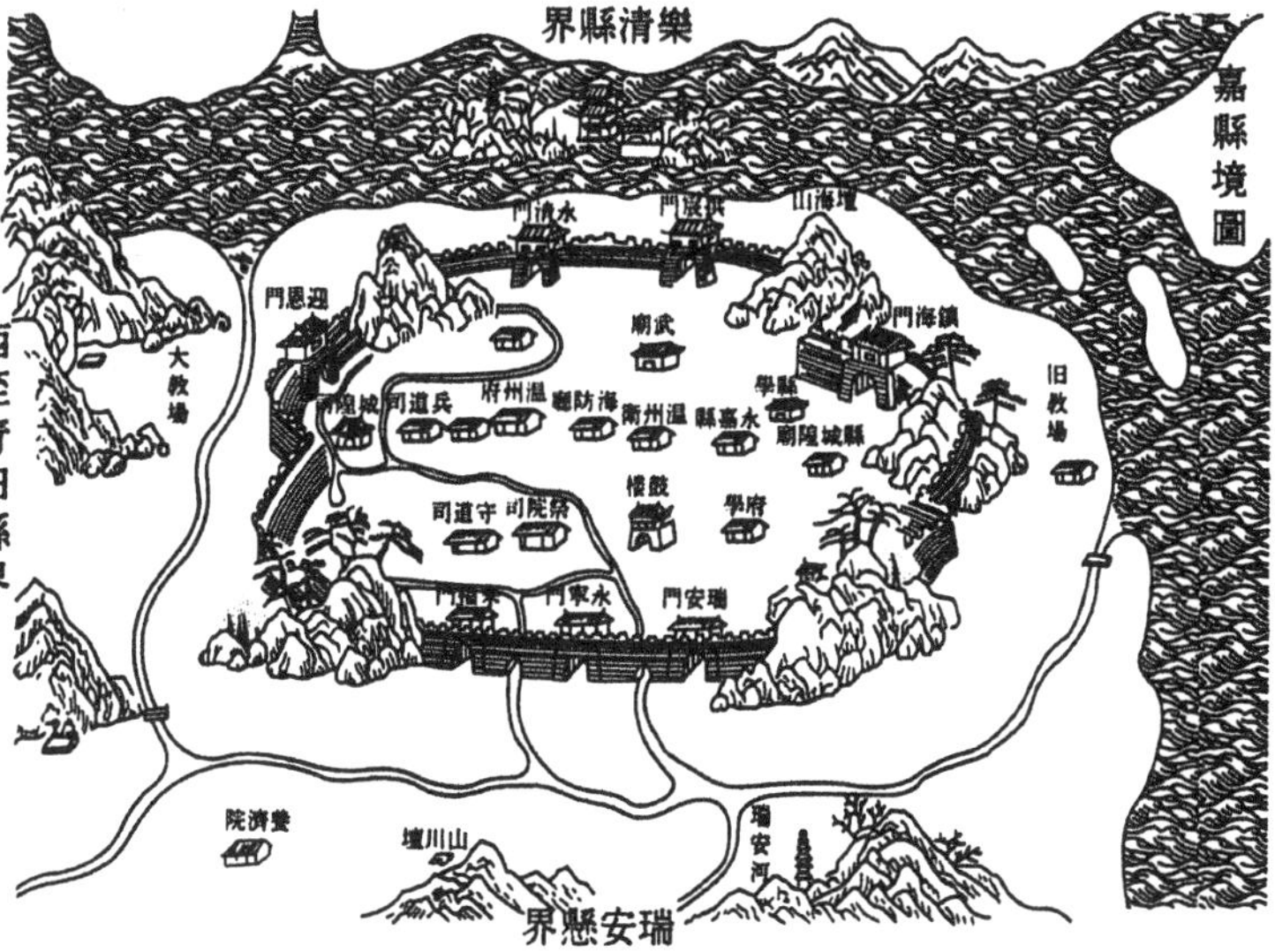

図②　温州古城図（『温州府志』）

事実らしく、温州にかぎらずその言い伝えがこの一帯に残されている。『温州府志』によると、郭璞は西北の一峰（郭公山）に登り数峰を見て、これを「北斗」と見立てたという。都城を山の囲みの外に立地させれば、当面は栄えるだろうが、やがて「兵戈水火」にみまわれるだろうと、郭璞は予測した。山を利用して都城と成せば、山が冠のようになって容易には侵入されないし、柄杓《ひしやく》（斗）のなかは「安逸」（安楽な生活）が長く保てるだろう、と予測したといわれる。

北斗七星に見立てた山々の一部はいまも温州市内に残っているし、以前の水路も残っているが、図②のような城壁はすでにない。甌江の中洲にある江心孤嶼は、以前は二つの洲であったが、やがて一つにしてそこに江心寺が建立された。この中洲にある二つの塔も、温州の巽の方角にある巽吉山上にあったという塔も、おそらくは風水上の設備だったろう。風水上の欠を補うために建てる塔を中国では一般に「風水塔」というが、甌江中洲にある二つの塔は、まさにそのような位置にある。また巽吉山にあった塔は、話では風水とは無関係だとされたが、風水上文風を盛んにするために建てる塔を、とくに「文昌塔」と称する。そんな話を、帰国後、いま風水研究を盛んに行っている、大阪大学大学院生の黄永融さんからうかがった。だから塔は、風水上「文風を盛んにする（文昌）」効果があるのだ。このようにみてみると、温州はまさに典型的な風水都市だったことがわかる。

しかしいまは、風水観念はどうなっているのか。いまも風水に対する人びとの関心は衰えていないという。たとえば、こんな話がある。

温州市内にある大きなビルの一つ、華聯ビルの風水が悪いと、ある風水師が判断した。なぜならビルの建っている金華方面の道路が長すぎてビルに直接当たってしまうので、殺気が多すぎてビルはこれを防ぎきれないというのだ。そのようにいわれてのち、事実ビルの経営者の何人かが亡くなってしまったという。

こんな話を聞くと、台湾や香港などとどこがちがうのかわからなくなる。大陸中国の経済発展が進めば、このような話はますます増えてくることだろう。科学技術が発展し経済が豊かになれば、風水の観念がなくなっていくのではない。むしろ風水判断は、形を変えディスコースを異にして増長されるのだ。

4 温州の墓地風水

風水調査はこれからだ。われわれは船に乗り車をチャーターして、寒風吹きすさぶ温州郊外の各地の農村を訪れた。どの集落や農村をとっても風水伝説のあることに驚愕したが、なかでも印象深かったのは、いまだに城壁の残る温州郊外のある農村だった。

われわれの突然の訪問にもかかわらず、快く応対してくれたAさんは、自称「陰陽先生」だった。周易も学んでいるし、暦も執筆して作っている人でもある。温州では風水師のことを一般に「陰陽先生」と呼ぶ。わたしの経験では、温州近郊農村で風水師を「風水先生」と呼ぶところもあったが、上海近郊農村では「風水先生」、福建省福州では「地理先生」と呼び、さらに湖北省安陸では「道士」と呼んでいた。地方によって風水師は、さまざまな名で呼ばれている。Aさんの話によると、以前は「一徳二命三風水」といって、徳を第一に考えていた。しかしいまは「一風水二住宅三出好的命運」と称して、第一に風水、第三に子孫の命運を考えるような時代だという。風水はこんにち、きわめて重要な生活知識になっている。

なかでも重要なのは「墓地風水」。そこでまず、墓制をふくむ墓地風水の話を聞いた。ここ一帯では、死後に棺や墓を死者の家族が造るのではなく、生前に自分で棺を作り、自分で墓を造るのが一般的である。金持ちであれば、自分で棺を作り風水師に看てもらって墓を造ることも可能だったが、しかし貧乏人はすぐに墓を造るというわけにはいかなかった。だから多くの人びとは死後、死体を棺に入れてそのままにしておいた。一九四九年の解放前までは「拾骨」（第二次葬）の習慣があった。人が死ぬと館の后堂に棺を置き、次の人が死ぬまでに墓を完成させるのが原則だった。次の人が死ぬと、また后堂に棺を置くのである。その時点でもまだ墓を造る資金がないときは、藁小屋を造って死体を仮安置しておいた。その後拾骨して墓を造るのだが、墓を造るには資金が相当必要だった。ようやく墓が造れるようになっても、一般に風水師を頼めるような資金がなかった。そのときは仕方なしに、適当に自分で方向を測って墓を造ったのである。

墓地風水の判断は、方位よりも地形が重要である。墓のうしろの地形を看て、まず龍の生死を看る。「死龍」ではだめだ。墓は「活龍」の地形上に造る。つぎに墓前面の地形を看る。前面に平地が開けているのはよいが、なにか「対案」になるものがあるともっとよい。「対案」とは、墓前面にある丘のような障害物である。「対案」のあるべき位置は、年齢序列によって異なっている。ぞくに「左首大房・四房、右首二房・五房、中前三房・六房」という。つまり長男（大房）と四男（四房）にとっては左にモノがあり、次男（二房）と五男（五房）にとっては右にモノがあるとよい。つまり死者との続柄のちがいによって、前面にある「対案」の位置の良さが異なるわけだ。墓の形は、地形＝龍の形によって良さがちがうので、だからかならずしもここ一帯に多く見られる椅子状の墳墓、つまり「椅子墳」が良いとはかぎらない。墓を造るには、最初に棺を入れるための玄室（温州ではこれを「泥墩《ニイトゥン》」という）を造り、のちに墓の形を造る。墓型は「椅子墳」が最も多いが、それは死者にとって気持ちが良い墓型だからである。「椅子墳」のうしろにある後円を「交椅圏」というが、それも死者が寄りかかって気持ちが良いと感じさせるための設備だ。石棺墓は、死体が腐敗しやすいように底が土のままになっている。早く死体が腐敗すると、子孫に繁栄をもたらすといわれる。墓は原則として個人だけが葬られるが、親子や夫婦で埋葬された墓もある。世代がちがうと、墓口の段を区別するか、墓のふたを奥に差し込んで世代を区別するよう工夫する。

5 温州の方位判断と家屋風水

墓も方位判断は重要だが、羅盤を用いて方位を慎重に判断すべきなのは、むしろ人の住む家屋のほうだ。羅盤のことを、ここではとくに「陰陽盤」という。羅盤で方位を判断する際、とくに注意すべき例をあげてみよう。まず、子午線に合わせて羅盤の南北を決める。そうしておいて、羅盤で「坐向」を決める。たとえばAさんの家の向きは、「坐艮向坤」（およそ西南向き）である。羅盤の盤上最内円から数えて、四番目に「二十四山向」の判断の欄がある。それで「坐向」を決める。判断は三つある。子午線を「正針」といい、それは「地」であり、ここでも吉凶を看る。中心から八番目の目盛りが「人」である。さらに中心から一〇番目の目盛りを「天」という。まず「正針」で判断して、この家は「坐艮向坤」と判断できる。したがってこの方向は、風水書で吉凶をみると「東南大凶」「東凶」「東北小吉」「北凶」「南凶」の性質がある。だから大凶の方角には、ゴミやトイレを置くとよいということになる。

つぎに「逢針」で吉凶を判断する。この判断は「人盤定水法吉凶」で、とくに水流の吉凶を読むときに用いる。水法判断だけでも、一般に四八種の判断法がある。たとえば水流判断の例として、「水前面対冲不行、名泪堂水」というのがある。水流が家の前面からやってくるのは、「涙目になる」ので良くないということだ。「左右辺有水道冲不行、冷水冲腰」。左右両側に水流があるのは、腰に冷水をかけるようなもので、これも良くない。「后面有水道冲不行、冷水冲背」。家の後ろに水流があるのは、背中に冷水をかけるようなもので、これも良くない。

水は左から右に流れるのがよいし、左から流れるなら二つの部屋が財に富むという。右から左に静水が流れるのもよい。その静水は湾曲して流れ、しかも細く小さいのがよいと風水書にある。最後に、「中針」で判断する。これは「天盤定天星」といい、二十八宿を読む欄だ。以上は、まあ判断の一例にすぎない。

方位判断は「艮坤兼丑未」「乾巽兼戌辰」などと、かならず二つの方位をみるのが原則だ。つまり八卦の「艮坤」の方位を判断したら、さらに十二支の「丑未」の方位も判断しておく。「屋墳不能立正向」といって、家屋や墳墓の向きは正方位に向けるのを避けねばならない。正方向に家や墓を向けずにすむ。ただし廟は「廟宇可立正向」といって正方位でよい。二つの方位を判断すれば、方位はまた「凶星可制化」、「二十八宿分五行」、「五行相剋相生」を考えて測る。一つの方位が良くて次の方位判断で凶となれば、「五行相剋」を考える。「土」の方向で「土」が悪いなら「木」は「土」に勝つので、木を植えて悪い方位を良くする。「水」の方向で「水」が悪いなら、「水」は「火」に勝つので、たとえば壁を設けて補う。こうした判断が、羅盤による方位判断の特徴だ。

方位を判断したあと、館中央の部屋・中堂中央部に「陰陽先生」が「桃符」(四角い杭状の護符)を土間に立てる。「桃符」は家屋風水上の基準点であり、民俗宗教上の魔よけである。以下、家屋風水に関しては、たとえば建物のなかのドアは、「青龍」(東)を開け、「白虎」(西)は開けぬようにするなどの配慮をする。「青龍」は人にとってよい影響があるが、「白虎」は悪い影響がおよぶからだ。なおとくに家屋風水に関連する殺気除けの装置として、一般に「泰山石敢当」、「屋獅」(屋根獅子)、「影壁」(屛風)、「鏡子」(円鏡)、「八卦牌」などを家屋に飾る民俗が知られる。ここでは風水にかかわる装置であるかどうかはともかく、「泰山石敢当」、「影壁」、「鏡子」、「八卦牌」などがみられた。「屋獅」はなかったが、「屋鶏」(屋根雄鶏)が認められた。「米篩」(篩)もまた、魔よけの装置だという。

その他現在でも、ある温州北部の県には風水師がいて密かに風水を看ているといい、奥地のある農村にも一人の風水先生がいた。二四歳のときから風水を看始めて今年で二四年になるという。昔から風水を看てきた人である。ただし風水判断を専業とするのではなく、雑貨商を営んでいた。こうした話題は、現代中国に決して珍しい話ではない。文革時代を生き抜いた家伝の羅盤も、そこかしこに健在だった。

五　おわりに――今後に残る責任の重圧

いまや日本では、大陸中国の研究は決して珍しくない。どの学問分野といわず日中両国の研究交流は個々人の単位で進行しており、中国研究が専門ではない研究者まで研究交流を進めているという、好ましい状況が実現している。だからわたしの、この初体験の数々も、日本ではすでに誰かが経験済みのことであり、そのニュース性に乏しいだろうと思われる。

しかし帰国後、さまざまな友人に会って話をしてみると、大陸中国での個人経験のちがいが顕著だということもまた理解できた。わたしに特有な体験もまた、少なくないのである。それは第一に、わたしが大陸中国では珍しい社会人類学を専門としていることに由来している。中国ではまだ普及していない学問分野だったせいで、わたしの専門を正確に理解できた中国友人はごく少数だったが、わたしの講演回数でもわかるように、中国友人はそれだけ日本の社会人類学研究の現状を知りたがった。中国の社会人類学の発展のために、今後も進んで中国に寄与したいと思っている。

第二に、中国滞在中六回もの講演を経験したこと（わたしを中心とした座談会をふくめれば延べ八回になるが）である。他の日本人学者と比べて多かったかどうか、それはわたしにはわからない。しかしわたし個人の経験に照らして、これは予想外の体験だった。それだけ中国友人はわたしを重要視し、重んじてくれた結果だと思っている。むろん日本国内で、このような経験はない。しかも中国国家建設部といい、中国民俗学会といい、全国規模の講演会場における講演の経験は、わたしにとって人生これまでにない栄誉である。中国各機関に対し、深甚の御礼を申しあげたいと思う。

第三に、わたしのこのたびの研究テーマが「民間風水」と「民俗宗教」であったこと[12]、およびその研究が実行できたことである。文革期の前後を通じて、たとえば「春節」（正月）行事までもが〈迷信視〉されていた中国の印象をもつ日本の友人は、この点に驚嘆した。このときの中国は、以前とはたしかにちがっていた。「宗教」は、原則として信じるも自由、信じないも自由なのだ。このような「改革開放政策」の環境下にあって、わたしはなんら支障なく現地調査ができた。わたし自身もこの点に驚いている。ただし中国友人が、果たしてわたしのこれらの研究意図を十分に理解できているかどうかとなると、また別問題だ。風水研究者は風水師とはまったくちがった立場にあるということが、なおまだ理解できていないとわたしは思う。わたしの行く先々で、ある者は風水を「迷信」と語り、ある者は「科学」だと語ってくれた。わたしの分類概念にはない、この善悪二元論にわたしは始終悩まされた。この二元論自体が、わたしの今後の研究テーマである。わたしは、学問が社会的脈絡と切り離されて、あらゆる価値とは独立した崇高なものだとは思っていない。「迷信」か「科学」かという十九世紀的な知の枠組みに、わたしは与したくはないだけだ。

第四に、延べ四カ月にわたり、現地調査を中国各地で経験できたことである。中国研究といえば、文献第一主義の典型的な研究分野だ。その重要性はもとより否定すべくもないし、事実わたしの研究方法の一部でもある。

しかし同時に「調査なくして発言権なし」ということも、学問的な手続きなのだ。あらゆる中国研究者にとって、今後は文献にある事実を実際に現地で確かめることだけは不可欠である。大陸中国では、これまでこうした現地での事実確認さえできなかった。しかし、いまはちがう。このたびのわたしの現地調査は、現地関係者や大学関係者の特別な行為があってなった。どの地域の現地調査といわず、あらゆる体験は貴重だった。東アジアの文化を考える際、いまある国家的枠組みで異同を考えることに疑問を抱いたことも、調査成果の一部である。いまわれわれが考えている日中文化のちがいも、果たして両国国民の文化のちがいかどうか。両国の古今東西の文化的異同は、そう単純ではない。たとえば中国にも日本のような「嫡男相続制」があり、沖縄のような「門中」があり、そして一族墓があった。中国の「前方後円墳」も日本のそれも、同じ〈プラン〉に成り立つ墳墓だった。プランは歴史を超えるのだ。中国から日本への移民の歴史はいまに始まったことではないし、日本食ばかりが生食を特徴としているのではない。その他、現地で見聞きできたわたしにとっての新発見は、数かぎりなくある。それらはすべて文献研究によるものではなく、現地調査による発見なのだ。

近代このかた一〇〇年ものあいだ、日中両国間の文化交流は豊かだったように見えて、一方でしだいに誤解と懐疑を増してきたように思われる。近現代の両国交流において、なお理解されていないのは、民衆の生活であり歴史である。果たしてわたしが、日中両国間の文化理解増進の一翼を担えるのかどうか、中国での研修を終えて、責任の重みがかえって重圧にさえ感じられてならない。

［1］大陸中国行きを目指すまえ、研修の機会を得て行きたかったのはむしろ台湾だった。わたしの台湾研究にはすでに蓄積があるとはいえ、なおまだ不十分だと認識していた。ただし台湾で研究するための日本の研究助成金申請先は著しく限られ

ており、そこで台湾から支給される助成金を得て渡航したかった。しかし、台湾関係者に問い合わせるうちに、それもまた難しいことがわかり、結局、助成金が申請しやすく研究交流の盛んな大陸に赴くことを決意せざるをえなかった。研究助成金の申請先は、本文に記したとおりである。申請してはじめてわかったことだが、日本から大陸へ研究出張するには、現在日本に数多くの研究助成金制度があり、申請がかなり容易だということだった。その逆に、研究交流にあたって、台湾は地域的にはかなり近いにもかかわらず、このような制度の上では、最も交流しにくい地域になってしまっていた。近年、台湾との学術交流もさまざまな資金制度があり、大陸中国研究同様の多くの学術交流が生まれている。

〔2〕大陸中国での、わたしの初の調査経験については、「中国浙江省調査体験記」と題して、『中国民話の会通信』第二六号（一九九二年一〇月）に記した。本書第一章第二節に収録。

〔3〕妻は、全期間私費滞在だった。妻の目的は日中の対照言語学的研究であり、主として北京に滞在しつづけ、後期には人民大学で日本語を教える機会を得た。したがってむろんのこと、わたしと地方農村をまわって人類学調査に参加したわけではないし、妻のほうは前期・後期を通じて、たびたび日本に帰国せざるをえなかった。が、わたしの北京滞在中、中国文化を知るうえで妻から教えられることが少なくなかった。

〔4〕「社会人類学」が開設されている大学といえば、厦門大学が有名である。そのほかに北京大学には「社会学・人類学研究所」があり、やがて大学の講義に「社会人類学」を開設すると聞いた。同類の「民族学」は社会科学院民族研究所その他にあるが、「民族学」は中国国内の少数民族の研究が主流であって、漢民族研究は主ではないという「社会人類学」との明らかなちがいがある。日本では「文化人類学」を含めて、すでに三〇〇以上の大学に開設されており、彼我のちがいは著しい。台湾でも「民族学」といえば、台湾少数民族の研究が主流である。ただし社会人類学は、中央研究院民族学研究所、台湾大学考古人類学系、その他台湾・清華大学にもあって、普及率でいえば、台湾のほうが大陸よりはるかに普及している。

〔5〕東京都の交流相手として北京市を訪問したわけだから、北京市人民政府招待の客人としての身分があった。ただし日本人に中国から支給される研究資金は、なお私費を用いねばならぬほど大いに不足していた。その点、後期の研究資金は、日本の基金によっていたがために、中国国内で何度かにわたり調査ができるほど潤沢だった。身分保証の行き届いた前期と、

研究資金の潤沢だった後期と、二つの制度を利用でき比較できたことは、今後の中国研究を推進するうえで、大いにこの貴重な経験が参考になる。

［6］中国民俗学会全国代表大会は、わたしが一時帰国して再び北京に戻った直後の一〇月二五日〜二九日、北京の中央民族学院（現・中央民族大学）で開催された。一九九三年の全国大会は、学会設立後第三回目の大会だった。大会の詳細は、北海道みんぞく文化研究会機関紙『北海道を探る』第二六号（一九九四年六月）、その他に掲載した。なお、わたしは社会人類学を専門とするほか、民俗学もまた大学で講じたこともあり専門の一つとしている。

［7］この講習会の詳細については、「中国風水理論講習会で講演して」と題し、二度にわたって『沖縄タイムス』新聞に連載した（一九九三年九月）。中国でこのような企画がもたれたことも画期的だが、外国人としてのわたしを講師に招いたことも画期的だったと思われる。大陸中国ではこれまで風水は迷信とされ、その研究までも禁止されてきたからである。このような国家的禁止は台湾にはない。ただし、風水を迷信視することでは、台湾も大陸も変わりはない。風水の迷信視は、われわれ日本人にもまま理解できるが、その研究までをも迷信視することは、とうてい理解できない。中国の両地域には、一方で科学を絶対視する信仰が「伝統的」に存在しているのである。

［8］社会科学院民族研究所で行ったわたしの講演内容については、社会科学院民族研究所発行の雑誌『民族研究動態』一九九四年第一期に、「日本社会人類学的概況与展望」と題されて載せられている。十分な講演準備なしに行ったので、まちがいがあるかもしれない。

［9］風水以外の調査成果のなかで、最大の収穫は「春節」（正月）行事の調査成果だった。なおその成果の一部は、安陸市の地方紙『安陸報』（一九九四年二月）に掲載された。

［10］大陸中国の風水師の過去・現在の実際状況については、曾士才・西澤治彦・瀬川昌久編『暮らしがわかるアジア読本・中国』（河出書房新社、一九九五年）のなかの一章「いまに生きる風水思想」に紹介した。なお本文に紹介した温州のある農村の例を除き、浙江省各地の実際状況については、科学研究費補助金による実態調査報告書のなかで紹介した［渡邊 二〇〇一 a］。

［11］温州滞在中、わたしはある地方新聞社のインタヴューを受け、視察目的や温州に対する印象について話した。その記事が、

地元の新聞『温州僑報』（一九九三年一二月）に載せられている。

〔12〕一九九二年九月、『天津晩報』にわたしの紹介記事が掲載された。そのなかで記事は、わたしの研究テーマを「極めて特殊だ」としているが、全体として好意的に受け止めてくれている。

第二章　家族と親族の生活術

第一節　中国東南部の親族組織

一　前言

本節は、福建省および広東省を中心とし、台湾および香港新界地区をも含めた中国東南部の親族組織（すなわち行為の体系）を概論風に描いたものである。現在、これらの地域は、同じ漢民族の居住地域であるにもかかわらず、それぞれの政治形態がことなっており、それが同じ次元で親族の問題を述べるに至難の状態を与えている。だいいち、親族の問題を論じようとしても、情報の質が著しくちがっており、また参考書籍も人類学的なものは、徐々に多くなってきているとはいえ、他地域とくらべるとはなはだ少ないのが現状である。その点で、諸報告がいつの時代のものか、という問いには、画一的な答えがえられない。だから、本節は、現在形で述べられてはいるが、その現在とは、第二次大戦をはさんで、およそ数十年、あるいは百年をも超えるであろう時代の幅があること、あらかじめ了承を願う次第である。加えて、本節は文献による中国東南部の親族組織の研究であり、微細な分析を主眼としてはいない。また、ひとくちに東南部と称しても、当然そこには地域性というものがある。しかし、シューが示唆するように〔Hsu 1963=1971: 284〕、比較に値するほどの差異をもたないという中国の特性を考慮して、本節では、地域性を超えた親族組織の全体像を描写することにつとめた。本節の概観的考察は、その後のわたしの実態調査および文献調査に一応の展望を与えてきたものである。

二　家族と館

1　家族の規模

中国研究者は、親族の特性を描写しようとする場合、かならず「家族」の問題について論じようとしてきた。だが、家族とは何か、中国の親族組織を考える場合、ことさら難しい。中国の親族関係の特徴が家族主義 familialism にあるとして、中国の最大範囲の親族集団である《宗族》を、〃因襲的家族〃と定義するカルプの指摘〔Kulp 1925=1940: 187-190〕があるかと思えば、逆に、lineage（リネージ、一族）の最少単位である《房《ファン》》を家族（基本家族）とするフリードマンの指摘〔Freedman 1958: 19-21〕もある。つまり、中国東南部の親族の最大範囲の単位から最少の単位まで、定義いかんによって「家族」の用語がさまざまに用いられてきたのである。この混乱は、専ら人類学ないしは社会学の分析概念の欠陥によるものであって、したがって、この地域の親族組織について論ずるには、「家族論」を経ねばならないわけである。が、ここで詳しい「家族論」を経由することは論題を逸脱してしまうので、漠然とした定義にとどめておくことにしたい。すなわち「家族」とは、夫婦関係・親子関係を骨子とし、兄弟姉妹関係全体を、ないしは一部をふくむ親族の一単位である。

中国東南部の家族を考える際、その類型として用意されてきたのは、夫婦家族（核家族・基本家族・小家族）、直系家族、合同家族（親夫婦までふくめると拡大家族、複合家族、大家族、同族家族）の三つである［Freedman 1958:20］。それを各階級ごとに分布を示したのが、表①にあらわされた福建省の四〇戸の農村家族の例である。表でみると、全体的に、どの型も一様に分布してみえる。しかし、これを階級別にみると、貧農は夫婦家族が多く、中農は直系家族が多く、富農や商人および地主は合同家族が多いことがわかる。つまり、家族の規模は、その集団の経済力や階級と、かなりの程度相関しているのである。

	夫 婦	直 系	合 同
貧 農	10	8	3
中 農	3	5	1
富 農	1	0	3
商人及び地主	1	1	4

表① 福建省40戸の農村家族の規模（階級別）

中国東南部では、富農の世帯は貧農のそれより子供の数が多い。加えて、富農にのみ複婚がみとめられる。貧農の家族は子供を充分養うことができず、望まぬ子供（少女）を排除しようとする傾向がある。少女の養われる先は富農の家である。さらに貧農の息子たちも、他に生計を求めて家出をしてしまう。他方、富農の家ではかれらを、召使いや奉公人として雇う。このようにみてみると、先の数字の背景がよくわかる。貧農の家では、夫婦家族の状態でやっと生計がたつのであり、富農の家では合同家族となり、あるいは拡大家族となりうるほどの生計の支持力をもち、加えて、召使いや奉公人をも養う経済力をもっているということである。このような経済力による差が、社会組織や生活術の問題にも及ぶ（後述）。

先に述べた福建省四〇戸の農村家族の例では、家族の規模と階級とが相関しあっていることがわかった。それでは、今度は同じ世帯に居住する親族員がどの程度の頻度で同居しているのか、その同居率を考えてみたい。同居を規準とした親族関係の偏りをもって、中国東南部の親族関係の核（基本単位）を理解しようと思う。ここに同居率を示すのは、福建省北部一六一世帯八〇八人の事例である［Freedman 1958:20］。

世帯主の世代で同じ世帯（ないしは同じ館《やかた》）に住むものは、世帯主九九・四%、その妻九三・八%、世帯主の兄弟一八%、既婚の姉妹およびいとこ〇%、未婚の姉妹一・九%である。上位一世代では、父一・九%、母二七・三%、妻の父〇%、妻の母〇%、双方のおじおば〇%、上位二世代以上の同居者はいない。今度は、下位一世代であるが、それは既婚の息子二六・二%、未婚の息子七五・八%、既婚の娘〇%、未婚の娘三六%、義理の息子〇%、義理の娘二六・七%、兄弟の娘一・二%となっている。下位二世代では、息子の息子一二・四%、息子の娘五・六%、息子の息子の妻〇・六%となっている。下位三世代以下の同居者はいない。

写真①　大家族が暮らす三合院住居（台湾美濃、1978年）

このように、親族関係から同居者のわりあいをみてみると、世帯主夫婦を中心として、かれらと同居する率の多いのは未婚の息子である。これは、先の貧農の実情をよく反映している。以下、同居率はかなり低下して、未婚の娘、母、義理の娘（息子の妻をふくむ）、既婚の息子、そして世帯主の兄弟、息子の息子の順となっている。つまり、同居率一〇%以上に区切って、親族関係（家族構成）をみると、直系家族の型に合致するのである。しかし、これを直系家族の理念型にあてはめてみると、父が一・九%と低率なこと、世帯主の兄弟が一八%と高率なことが気がかりである。だがそれは、中国東南部の家族の自律化の原因を考えてみれば、容易に理解できることである（後述）。

同居者の最大範囲はどこまでか。統計中には示されていないが、理念的にありうる〝兄弟の妻〟の同居をふくめると、その最大範囲は、合同家族というよりむしろ拡大家族の型にあてはまるものとなる。図①は、以上の量統計を質的に区分した図であり、中国東南部の同居家族は、夫婦家族から拡大家族まで、図①のようなヴァリエーションをもって基本単位を形成していることがわかる。

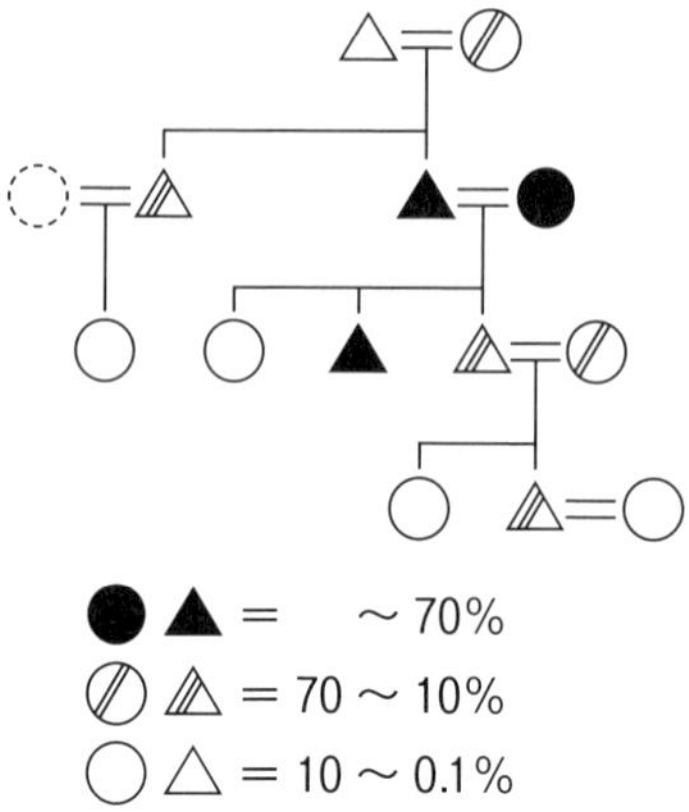

図①　中国東南部の家族の同居率

この図でみるように、この地域の家族は、父方偏重の傾向があり、妻方および母方は、問題にならないほど同居率が低い。ただし、同居率〇%である妻方および母方親族員も、皆無なのではない。少数点一位まで数字があがらないほどの率で存在すると考えておきたい。というのは、中国東南部にも、《招壻婚》、つまり、婿が嫁方に居住する習俗もあるからである。

さて、以上のように、同居率をもって家族構成の問題を論じてみたが、ここには説明の飛躍がある。先のわたしの「家族」に関する消極的な定義のなかには、居住の要素がふくまれてはいなかったからである。ここで「家族」の問題を考えるのに、居住の要素を考慮するというのは、つとめて中国的、あるいは中国東南部の例に合致した「家族」の捉え方である[1]。そこで、問題となるべき居住地＝館compoundについて考えてみなければならない。

2　館内の部屋配置

いろいろな学者によって世帯householdともいわれ、また館compoundともいわれてきた屋敷内の家屋配置および家屋内の部屋の配置をここで考えてみよう〔国分 一九六八：一九三—二〇三、Hsu 1971:28-39〕。

館は、その基本型を《三間起《サアキュンキイ》》（閩南語）においている（以下、図②参照のこと）。つまり館は、三つの部屋、《二房》・《正庁》・《大房》からなる部屋配置を基本としてつくられている。もっとも簡素な貧農の館（図②—4）に、その実際をみてとることができる。この基本型を横にひろげると、《五間起》とすることができる。図には掲げていないが、《五間起》をさらにひろげて、左右に《座仔》といわれる各一室を設ける場合もある。それから、さらに発達した館内の形式として、図②—3のような《五間起二条龍》の形式がある。《五間起》の部分を《正身》、つまり母屋として、その左右双方の前面に《護龍》という付属家屋を設けるのである。さらに《三間起》の基本型をモチーフとして、囲庭式の館を形成することもできる。ヴァリエーションは、さらに《護龍》を四つ設けるものや、図②—5のように、二階建てにするものにまで発展する。

さて、このように示された館内の部屋の配置が、先の中国東南部の家族形態とどのように関係してくるのか、それをつぎに考えてみよう。

館の中心は《正庁》と呼ばれる中央の一室である〔2〕〔国分 一九六八：一九四—一九八〕。ここは、同居する家族の祖先の位牌や神像などを祀る祭壇の置かれる場所であり、また来客の応待や宴席、あるいは家内作業の作業場にもあてられるところである。

つぎに、《正庁》左側の《大房》だが、そこは家長夫婦の寝室である。家長夫婦の子供が幼ない場合は、子供たちもここで寝起きをする。《二房》は次長夫婦（家長の後継者）の寝室である。以下、夫婦単位に順次《房《ファン》》が設けられる。《房》は夫婦の寝室の意であるから、子供が成長すれば、他の《房》か、祖父母の《房》あるいは

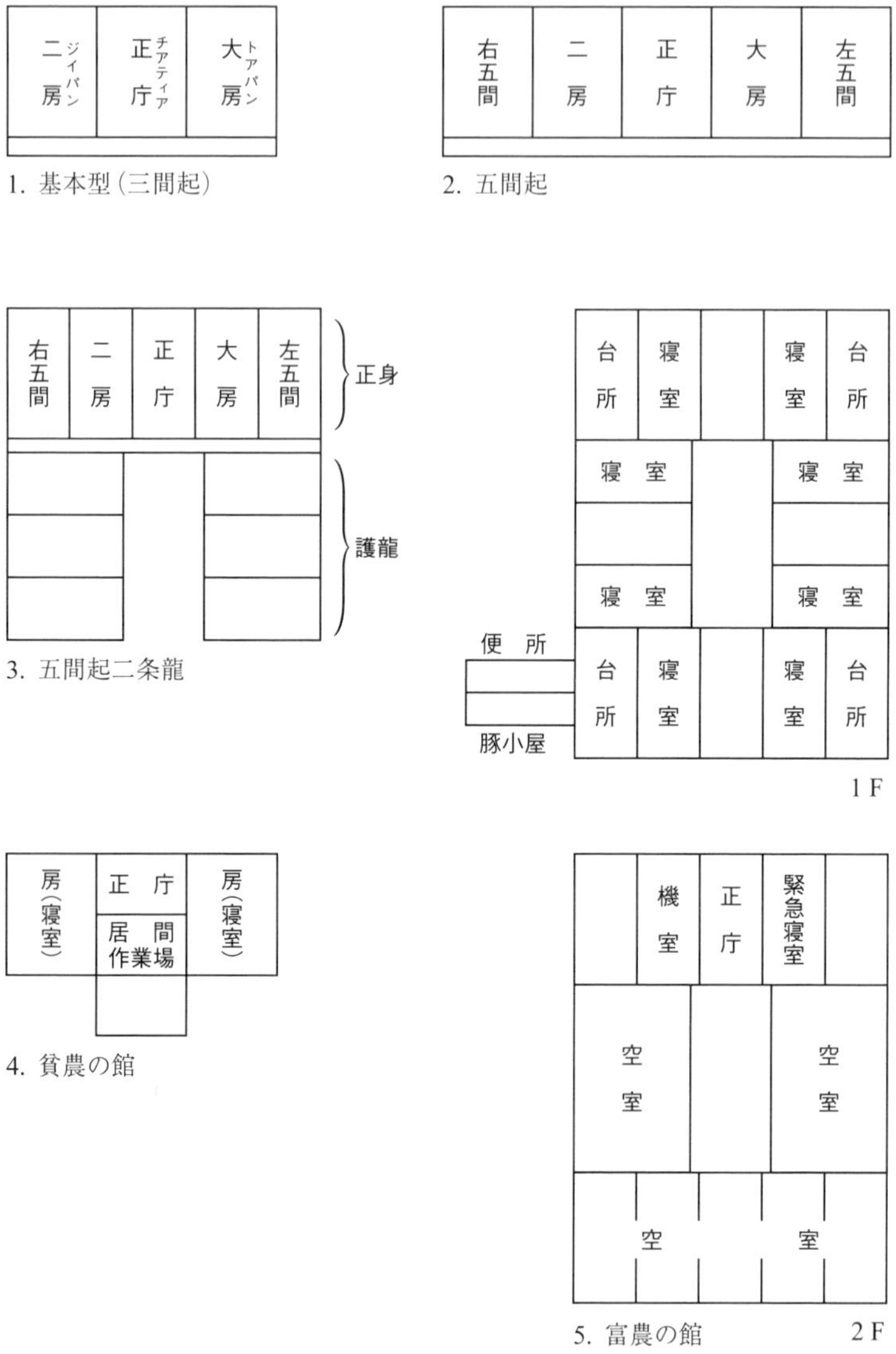

図②　館内配置のヴァリエーション（台湾の例）

《間》といわれる独身者の部屋があてがわれる［3］。

炊事場（台所）は《灶脚間《ツァウカウキェン》》・《炊房《ツァウパン》》などと呼ばれ、普通《左五間》ないしは《左座仔》に設けられる。館内でいくつかの家族が独自の生計をいとなむ場合には、順次最端の部屋が、それぞれの家族の炊事場にあてられる。炊事場の独立、すなわち「《灶《ツァウ》》（竈）の独立」が、いわゆる家族の独立を意味するという。《三間起》をモチーフとした《護龍》は、夫婦の単位の成立にともなって、逐一その寝室にあてがわれるが、ほかに水牛小屋や豚小屋などの家畜小屋として用いられたり、祖父母の隠居部屋にあてがわれたりする。あるいはさらに、収穫物の貯蔵庫、農具小屋、機織の部屋などに用いられたりもする［Freedman 1958:29］。

このようにみてみると、中国東南部の館は、外側からみれば一世帯、あるいは一家族のようにみえるが、内側からみれば数世帯、ないしは数家族であるという場合があり、どのレベルで何の単位が形成されているのかを注意してみる必要がある。家族は竈で数え、館は住居で数えるという指摘もひとつの見解である［Freedman 1958:35］。

3　家族の動態

しかし、館が親族の基本単位なのか、それとも房がそれにあたるのかは、中国東南部の場合、家族の動態を通して理解する必要がある。

中国古来の諺として、「男生内向、女生外向」（男子は族内に向かってうまれ、女子は族外に向かってうまれる）というのがある。男子は祖先の財産を相続し、一族を永代まで繁栄させる義務をともなうが、女子はうまれた当初から、排除を予定されているのである。

まず、息子たちは《同姓不婚》の原則によって、異姓の、したがって異なる《宗族》（一族《リネージ》）から嫁をもらう。

嫁をもらう側には、親夫婦がいるわけだから、少なくとも館には二組以上の夫婦ができることになる。この時点で、いわゆる家族型に照らして考えれば、直系家族ないしは拡大家族ができることになる。ただし、表①の事実から考えれば、それは中農ないしは富農・商人・地主の階級に顕著なのであって、貧農階級の一般例ではない。貧農は、先にも述べたように、子供が結婚する前から娘や息子を養子に出したり、奉公人や召使いその他に出したりして、子供の数においてすでに拡大家族といわれるような規模にはならないようになっている。おまけに貧農の場合、婚資を支払うまでの財力をもちあわせていないことがきわめて多いので、婚期は延長され、親夫婦の存命中に結婚できるとは限らない。貧農に夫婦家族が多い所以である［Freedman 1958:33］。

息子たちは、婚後、親夫婦と一定期間「同居同財同竈」の生活をする。親夫婦・兄夫婦・弟夫婦が生涯、「同居同財同竈」で生活するという例は、富農や商人・地主など、政治力や経済力のある階級に多くみうけられる。少人数の家族の独立やそれにともなう財産の分割は、政治＝経済力の縮少を招来するからである。しかし、このような「理想的」な政治的・経済的・社会的共同生活も、以下のような「家族の自律」の要因により、必ずしも維持されるものではない。

財産分割の要因や、家族の自律化の要因のなかで、ほぼ一様にあらわれるのは、同居する家族内部の顕在的・潜在的な不和と、それ以外の経済的・社会的事由によるものである［Fei 1939=1939:90-92; Yang 1945:63-64; 直江 一九六七：一七〇］。家族内部の関係の不和は、嫁と姑との間の不和、嫁同志の不和、兄弟の不和、父と子の不和などである。その原因は、家庭生活や経済活動における労働分担・分業の調整の失敗、あるいは財産をめぐる利害対立によるものが多い。その他の理由としては、家族の人数が多数になったからとか、共同生活を維持するのが経済的に困難であるとか、父または祖父が老齢で、家長権を息子たちに譲りたいとか、父母ないし父が死亡したからとか、父母の命令・勧めによるとかのいくつかのものがある。

かくして家族は、夫婦を単位として分離し、独立してゆく。その際、同じ館内で分立するのであれば、各家族は独自の竈、つまり炊事場をもち、生家を出るのであれば、新しい館をもって分立するのである。分立・分居の方式は、およそ日本の本分家のようなものではなく、いろいろな方式がある。

分居と財産分割

とくに、家庭内での関係に不和が生じた場合、館の長や村長、族長など、それぞれのレベルの長にその解決をゆだねるのであるが、分居［4］が最良の方法となれば、族内の有力者や近隣関係者があつまって、分居と財産の分割等々の裁断が下される［直江 一九六七：一六六―一七四］。

分居の方式にはさまざまなものがあげられる。まず第一は、親夫婦・兄夫婦・弟夫婦の三分割である。その際、まず親夫婦の田畑として《養老地》が確保され、残りの田畑は兄弟で均等分割される。

第二に、親夫婦と兄夫婦が館内に同居ないしは同じ単位となり、弟夫婦が分居する方式である。これをひとつの現象としてみれば、日本の《同族》とよく似た形態にみえるが、決して親夫婦・兄夫婦のいるところが「家格」のある《本家》ではない点、分居方式が家の階層をあらわすような日本の例とはちがっている。

第三は、親夫婦と弟夫婦が同じ単位となり兄夫婦が分居する方式である。これも現象としてみるなら、いわゆる日本の「末子相続」とか、「隠居分家」などとよく似た形態をとる。しかし、ここにも兄夫婦が分居せねばならないような特別な規範があるわけではない。また、第二・第三の例は、誰が親夫婦を養うかという問題にかかわるものであり、親夫婦を養う義務を兄夫婦が負っても、弟夫婦が負ってもよいという規範にはかなうのである。

その際、親夫婦と単位を同じくする者は、その分だけ土地を余分に与えられている。

第四に、親夫婦が分居し、兄夫婦・弟夫婦が単位を同じくする方式である。親夫婦の分居も、決して「隠居」としてではなく、分居の一方式として、ありうる方式である［5］。

第五は、兄夫婦・弟夫婦が財産・住宅その他を二分し、親は分割の単位とされないものがある。この方式をとる場合の多くは、親が耕作して生計をたてられないほどの老齢であり、兄弟が穀物を平等に出しあって親を養う《養老糧《ヤンラオリャン》》の方法、親が分居した息子夫婦の各家々をまわって生活をする《輪流飯《ロヌリウファヌ》》の方法とがある。分居や財産分割の対象は、しかしながら生計の単位たるべき夫婦であって独身者ではない。だから未婚者は、それぞれ誰かの家で同居することになる。その際、未婚の同居者の分け前は、それを養う者に幾分多く分ち与えられる。

中国東南部の財産の分割方式は、他の中国諸地域と同様「均分分割」による。この慣習は、分割して望ましい財産の規模を維持できないことがわかっていたとしても、厳密に行なわれたのである［Hsu 1963=1971:284］。それでは、分割の対象となる財産にはどのようなものがあるのか、それをつぎに考えてみよう。

象徴的であり、かつフォーマルな分割の対象は、竈と土地の分割である［Freedman 1958:22］。中国東南部で、世帯といわれ、家族といわれたものは、前にも述べたように、同じ竈で炊いた飯を共食し、同じ耕作地を共同で耕す成員のグループを指している。両親の住まいである《老宅子《ラオチャイツウ》》から分居した息子は、そこが両親の家、両親の土地であるからといって、分居と財産分割がなされたあとも、両親の土地を耕作したり手伝ったりする義務があるわけではない。竈を分け土地を分けたあとは、各家族は経済的にも社会的にも独立した単位とされるのである。分居や財産分割のなされたあと、同じ館にすむ場合でも、炊事場を別にし《房》を独立した単位とする。土地の分割においても「均分」の観念は徹底していて、面積や肥沃度、地形などが考慮される。それればかりではない。農具も家畜も、はたまた親の負債もできるだけ均分しようとする。金銭もその対象であるが、先の動産・不動産の分割がどうしても不均等にならざるを得ない場合、その調整、ないしは他の物件の代用として分与される。ただし均分相続の対象者は均分する時点で戸主となるべき人間であって、家族内の子供の数とは関係なく行なわれるのである。

こうして人びとは均分の原則を周く所与の動産・不動産にあてはめようとするのであるが、そこにはどうしても分割できないもの、あるいは分割の対象にはならないものがでてくる。それは、まずもって個人の私有財産である。そして個人が商売などで手にいれた金銭（これは家計のためとあれば共有財産になるが、その何分の一かは私財である）、個人が購入した個人用の土地や物件、嫁が持参した土地や金銭などである。これらは、家長の管理する共有財のなかにふくまれるのが常だが、何をどの程度共有財とするのかは、物件の種類、財源の種類が多くなるにつれて定まりがなくなってくる。こうした私財の存在と私財の増加は、家族内の利害対立をもたらし、あげくのはて家族を分離にみちびく大きな原因となってくる［直江 一九六七：一七二］。

分割できない財産のなかで、もっとも大切なものは宗教的かつ社会的な象徴としての位牌であり、神像であり、また族譜である。これらは、父母が生涯所有（たとえ家長権を子供たちに譲っても）し、かれらの死後は長男（長兄）が相続するのが常である［6］［Freedman 1958:81-82］。長男が代々からの位牌を相続するとすれば、次三男（弟たち）は位牌の代用物を家に祀る。このように、一方で経済的権利を極力対等に分有しようとする中国東南部の人びとは、他方で宗教的・政治的権利を、特定の親族員にのみ与えようとする慣行をもちあわせている。こうした権限の多様なありかたが、漢民族の生活術を代表しているといえる。

家長権および祭祀権

生計や経済の面では葛藤と分裂をくりかえし、その後は対等に分立するこの地域一帯の人びとであるが、政治や宗教の面でみると、「中国社会は家族主義である」とまで学者をしていわしめた［Kulp 1925=1940; 清水 一九三九］ような、行動における凝集性がみえる。その骨子には不分割の財産同様、分割できない権利がある。その代表ともいえるのが、家長権をはじめとした各集団統合上の指導権であり、位牌祭祀をはじめとした宗教活動上の権利である。

中国の lineage（一族《リネージ》）、ないしは clan, sib（氏族《クラン》）と学術用語で規定されてきた《宗族》は、原則、父系の出自集団である。この一族・氏族は、その内に階層的な分節をもっている。組織構成については、のちほど触れるが、指導権の問題に限っていうと、各分節には各立場上の指導権をもつ長がいる。分節の最少単位になれる《房》ないし館の単位におかれる長が《家長《チアチャン》》（共通語）である。《房》が独立の生計単位を構成しているのなら、《房》には家長 family head が、館には館長 compound head がおかれる。そして、漸次集団統合のレベルが増すにつれて、各分節には、各分節の長がおり、中国の慣用語にしたがって名づけるならば、分節の小範囲のレベルから大節囲のレベルまで、支―長、房―長、宗―長らがいることになる（後述）。

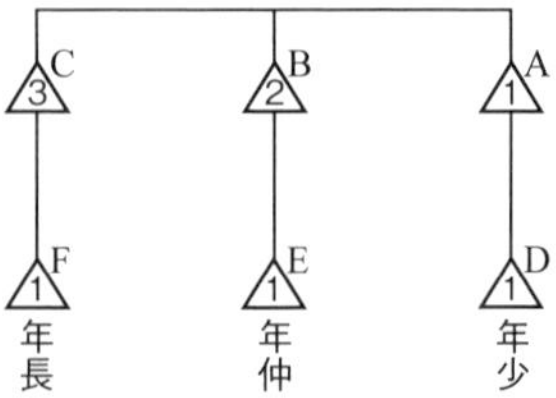

図③　諸権継承の方法

最少単位の長、それが《家長》であるが、家長は「最年長の男子」が任ぜられる。例えば、ひとつの館に、ひとつの家族がすんでおり、親夫婦・兄夫婦・弟夫婦で構成されているとすれば、親＝父が家長であり、かつ館長である。ひとつの館が、三人の兄弟からなっていて、すでにかれらが各々の家族を構成しているとすれば、三人の兄弟のそれぞれは家長であり、そのうちの長兄が館長となる［Freedman 1958:35］。しかし、ひとつの館に傍系の家族員がふくまれていた場合はどうであろうか。

図③中、Aが家長であって、つぎの者に家長権を譲りたいとする。その場合、DではなくBが家長となる。つぎはCであり、以下、F→E→Dと渡されてゆく。つまり年齢もさることながら、それ以上に大切な規準は、現家長と同じ世代の兄弟であるということである。家長権継承の際、まず同じ世代の弟に譲渡され、ついで年齢の高い者が考慮される。前者の原則を《輩行》といい、《輩行》は年長順云々の原則よりも優先している。この原則は家長権にかぎらず、ひろく族長に至るまで適用される。各長は各単位の政治的・経済的・社会的そして法的な統卒者であり、各単位のもつ財産の管理者であり、各単位の代表者である。

写真②　香港潮州人の祖先祭祀（1983年）

ところが、位牌の相続と位牌祭祀の祭祀権は、家長権の譲渡方法とはことなりをみせる。位牌は確かに親の死後、長男（長兄）に受けつがれるのであるが、自分の親に弟があったとしても長男に祭祀権が渡される［直江一九六七：一六八―一六九］のである。つまり、図③で、Aが祭祀権をもっているとすれば、Aの死後、祭祀権はDにうつるのであり、Bではない。また、家長権と祭祀権の継承のちがいは、前者が輩行・年長の原則にもとづいており、後者が直系・年長の原則にもとづいていることだけではない。前者は、譲渡者の存命中にも譲渡が行なわれる可能性があるが、後者は譲渡者の死後でなければならない［Freedman 1958:82-83］。このようにして、諸権はそれぞれ継承の方法がことなり、それがやがて房や館を超えた分節の諸権のちがいにまで及んでゆく。

縁組と家族

中国東南部で、縁組［7］の問題として掲げねばならないのは、婚姻 marriage と養取 adoption の問題である。

中国東南部の婚姻は、西欧の農民社会における原家 famille souche のように、夫が妻を娶る import ような夫方居住婚でしかも、夫の一族に組みこむ様式をとる［Fallers 1965: 71-76］。「男生内向、女生外向」の中国の諺にもあるように、女性は養女として生家を出るか嫁として出るか、あるいは売られて出るか、とにかく生家を出ねばならない立場にある。なかでも、女性は嫁として夫の一族に編入されるのが普通とされる。婚姻にあたって嫁は《同姓不婚》の原則にしたがう。《同姓不婚》は、族外婚に近似した法則《ルール》として作用する。だから、中国の婚姻は「交叉イトコ婚」のモデルとしても扱われてきた［Kulp 1925=1940: 218-220; Fêng 1967: 43-46; Lévi-Strauss 1949=1969: 343］。しかしモデルはともかく、婚姻当事者たちにとって《同姓不婚》の原則は、配偶者の選択を極力制限するものであり、したがってこの原則の付則として、五代以上の隔りをもつ同姓の相手は、即刻、姓を変更してもよいとか、変更しやすい苗字は変更してもよい（例えば、林→木、王→玉など）といった例外を設けていた［Kulp 1925=1940: 219-220］。

このように姓変更可能な付則をもちつつ、人びとは《同姓不婚》の原則に照らして相手を選ぶわけだが、相手の選択は当事者たちではなく親たちであり、しかも婚約は普通、七歳から一〇歳ぐらいの間になされるのである［Kulp 1925=1940: 224］［8］。しかも、結婚式は婚約後約一〇年たってからのことである。

嫁が正式に婿の家族の一員として認められるのは、婿方が婚資を完済した時である。婚資の多くは金銭であるが、とくに貧農の場合、婚資が嫁の代償に必要な品物をもつための保証金と解される〔Kulp 1925=1940: 229〕から、その保証に充分な婚資が支払えない場合、延々と婚期は引き延ばされてきた〔Freedman 1958: 22〕。婚資は富農の場合、単なる贈物とみられるが、貧農の場合、駆け引きをともなう購買にも等しくなる場合があるようである〔Kulp 1925=1940: 228-229〕。

婚資が支払われてのち、嫁は生家の成員権を失ない夫方の一族に加わるが、実質的に夫方の成員権を獲得するのは男子の出生後である。男児は父に家筋の維持を保証するだけではなく、母に味方としての保証を与えることになる〔Yang 1945: 57-58〕。家族の分裂の要因として、母子間の不和がほとんど報告されていない所以である。

嫁の夫方一族内での地位の確立は、実質的には男子出産後であるが、それは妻の夫や子供に対する発言権、未亡人になった場合の夫の財産相続権、再婚における夫方からの婚姻権などの諸権利の獲得を意味する。また逆にそれは、夫方一族の嫁に対する地位の保証・管理をも意味している〔滋賀 一九六七：四一五–四三六〕。ただし、嫁は自分の父母の死去にあたっては、その葬儀に参列し、喪に服するという両属性 marginality があるといわれる〔Freedman 1958: 31-32〕。中国では、親族員の位階のなかでは姻族および母方親族はきわめて低い地位にある。宗教的権利の一部には、両属性だともいわれる特別な権利をもつのであるが、他の権利においてはきわめて限られており、それが母方親族や姻族の低位をあらわすことになる。

嫁を夫の妻としてみると、なるほどアフリカの出自集団とはちがって、彼女は出生による出自集団の成員ではない。が、婚姻を通じて嫁は夫の妻となるのではなく、夫の両親の子供となり、夫の祖先の子孫のひとりとして、夫の一族の繁栄 fertility を保証するものだと解すれば、「中国の一族は果して出自集団か」という議論もまた別のものとなるだろう。嫁はそういう意味で養子の立場とよく似ている〔9〕。

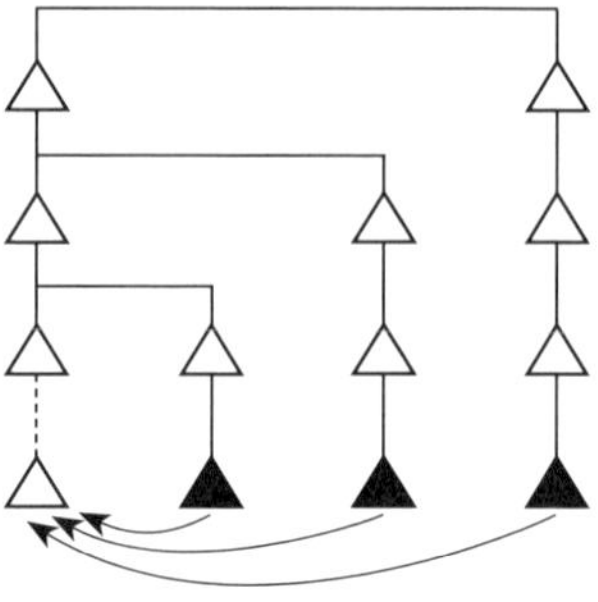

図④　同宗昭穆相当者

中国東南部では、娘しか子供がいない場合、二つの方法で男子を補充することができる。第一は、娘に婿を迎える《招壻婚》の方法、第二は、娘を婚出させ、夫婦養子を迎える方法である。第一の方法は、普通婚とされる嫁入婚を逆の形で採用したもので、やはり《同姓不婚》の原則にかなうものでなくてはならない。しかし、中国の諺《ことわざ》にもあるように、娘は生家から出るべきものとされており、第二の方法は、それにかなう順当な方法である。

生家から娘を婚出させたあと、まず男を養子としてもらうわけだが、もらう相手は《異姓不養》の原則が適用される。すなわち養子は同姓の一族、したがって同じ一族（同宗）からもらわねばならないのである。しかも養子は《同宗昭穆相当者》、つまり同じ一族であって、自分の世代より一代下の者が好ましいとされる。図④中、▲印の者がそれにあたる。養取される者の年齢は問題とされない。中国の婚姻に「族外婚」があるというのであれば、養取の方法には、「輩行」を重んじた「族内養取」〔渡邊　一九七一：九七―九九〕という慣行があるわけである。しかしながら、それは原則であって、現行では《同宗昭穆相当者》の原則はかなりルーズである〔滋賀　一九六七：三一一―三一八〕。このようにして補塡された養子は、つぎに《同姓不婚》の原則にもとづいて、結婚相手が自分や養親の一族とは異なる一族から求められる。養取のこのような慣行や婚姻のルールは、それが「縁組」という約束ごとにかかわる重要な要件であればこそ厳密ともなり、また、それはのちにも述べるような、いくつかの法則《ルール》をもつ父系制を維持する付則ともなるのである。

三　父系出自集団と分節の階層構成

《族《ツウ》》と呼ばれる中国東南部の父系一族は、すでに六〜七世紀に発達を遂げていたといわれる。《族》はそれのみで、“lineage village”（中国では「単姓村」という）と報告されてきたような〔Baker 1968:1-237〕〔10〕、一村落一族の形態をとる村落があったり、一村落にいくつかの一族が住んでいたとしても居住地区がことなり、混住することはないものとされてきた〔Freedman 1958:1-8〕。中国東南部のひとつの村落の人口は、数百人から二〇〇〇人程度、世帯数は三〇戸から三〇〇戸程度、一族ないし氏族の規模は、四家族から五〇〇家族程度で平均四〇戸から七〇戸くらいであり、世代深度は九世代から二五世代に及ぶとされる〔Baker 1968:20; Freedman 1958:1-8〕。このような統計上の規模をもつ中国東南部の父系出自集団は、それではいかなる組織内容をもつ集団であろうか。以下その点について説明したい。

1　分節と階層構成

表②は、便宜的に示した中国東南部の出自集団の分節《セグメント》の階層構成である。それぞれの分類概念は、かならずしもうまく表のようには対応しないが、この表はひとつの目安である。

家族は竈で数えられ、館は住宅で数えられる、という慣用は前にも述べた。一館一家族のときは、家長＝館長であり、一館数家族のときは、数家長・一館長であることも前に述べた。また、それらの長の資格および継承方法が、輩行と年長の原則によっていることも述べておいた。さらに各レベルの分節には、その範囲を代表する長

慣用語	Freedmanの定義	Kulpの定義	機　能
宗族 tsung-tsu	lineage, clan	conventional family	政治・宗教
房 fang	sub-lineage	conventional family	社会・教育
支 chih	branch	religious family	法律・軍事の単位
戸 hu, 家 chia	compound, family	econonlic family	経済単位
房 fang	household, family	natural family	

表②　出自集団の階層構成に対する分析概念の違い

がおかれることもふれた。その分節の結節点にあたるものが、次項に述べるところの祖廟に由来するのであるが、各長は階層の結節点にいて、分節と分節との仲介者となっているのである。各長の役割は、祖廟の管理と祖廟における祖先祭祀（位牌祭祀）がその主たる任務である。が、なかでも概して家族レベルの長は、経済単位の管轄者として、あるいは生計単位の管轄者としての役割をもち、館（戸・家）→小分節（支）→中分節（房）→大分節（宗）と経るにつれて、政治・社会的なものから、宗教・法的なものの管轄者の役割へと変移してゆく。一番高位の長は、祖廟会を代表する長であり、一族の万般にわたって裁断を下す会議の長である［Freedman 1958:33-40］。

例えば館内で兄弟間の口論があった場合、まず家長が解決に乗り出すが、かれが解決できなかった場合、漸次、各分節の長に相談がもちかけられる。それが一番上までゆくと、祖廟会に至る。父系祖先を準拠の枠組として、このように組織される出自集団は、祖先祭祀の母体であるばかりではなく、経済的・政治的・教育的・法的、そして軍事的な共同体であり、国家はその枠外から権限を行使できるにすぎないとされる。

2　分節と祖廟

分節の階層構成は、祖先の世代階層に順じて作られている。家庭内の祭壇が置かれる《正庁》には、原則四代までの祖先の位牌が祀られている。四代以上の祖先の位牌は、各分節の範囲で祀るべき祖廟に祀られている。祖廟の位牌を安置した祭壇が、位牌で満たされると新しく祖廟をつくり、そこに新しく家庭内祭壇から送られてきた位牌を安置する〔11〕。このようにしてできた祖廟を中心に作られるのが新分節である。ただし祖廟をひとつ造るにも莫大な建設費を必要とし、それを維持するにも多くの祭費が要り用である。だから分節の数が多く、祖廟の数が多いということは、その一族の経済力が豊かだ、ということになる。

組織からみれば、祖廟は父系一族のなかの各分節における中心となるが、祖先に対する人びとの態度からみると、《正庁》安置の位牌は個性のある夫婦単位の位牌であるが、《祖廟》安置の位牌は個性のない一般的な一族全員の祖先をあらわしている。家庭内の祭壇の世話役は年長の女性であり、祖廟の世話役は雇傭された世役人《ケア・テイカー》である〔12〕［Freedman 1958: 46-50］。かれらは、毎月一日と一五日には祭壇の扉をあけて供物をささげ、香を焚く〔13〕。

祭祀は位牌だけが対象ではない。人びとは時節に応じて墓参をする。墓参は年に一〜二回（清明節そして／または重陽節）。中国の祖先観では位牌の祖先は《陽祖》であり、墓地にいる祖先は《陰祖》であるとされ［Freedman 1964: 86］、双方とも祭祀の実修は欠かせない。墓地は山の斜面に作られており、段をなしている。一族が共同墓地を持っていれば、高い部分が遠祖、低い部分が近祖の墓である。分節が拡大するにつれて、墓地は下へ下へと伸びてゆく。原則として、年齢的にも世代的にも高位の者の墓は《上》の方に置かれ、同じ段であれば、年長者の墓が年少者の墓の左に置かれる。男女は同一の場所で、妻は夫の右側に置かれる。このような墓地の配列は、分節の階層構成のありかたに順じている。しかし実際には空間が限定されているし、上下・優劣の秩序は「幸福」の多少にかかわり、人びとはより多くの幸福をえたいと願う。また、勲功を得た個人は高位に置かれる傾向がある。つまり、このような要因によって、実際には墓の秩序は原則のようではない［Hsu 1971: 41-50］。

それでは最後に、分節の階層構成を示す具体的な例に触れてみよう。

3　香港新界地区の屏山《ピンシャン》氏族鄧《タン》一族の例

一二世紀に源を発する鄧族は、一族の成員およそ三〇〇〇人をもち、現在まで八つの主要な分節をもっているなりの財産（一族中三分節で九三％の土地を所有する）を子孫に残してきた。その中でも抗尾支はもっとも繁栄した分節であり、《一体廟》といわれる祖廟をシンボルとして祖先祭祀を行なっている。抗尾支のなかでも、もっとも繁栄しているのが《維新廟》を中心にまとまる分節で、維新支はそのうちにさらに数個の祖廟をもっている。維新支のなかでも祖先の財産が豊富で多くの家族をもつのは、輯五祖（六家）の分節である。維新支の祖廟のすべては、この集団のものであり、高度に分節化されていることがわかる。そして輯五祖の集団のなかでも繁栄きわまりない分節は、《崇徳廟》を中心とした分節である［14］。

このように一族のなかの分節の規模を比べてみると、きわだった特色は分節の数や分節の規模は経済力いかんによるということである。そして経済力のある分節＝多くの人口を内にかかえる分節は、また多くの政治力と威光とをもっているのである。鄧族の世代深度は二七世代、このような父系祖先の系譜をもって多くの分節をかかえている出自集団は、中国のなかでも、ここ東南部周辺がもっとも多いといわれている。ポッターはこの事実に注目し、東南部にこのような大氏族が生まれた背景として生産力＝人口の支持率を考える。北部中国の反当収量が麦（一二四斤）＋黍（一四四斤）であるのに対して東南部中国は米（二七一斤）であり、さらにここ東南部は二期作である。一人あたりの収量では、北部：東南部＝一：五の率であるという［Potter 1970:121-138］。しかし生産

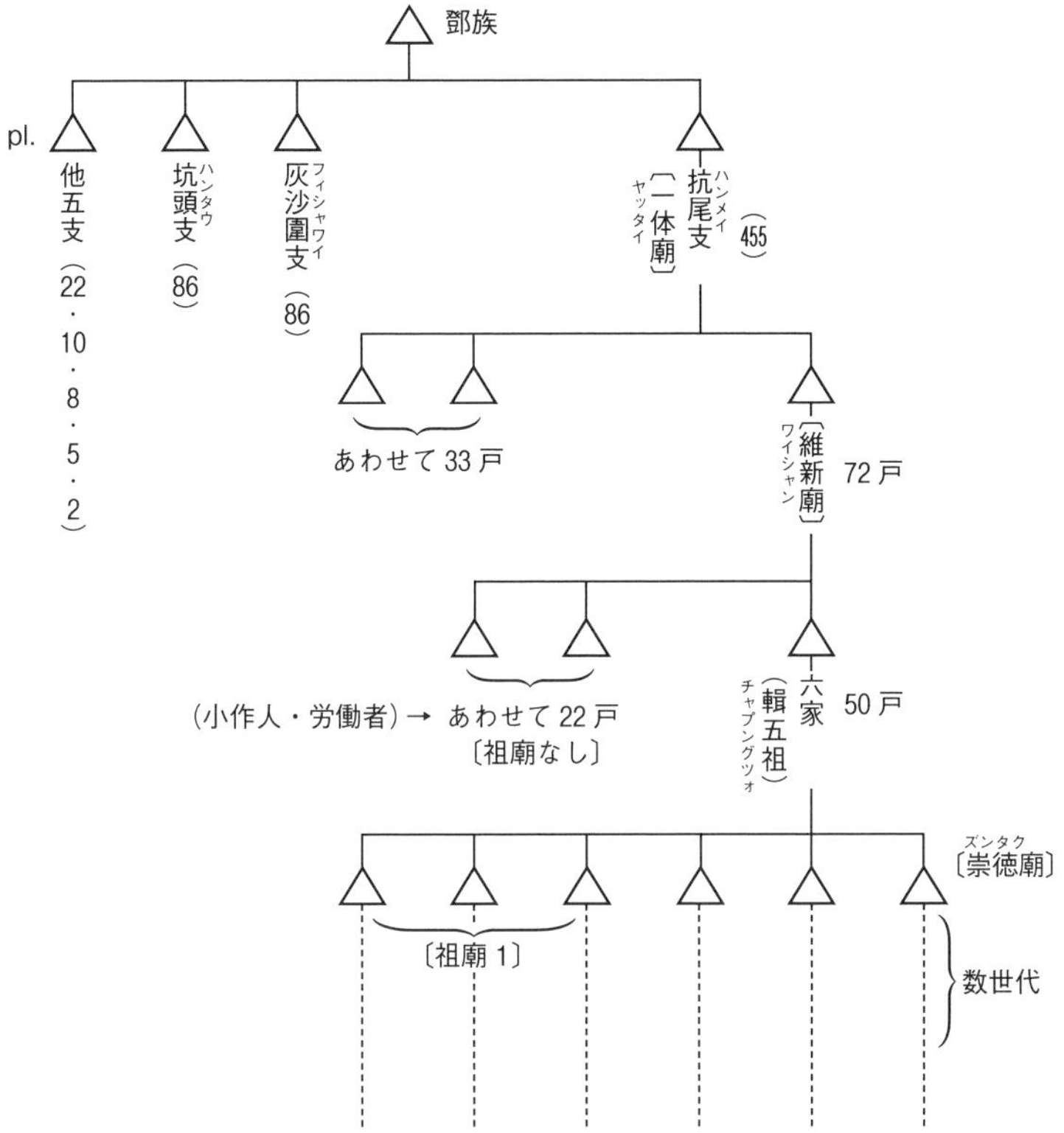

図⑤　香港新界地区鄧族の分節
（数字は各分節所有の耕地面積を示す。単位はエーカー。発音は広東語）

力の差がすなわち氏族《クラン》の規模と相関していることはわかるのだが、果して経済力やそれにともなう政治力が氏族を維持する主要因であるのか否か、生活術を考えるうえで宗教的凝集力の有無も考慮する必要があろう。

四　結辞

以上、とりわけ「家族」レベルの親族の問題を論じながら、わたしは中国旧東南部の親族組織や生活術について概観してきた。そこで、ここでは触れることができなかった中国東南部の親族組織を分析するにあたって、重要な課題のいくつかをあげておきたい。

それは、まず「家族」の問題であろう。カルプはリネージに相当するレベルにまで家族の用語を用い、フリードマンは、中国の慣用でいう《房》《ファン》の単位に家族の用語を限定して用いていた。双方のどちらが人類学でいう家族の概念にかなうものであるか問題となるであろう。が、その前に、人類学で用意された家族の概念が、中国東南部の親族組織の問題を論ずる際、果してどこまで有効なのかが問題となってくる。家族とは何か、果して竈で数えることができる単位が家族なのか、世帯とはどうちがうのか、問題とならざるをえない。といって、家族の概念にとってかわるべき概念として、日本でよく用いられているような《家》《イエ》という概念も、中国では混乱を招くかもしれない。中国にも《家》《チア》の概念があり、これは日本の《家》《イエ》にはおよそ該当しないものである。親族の基本単位をめぐる概念規定の問題は、中国東南部の親族組織を述べる際、未だ解決されてはいない。

また中国東南部において、親族関係を解明する鍵となるべき《五服》《ウーフー》の問題について、わたしはまったくとりあげなかった。《五服》とは祖先祭祀の単位であり服喪の単位であるが、服喪に規定された親族員のさまざまな系譜上の距離は親族行動の規範のひとつである。これを親族関係の社会的距離［渡邊 一九七三：一九―五四］の問題として対象にすることができれば、世界比較が可能となるだろう。

さらに位牌祭祀の方法も、日本（本土）や沖縄とはちがった一種独特のものがある。沖縄には、兄弟の位牌を同じ段に祀ることを忌む習俗がある［大胡 一九六六：一三六］。一方、中国には、同じ欄に隣接世代の位牌を祀ることを忌む習俗がある［Lévi-Strauss 1949=1969:340］。それが社会組織の原理上の問題として作用することは、沖縄に限ったことではない。

そして縁組の問題も、従来から指摘されてきたのは、おもに婚姻を通じて生じる問題に限られてきたが、養取の問題は単に親や子の扶養の問題に限られたものではなく、また婚姻のように単位間の交換・交流関係として考えるに充分な要件を備えている。だから養取もまた縁組の問題として重要なのだが、これまで問題視してきた研究者はいない。

最後に中国の周辺社会、とくに日本（本土）や沖縄・韓国・ベトナムその他との親族組織の比較の問題がある。中根千枝教授の意欲的なそれらの地域間の比較研究［中根 一九七三：二七三―三〇二］に続く研究の継承発展は、すでに久しき前から要請されていた問題だが、これに応じうる中国研究の人類学者は一人も出ていない。上記一連の研究の遅れが、いまわたしの眼前にたちはだかっていて離れないままである。

［1］シューは中国の親族組織を考えるうえで、中国の《宗》は居住地にかかわらず分枝することをあげる［Hsu 1963=1971:282］。王崧興［一九七一：二四九―二五二］も中根千枝［一九七三：二九一―二九六］も、日本の同族と中国の宗族その他とを比較しながら、中国のそれは第一に父系継嗣群＝父系血縁集団＝patrilineal descent group であって、日本のような localized corporate group ないしは、localized kin group なのではないとする。日本の《同族》に関する議論の是否はとも

かく、わたしも中国の《宗族》とか《宗》とか呼ばれる集団の多くを、彼らのように patrilineal descent group としてきたことにかわりはない（ただし、patrilineal descent group というわれわれの分析概念に匹敵する集団や単位に、《宗族》などの名称が与えられているのであって、その逆ではない）。しかし、わたしが本節で論ずる問題は、集団の最少単位、もしくは基本単位として、中国人も、したがってわれわれもみなすことのできる domestic group のことを論じようとしたのであり、中国東南部の基本単位の居住要素が強いとか弱いとかいっているのではない。

［2］《正庁》のほか、単に《庁《ティア》》とか、《正庁《チアティア》》、あるいは《庁堂《ティアトン》》《正堂《チアトン》》などとも称している［国分 一九六八：一九七］。

［3］ついでながら便所は、図では家畜小屋の一部にとりつけられているが、屋外に設ける例も多い。しかしもともと各部屋には尿桶と屎桶が備えられているのであり、便所という特別な一室が設けられていないからといって驚くには値しないだろう［国分 一九六八：一九八―二〇〇］。

［4］「分居」という用語を用いているが、いわゆる日本の「分家」の概念と混同しないように用いたもので、単なる「棲みわけ」としての分居ではない。ここで用いられる「分居」の意味は、竈分けから財産分割までをふくむ、家族の自律という親族関係の基本単位の形成を意味するものである。分居は生家としての館の内外を問わない。中国でも、これを《分居》と称したり、《分家》《分単》《分冊》と称している［中国農村慣行調査委員会編 一九五二：二二九、直江 一九六七：一六九］。

［5］なぜかといえば、分居や財産分割にあたって、誰がどこにすむか、誰が何を継ぐかは、一部の財物を例外として、みな抽籤によるからである。抽籤で親夫婦が分居すると決まれば、こうした第四の方途が示される。

［6］ただし、長男が分居している場合、《老宅子》をひきつぐ者がそれらを相続する義務をもつ。位牌がなくて、単なる紅紙を祭壇に貼っているような香港新界地区に多い習俗のある地方では、そのかぎりではない。また位牌のあるなしは、貧富の差によっても生じ、それが分節の保有の数とも関係してくる。

［7］「縁組」という用語を、筆者はつぎのような意味で用いたい。つまり縁組とは、結婚、養取その他の親族間の関係の協約・締結によって、個人・家族・一族などの諸単位が連合し同盟すること。したがって縁組は公式的な関係締結のための協議や、関係成立を画する象徴がともない、また協議や裁定による縁組の破棄も行なわれる。

［8］いわゆる幼児結婚のなかにふくまれるものであるが、中国で有名なのは《指腹婚》、すなわち、うまれる前から結婚相手を決めるものである。現在は行なわれていない。

［9］嫁にとって、婚後、婚家の両親は自分の親である。嫁は夫方祖先の子孫の一員であり、嫁の死後は夫とともに夫方の祖先となる。このような意味で、嫁は夫の妻であるというより夫の両親の子供の一人である。宗教的側面においても、多くは嫁は夫方の成員としてふるまう［大胡・渡邊 一九七四：四一二―四二五］。

［10］ただし、ベイカーの調べた「上水郷」では、一一六世帯中七八世帯が一族の世帯なのであり、人口五九一人中、三九九人が一族の成員であって、六七・五％が同じ一族である［Baker 1968: 47］。

［11］四代経つと、家庭内に祀ってあった位牌は墓の近くに埋められ、あらたにより大きな位牌をつくって祖廟に祀るというのが正式の手続きであるという［Freedman 1958: 46-50］。

［12］貧農があたる。貧農は祖廟に住んで位牌を守護するという［Freedman 1958: 46-50, Hsu 1971: 50-53］。

［13］なぜ女性が家庭内で位牌を管理する役目にあるのか、それなりの宗教的解釈はあるだろうが、中国の親族関係に照らしあわせてみた場合、左図のような縦系列の関係が、祖先と個人の親密な関係のラインを形づくっているように思われる。プラスの印は、親密な関係であることをあらわしたものである。つまり、妻は夫を祀り、嫁は夫を通じて夫の父母を祀るのであり、図中、下位の者は上位の者にとって、自分を祀ってくれるべき責務者である。祖先との交流（communication）は、女性を媒介としてでは成りたちえないのではないか、と考えてみるのである（大胡欽一教授の示唆にもよる）。

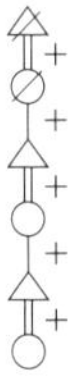

［14］屏山氏族の位牌祭祀と墓参は、毎年秋に行なわれる。およそ一カ月間、一族は毎日祖先を祀るために祖廟や墓を訪ね、また田舎にあそぶ。祖先祭祀は、ふつう遠祖からはじめてしだいに分節を降下し、各分節がそれぞれ日取りをうちあわせては、一団となった祖先祭祀を行なうのである。

第二節　香港水上居民の家族生活

一　はじめに

本節は白鳥芳郎教授を調査団長として実施した〈香港の竜舟祭〉に関する調査において、併行して行うことのできた調査成果の一部である。わたしは調査団の最終年度に実施した調査に参加を許された。すなわちわたし自身は一九八三年夏期・冬期、併せて五一日間の調査活動のみであったが、本節の対象である長洲島の調査を実施したのは、他に量博満・吉原和男の両氏がおり、したがって本報告の調査成果は三人の調査活動によることを、あらかじめお断りしておきたい。

この調査活動は、すでに公刊されているように［Shiratori ed. 1985］、香港内の分担調査地域の端午節＝竜舟祭の儀礼調査が主であった。水上居民の家族生活の実態調査は、竜舟祭の背景理解のために必要な基礎資料であったが、本節は水上居民の家族生活における生活術の理解、紹介のために、あらためてここに綴ったものである。

「水上居民」（sêu^{2} seng^{6} gêu^{2} men^{4}「水上人」seu^{2} seng^{6} yen^{4} ともいう）［1］とは文字どおり船上生活者のことであり、湾上・海上の生活者のことである。だからわれわれは調査資料の量を得るがために、たびたび水上タクシー（舢板 sɐm^{11} ban^{2}）をチャーターして湾上を探索し、適宜な船に横づけしては乗船しインタヴューに及んだ。水上居民はこうした突然の来訪者に対して、きわめて好意的であった。が問題は、聴き足りなかったことを再び同じ船に戻って補充することの困難さだった。陸上の家であれば同じ場所に赴いて再訪も可能だが、ことは水上でしかも五百有余隻の船籍を有する湾上である。われわれは街路ならぬ夥しい船列に対して、十分な土地勘（？）を培うことができなかった。船籍番号を記録してもそれは地番同様の〈位置を示す番号〉ではないから、船の詮索にはほとんど無意味であったろう。おまけに湾上停泊は一時的なもので、住まいもろとも湾外に不定期的に「転居」をくり返す人びとを対象にしているわけであるから、湾上停泊船こそ〈偶然〉のわれわれとの邂逅となるわけである。

このように、われわれは日を追うにつれて調査記録が細かくなったものの、補充調査の困難からかなり調査不足がめだっている。にもかかわらずここに紹介をしようとしたのは、水上居民の生活記録がこれまであまりなかったためである。われわれの調査成果から従来の漢文化研究を批判し修正することは十分可能だが、それよりも何よりも、ここに水上居民の生活術を紹介することこそ肝要であり、将来の研究の布石として調査成果を公表した次第である。

二　長洲島の概要

「長洲島」(cêng^2 zeo^1 dou^2)は香港最大の島「大嶼山」(dai^6 yu^4 san^1)の南東海上に浮ぶ、面積およそ二・四平方キロメートルの小島である。この島に人が定住して数百年を経るといわれ、古くから漁業の街として栄えてきた中央地域をもつ。図①にみるように、この島は北部及び南部が丘陵地帯となっており、中央部が密集した商業

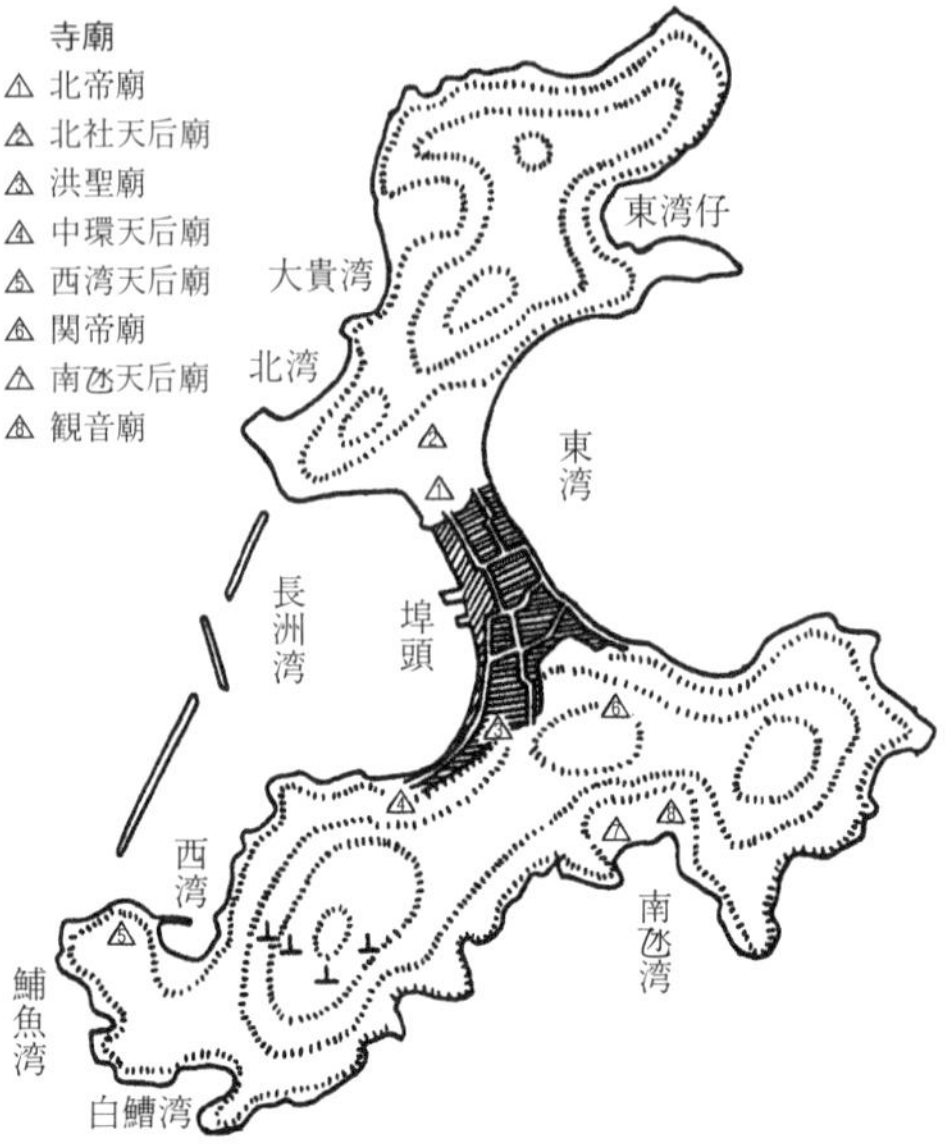

図①　長洲島要図

街・歓楽街であり、かつ居住地域となっている。長洲島はまた香港有数の〈水上村〉があることで有名であり、船上生活者たる「水上居民」が湾内に雲集している。〈水上村〉はあたかも陸上村のごとく、図②にみるように停泊区域(船泊区)と交通路(河道)とに水面を区分して、主として長洲湾上に「立地」している。すでに陸上で生活するようになった漁業従事者を含めて、戦後最盛期にその人口は一万人余りだったというが、一九八三年当時の人口は漸減して一万人足らず。また長洲島に船籍をもつ船数[2]は、表①のように五四四隻である。表でみるように、船種では刺網漁船(網艇)が四割近くを占め

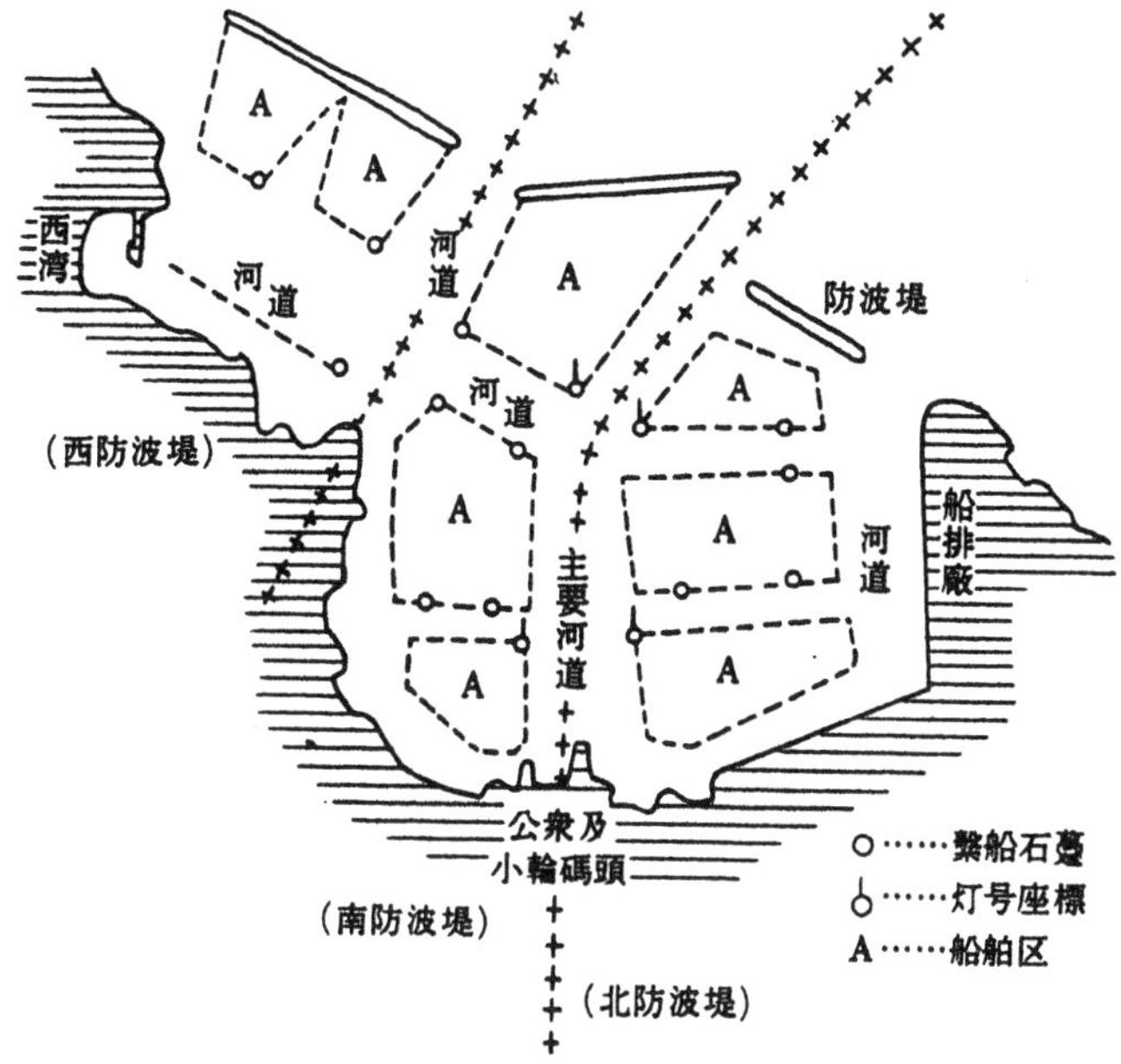

図②　長洲船停泊区図

単位：隻

船種・船泊	拖　　船			釣　艇		網艇	罟仔艇	多目的漁船	計
区別隻数	双拖	単拖	蝦艇	排釣	手釣				
南防波堤	0	3	104	0	17	62	0	5	191
北防波堤	10	3	22	15	120	138	10	3	321
西防波堤	0	0	0	0	8	7	5	12	32
計	10	6	126	15	145	207	15	20	544

表①　長洲島の船種（1983年）

ていて最も多く、手釣漁船（手釣艇・約二七％）、蝦トロール漁船（蝦艇・約二三％）がそれに次いでいる。これらの船種は決して固定したものではなく、魚種の好不況の変化に伴って、これまで幾多の変遷を遂げてきている。表①にみるように、「水上居民」とは雑貨・石油・鮮魚・旅客などの総じて運搬船などを除けば、そのほとんどは漁船兼用の家船《えぶね》生活者だとみてさしつかえないであろう。

かれらは一九八三年当時すでに整備されていた防波堤のある、長洲湾・西湾に主として停泊していた。われわれの調査は〈水上村〉の中心部にあたる、南・北防波堤区画に停泊中の漁船に対して実施した。内訳は「蝦艇」九隻、「罟仔艇」（巾着網漁船）六隻、「網艇」四隻、「釣網艇」（多目的漁船の一種）三隻、「拖艇」（トロール船）二隻、「釣艇」一隻の計二五隻である。総数は全船籍数の五％足らずでしかないが、船種としてはほぼ全容をカヴァーしえたのではないかと思っている［3］。本報告ではこれら二五隻からの情報の結果を主として報告することにし、個々の情報については表⑤のように一覧表にして本節末尾に示すことにした。

三　水上居民の経済生活

1　漁業活動

水上居民の生活が漁船兼用の家船に依存するかぎり、経済生活の主たるものは家族ぐるみの漁業活動であり、かつ獲れた魚類を直接・間接に陸上生活者に売って、現金収入を得ることである。さて漁業活動であるが、それは獲ろうとする魚の種類によって漁期も漁場も異なる、といいうるはずである。その結果として先に述べたように、船種が異なるという一般情報を得ていたわけである。例えばトロール船は、巾着網漁船より遠距離の海域で操業するなどの説明である。しかし個々の漁船で得た情報にもとづけば、かならずしも魚種や船種による著しい差は認めがたいことがわかる。まず魚種であるが、蝦トロール漁船を除けば、他種の漁船は多種の魚を捕獲している。後掲の表⑤の一覧表にみるごとくである。また漁期に関しては、総じてトロール船が一年全期を通じて操業可能とする船があるほかは、この種の船でも旧三月〜八月期に操業するという船が多い。この点は他種の漁船もほぼ同様で、釣船（四〜一〇月）、釣網兼用船（三〜九月）、刺網漁船（春期あるいは冬期）、巾着網漁船（三〜九月）といった傾向である。漁場もまた船種による著しい差は認めにくい。比較的大型のトロール船でも、操業する場所は長洲島近海からはじまって、せいぜいが中国領海内（大陸沿岸）・萬山群島（香港南西海域）などである。これらの地域は、巾着網漁船の出漁地域と傾向をほぼ同じくしている。ただし釣船・刺網漁船・釣網兼用船のうち幾隻は、海南島や東沙・西沙・南沙群島［4］など、比較的遠方の海域にまで出漁しているようである。したがって漁船の全種は、〈沿岸漁業〉を主としたものであるといいうる。一回の出漁期間、すなわち操業期間が最も長いのは釣網兼用船で、三日間〜一カ月以上のヴァリエーションがあるものの、一〇日間程度とするものが最も多い。トロール船や巾着網漁船に至っては、短いもので三時間操業、長期で

写真①　水上居民の船

もせいぜい七日間であり、一〜二日程度の操業とするものが最も多くなっている。一〜二日程度の出漁というのは、だいたいが深夜に出漁して早朝帰港するタイプで、親族や友人の船と共同出漁する船のあるほか、単船操業もまた少なくない。

このような一般的傾向からいいうるのは、概して家族経営の家船漁業は、長期に遠方海域で操業するという遠洋漁業にはまったく不向きであり、たびたび船籍港や最寄りの港に帰港しうる海域で、短期の操業をくり返す近海・沿岸漁業を主目的にしたものだ、ということである。

2 魚の売買と生計

近海・沿岸漁業で短期操業の家船漁業の利点といえば、獲れた魚をすぐに直接・間接に売りに出せるということであろう。獲れた魚を搬出する場所は、長洲島をはじめとして西環・香港仔・青山・筲箕湾などであるが、直接帰港地に搬出するのではなく、洋上で魚運搬船（鮮艇）に売るケースも少なくない。

水上居民の側からみて、魚を売る方法にはさまざまな方法がある。まずは、帰港地の魚問屋（魚欄）に売る方法である。先の魚運搬船も魚問屋が経営しているケースが多く、漁船と魚問屋との関係は最も組織的で、魚の需要・供給は安定している。水上居民が魚運搬船もしくは魚問屋に魚を売りに来れば、魚問屋はそこで養魚にしておくべき魚か、魚市場（魚市）に直接出すべき魚かを即座に選別する。概して活魚であれば養魚用として保存し、死魚であれば魚市場に供給するのである。また魚問屋はどのような種類の魚を、いまどの魚市場に出すべきか高度な経験を保持しており、同時に鮮魚店（海鮮檔）を経営している場合が少なくない。魚問屋への魚の売却以外の方法もあり、それはより直接的に鮮魚店に売るかあるいは魚市場に搬出するかである。もっと直接的な方法は、直接街頭売りを試みる方法であるが、街頭売りを恒常的に行っている水上居民は、われわれの調べたかぎりでは皆無である。すなわち通常の取引は、魚問屋をはじめとして鮮魚店との交渉、魚市場での交渉によって魚を販売する方法に委ねられている。このような売買により水上居民は現金収入を得ているが、支出を除外した純漁業収入を聴取することはもとより至難である。年収三～五万香港弗《ドル》だと答えているのは数例あるが、これを純収入とみうるかどうか、にわかに断じ難い。これらは実益だとして除外してみると、小は一〇万香港弗台から大は八〇万香港弗台までの変差がある。ただしこの数字は、あくまでも目安として理解しておきたい。一方で漁獲量の年較差があり、他方で相場変動の著しい漁業収入こそは、ある水上居民がいみじくも語ったように、「年収は毎年の変動が激しいのでいちがいにはいえない」というのが事実だろうからである。そう理解したうえで得られた情報から平均年収を算出してみると、一漁船平均二一万九一〇〇～一八万七五〇〇香港弗（当時のレート換算で約七二三～九四九万円）、さらに平均して二五万三三〇〇香港弗（約八三六万円）という数値が得られる。単純人員割りで一人当りの平均年収を出すと、二万六〇〇〇香港弗（約八六万円）となる。人員割りは非就労者も含むから約三万香港弗（約九九万円）と推定しておきたい。一人当りの収入はさほどにはならぬが、一漁船当りの収入は高収であり、それだけ漁業への依存が多い香港社会の背景が想像しうるのではあるまいか。

家船の生活は、収入源がまったく漁業活動に依存しているのに対し〔5〕、出費は多岐に及ぶ。漁船は現在すべてが動力船なので、例えばエンジン維持費三〇〇〇香港弗、石油代一万香港弗は恒常的な出費となる。網を買えば一万香港弗（一〇〇香港弗×一〇〇枚）、エンジンを換装すれば六万香港弗、船を買い替えれば二〇万～一〇〇万香港弗も出費せざるをえない。というわけで、生活費を含めて出費もまた甚しい。ある漁船の例をあげると、年収は四〇万～八〇万香港弗あるが、年間支出もいたって多く三〇万～六〇万香港弗に達するという。実収入はしたがって一〇万〜二〇万香港弗（約三三〜六六万円）にすぎないことになる。とくに船種の変換や造船・修理の費用は甚大であり、そのため借金先としての友人・親類・取引先（魚問屋・鮮魚店・魚市場）は不可欠となる。

　香港では海産資源への依存率がきわめて高いことが、それだけ水上居民の生業・生計を支える背景となっている。だから一漁船当りの収入は他の職種と比べてみても、格段に高収である。しかしそれと同時に、家船漁業は陸上生活のどの世帯よりも支出の多い生活を強いられる、リスクの大きい職種でもある。だから香港経済が高度成長を遂げ安定していると、つとめて水上生活者は陸上への転業をはかろうとするという。香港政庁もまた水上居民の陸上生活化を奨励している。しかし香港経済が不況ともなれば、かれらはまた水上生活に復帰してしまうともいう。陸上生活化の進んでいた一九八〇年代には、かれらの心理としては、なお水上生活回帰の余地を残していたといえる。

四　水上居民の社会生活

1　家族構成と船内居住

　われわれが〈家族〉と理解しうる単位や関係、これを香港では「屋企」（ngung^{1} kéi$^{5-2}$）とか「一家人」（yed^{1} ga^{1} yen^{4}）などと称する。船上生活を共にする者として賃金被雇用者があるが、かれらはこれには含まれない。「屋企」は生涯の成員権をもつ親族関係者たちで占められる。したがって同じ船上で生まれたが、陸上に居を定めて独立し生活を異にしている親族関係者は原則として含まれないし、同じ水上居民でも船を別にする親族関係者も、

表② 家族構成

ⓐ漁船別家族構成

A：N	2－4	蝦
B：S	3－8	釣網
C：L	3－16	罟
D：S	3－11	拖
E：L	3－10	網
F：N	2－6	蝦
G：L	2－9	罟
H：S	3－9	蝦
I：×		
J：L	2－13	釣網
K：S	3－10	蝦
L：N	2－9	蝦
M：N	2－5	蝦
O：L	3－16	網
P：L	2－7	網
Q：S	3－13	祐
R：S	2－8	蝦
S：L	3－13	罟
T：N	2－5	網
U：L	3－21	罟
V：N	2－10	罟
W：N	2－6	罟
X：L	2－6	釣
Y：L	2－10	釣網
Z：×		

凡例

［α：β ㊧－㊨ 船種］

α：漁船記号

β：家族類型

㊧数字：世代数

㊨数字：員数

×：未調査

ⓑ家族類型

核家族（N）	7例
直系家族（S）	6例
拡大家族（L）	10例

ⓒ同居世代別

2世代同居	13例
3世代同居	10例

ⓓ家族人員別

4人	1例
5人	2例
6人	3例
7人	1例
8人	2例
9人	3例
10人	4例
11人	1例
13人	3例
16人	2例
21人	1例
平均家族員	9.78人

あくまで原則として含まれない。以上はあくまでも原則であって、例えば恒常的に漁を共にしているようなケースの場合、船が別でも親子・兄弟は互いに家族どうしであることを認めている。「屋企」はだから原則としては、船上で起居を共にする親族関係者＝居住家族の単位とみることができるが、これには同時に就学や一時就労のために陸上生活をしている者も含まれており、居住家族とのみ理解することはできないだろう。以上は水上居民に家族定義を聴いた結果ではなく、われわれが調査を進めるうちにわかった傾向にすぎないが、ここではこの単位を単に〈家族〉と称しておきたい。

表②は調査結果の統計で、表②―ⓐが漁船ごとのデータである。すべてが親族関係によりなるので、われわれの定義による類型化が可能で、類型ごとの結果を示したのが表②―ⓑである。ⓑをみればわかるように最多は拡大家族で、異世代・同世代の複数の夫婦よりなる単位が通例だ、という結果が得られている。すなわち婚後は、他の家族員との共住が可能なかぎり転出しないという原則が主であって、この点は前節でも触れたように陸上生活者と同様である。ただ実際、家船漁業は多くの家族労働力を必要としているし、またそもそも船の建造費が莫大なので、たやすく独立できないなどの経済的事情がある。したがって家族員が多くなることが、表②—ⓓでもわかる。調査例で四～二一人の変差はあるが、平均九・七八人、すなわちおよそ一〇人もの家族員を擁するという傾向は、陸上生活者よりも高い数値であろう。

かれらがどのように船内で共住しているのか。家族員の寝室に留意して例をあげたのが図③である。そのなかの例①では、親夫婦、次男夫婦とその子供三人、及び長女一人の計八人が同じ船内で起居を共にしている。後述するような船内の部屋の秩序にもとづいて、親夫婦は左側船室、次男夫婦は中央、そして長女は右側船室を寝室としているが、子供たちは普段は居間にあたる部分が寝室である。この例でいう釣網兼用漁船は比較的小型の船であるが、八人家族なら十分に起居が可能であることを示している。例②は漁船Cの例で、船種は巾着網漁船である。この船種も比較的小型だが、ここに一六人もの家族員が生活している。それでも夫婦単位に寝室をもち、祖母は操舵室、船主たる長男夫婦とその子供たち八人は主として左側船室、次男夫婦とその子供たち四人は右前船室、長女は右後船室、そして三男夫婦二人は左後船室を用いている。同じく④の例は比較的大型の蝦トロール船だが、同様に九人家族がすみわけの秩序に則り、寝室を専有して共住生活を送っている。

このように水上居民の家族構成は大規模で共住者も多いが、日本のように部屋を多目的に用いることで、一方の経済生活に応じ、他方の社会生活の共存を成し遂げている。これが香港水上居民の生活術の特徴の一つといえよう。被雇用者がいる場合にも、かれらのために寝室を設ける。かれらは通常、面識のある親族か友人である。

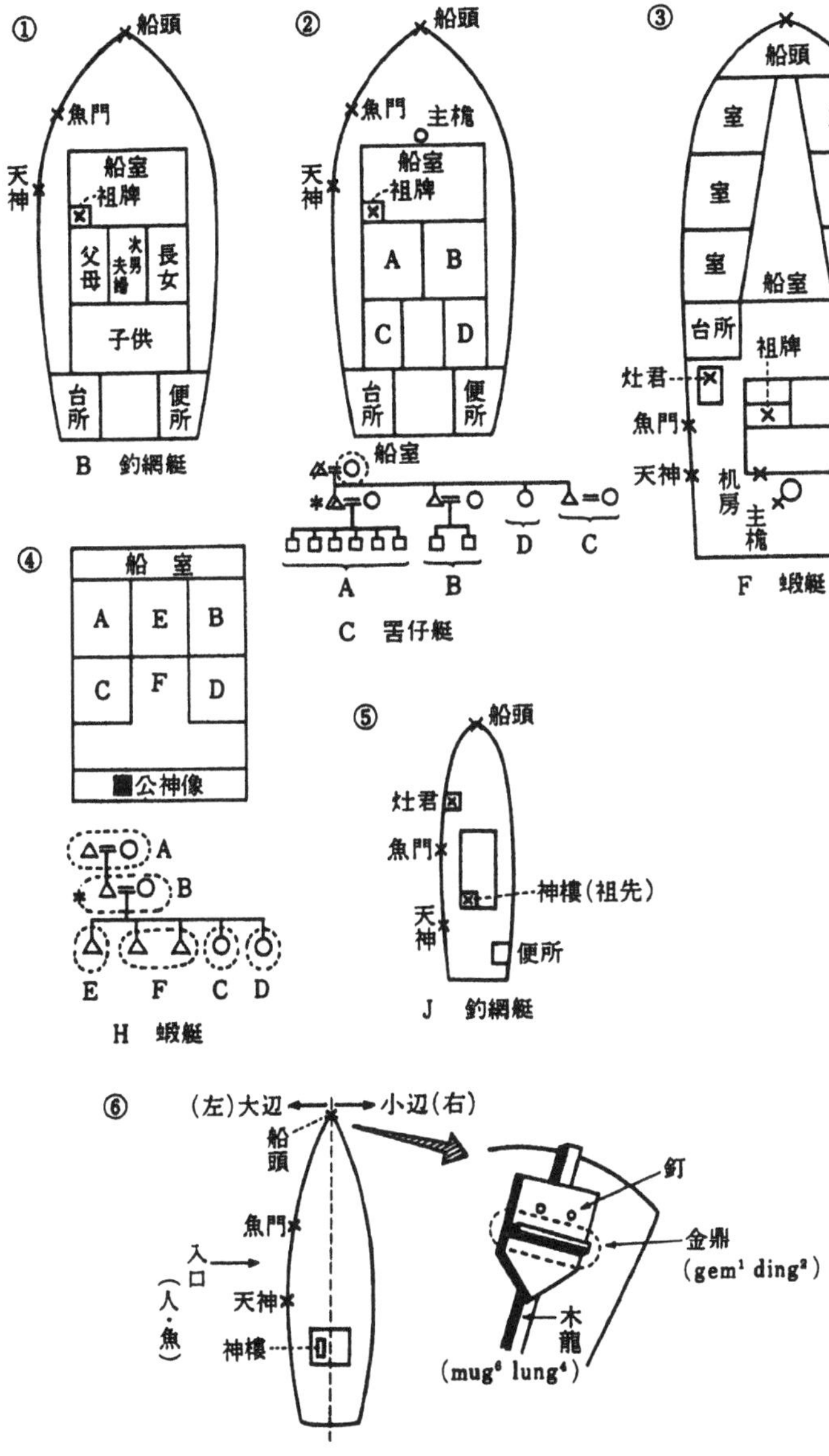

図③　漁船内のすみわけと神

かれらは賃金で雇われるが労働日数によらず、例えば全漁獲量の五%というように、漁獲量に応じて賃金の支給を受ける。

2　出自・婚姻・相続

陸上生活者は自分たちの祖先の生まれ故郷がどこであるか、故郷や源郷を忘れないという傾向がある。そのために擬制された族譜や位牌、あるいは墓地は、重要な集団結合のシンボルになっている。しかし水上居民はその点まったく異なると称してよい。祖先の原籍地がどこであるか、船内に誰を祀っているか、祖先の墓がどこに点在しているかなど、そのすべてを知っている者は皆無だと称しても決して過言ではない。自分の父親の墓地さえ知らないと答えた例さえある。だから「故郷は?」との質問に対しては、いま帰港地としている長洲島と答えた例がいちばん多い。上位世代の故郷も親が教えてくれたかぎりで記憶しており、また自分が体験したかぎりでの帰港地、これが故郷である。陸上生活者と同様に、出自は原則として父系出自であり、兄弟関係こそが社会秩序を形成するが、祖先認識の世代深度はきわめて浅く、自己中心に認識しうるかぎりの父系出自関係でしかない。かなりの人びとが、祖父の墓の場所さえ知らないのである。陸上生活者のように父系出自集団の結節点としての墓というシンボルが、水上居民にとってはシンボルとなりえていないといえるだろう。

婚姻は通常、はしかけ仲人の見合縁談によってもたらされる。縁談をもちこむのは、通常女性である。最近は若年層においては自らの意志で結婚相手をみつけたり、陸上生活者の嫁をもらう例も具体例として聴取しているが、やはり職種や経済上の均衡を保つために、なお見合縁談こそ重要な婚姻の契機となっている。しかも双方が漁民どうしという例が少なくないが、水上生活者であればどのような船種の生活者であるかは一般に問題とされない。縁談が成立すると、花婿側は婚資（「礼金」lei^{5} gem^{1}）一万～五万香港弗程度を、花嫁側に支払わねばならない。以下婚姻届の提出や、花嫁の嫁入道具の搬入など一連の準備をしたあと、婚宴の日を迎える。婚宴の日は花嫁側に赴いて訪問儀礼、祖先拝礼、花嫁方両親・親族への献茶・挨拶をし、また花婿側でも同様に祖先拝礼、花婿方両親・親族への献茶・挨拶をしたあと、レストランで親族・友人を招いての披露宴が行われる。このような婚礼のプロセスは、陸上生活者のそれとほぼ同じと考えてよいだろう。婚後の居住方式もまた、陸上生活者と同じ夫方居住である。以下、前節で述べたような陸上居民の親族組織と、内容を比較してみるとよい。

水上居民の財産相続という場合、相続の対象は漁船であり、家財道具であり、そして何よりも金銭としての財産だが、陸上生活者と異なるのは、無論、不動産としての土地をもたないかぎり、土地が相続の対象ではない点である。これら動産は兄弟均分相続の対象である。姉妹は婚出すべき存在であり、相続権をもっていない。だから娘しかいない場合、財産はその代かぎりのものであり漁業は終焉する。漁業は家業として代々継承すべき対象ではないのである。また、原則は死後相続だが、父親の死後直ちに相続が問題となるわけではない。漁業を続ける意志のあるかぎり、息子たちは親が遺した船に生活し続けるからである。たとえ親の死を契機に兄弟の誰かが漁船を相続するとしても、船の耐用年数は十数年～二〇年くらいだといわれており、陸上生活者の家屋とは違って、資産価値はかなり限定されている。例えば一〇万香港弗で買った船は、年に一万香港弗ずつ価格が安くなっていくといわれ、船の相続は船齢次第で無価値にも等しくなる。だから均分相続は船にかかった費用を含め、全遺産を金銭に換算するか、たとえ不平等になっても予め相続金額を協議したうえで、兄弟間で分割する方式をとることになる。遺産相続は、このように原則として兄弟間の均分によっていて年齢による差はないが、親が船主（船長）でないとき誰が船主を担当するかというと、われわれの調べでは長男がその任にあたるケースが多い。

船主は前述のごとく経済的特権はまったくなく、むしろ船上儀礼の祭主の担任が重い。

以上を概観すると、水上居民といえども父系出自・夫方居住婚・均分相続など、陸上生活者同様の社会原則をもつ社会を構成していることがわかる。しかし陸上生活者の社会との違いも少なくない。最大の違いは、シンボルを介しての祖先中心的な宗族組織が顕著でないこと、財産もまずは動産にかぎられ、財産の相続と配分による利害共同体の形成が難しいことなどであろう。社会関係の単位は船上の家族であり、家族から拡大する親族・友人が社会関係のネットワークを形成するが、父系出自を共有する親族どうしでも、親の関係とはズレを生ずる自己中心的なもので、永遠不変の関係とはなっていない。水上居民にとってはたえず現代の社会関係が重要であり、殻を破ってたえず変身を遂げつづけていくような、流動・動態こそすべてであるような社会を構成しているように思われる。

五　水上居民の宗教生活

1　船内の祖先と祭神

漁船は図③—⑥にあるように、舳先から船尾に至る軸線を境として、左側を「大辺」（dai^{6} bin^{1}）、右側を「小辺」（xin^{2} bin^{1}）もしくは「細辺」（sei^{3} bin^{1}）と呼ぶ。「大辺」はより神聖な部分で、何よりも〈浄〉でなければならない。逆に右側はより世俗的で〈不浄〉なものが置かれる部分である。したがって中央軸線上に祀られねばならぬ神を除き、祖先や神々の安置場所や祭壇は、すべて左側に設置されている。他方、右側に設置されるもので顕著な設備は便所である。このような左右の浄不浄観はあらゆる生活規則を支配しており。左側は魚の取り入れ口であると同時に、人の玄関（とくに儀礼上の）でもある。また家族構成の項でも述べたように、この観念にもとづき上位世代や上位年齢の者の寝室は、左側に置かれる傾向が強い。

表③は船内にどのような祖先・神々が安置されているか、漁船ごとに示した表である。この表からわかるように、創価学会やキリスト教、あるいは特別な信条にもとづいて祖先や神を祀らない主義をもたないかぎり、あらゆる漁船に祀られているものといえば、まずは祖先であり、「船頭」（Xum^{4} teo^{4}）、「魚門」（yu^{4} mun^{4}）、及び「天神」（tin^{1} sen^{4}）と称する神的存在であろう。ただ台所の神である「灶君」（zou^{3} guen^{1}）はあらゆる船に備えられているので、基本的な祭神と考えるべきであろう。

船内で最も重要な宗教的存在については、各漁船みなまちまちで定まらないが、船内の中央に祭壇（「神楼」sen^{4} leo^{4}）を設けて祀られ、船内祭祀の折に最初に祀られるのが祖先であることは、おおかた共通している。祖先像は紙製・木製の位牌（「祖先神位」zou^{2} xin^{1} sen^{4} wei^{2}）の場合もあるが、祖先像（「家仙」ga^{1} xin^{1}、あるいは人形「公仔」gung^{1} zei^{2}）が基本である。祖先像は特定の死者を表徴する像であるというより、祖先一般の像である（写真②）。祖先像や位牌がたとえ特定祖先を表わすものだったとしても、人びとは文字が読めず、また前述したようにそもそも祖先を識別して組織された社会ではないので、個人識別は不必要というべきであろう。祖先像は神像同様、新船建造の折などよい日を選んで、祭司（「喃嘸佬」nam^{4} mo^{4} lou^{2}）に「開光」（hoi^{1}guong^{1}）及び「安神」（ngon^{1} sen^{4}）の儀礼を行ってもらい安置する。祖先のつぎに拝むべきは「船頭」の神である。舳先に鎮座するとされる航海安全の神だが、神像があるわけではない。しかし「船頭」はなかでも重要な祭祀対象であり、ここを祀れば航海安全はもとより豊漁や家族の繁栄も約束される。舳先には図③―⑥にあるように、五角形状の波よけ

船	祖先	船頭	魚門	天神	主桅	天后	日本仏	大仙	関帝	その他・備考
A	○	○	○	○	×	×	×	○	×	
B	○	○	○	○	×	○	×	×	×	
C	○	○	○	○	×	×	×	×	×	灶君
D	○	×	×	×	×	×	○	×	×	
E	○	○	○	○	○	×	×	×	×	
F	○	○	○	○	○	○	×	×	×	機房・灶君
G	○	○	○	○	×	×	×	×	×	金鼎
H	×	×	×	×	×	×	○	×	×	創価学会
I	○	×	○	○	×	×	×	×	×	海口
J	○	○	○	○	×	○	×	×	×	
K	○	×	×	×	×	○	×	○	×	
L	○	×	×	×	×	○	×	×	×	
M	○	×	×	×	×	×	×	×	×	
O	○	×	×	×	×	×	×	×	×	
P	×	×	×	×	×	×	○	×	×	創価学会
Q	○	○	○	○	×	×	×	×	×	
R	○	○	○	○	○	×	×	×	×	
S	×	×	×	×	×	×	×	×	×	
T	○	○	○	○	×	×	×	×	×	
U	○	○	○	○	○	×	×	×	×	
V	○	○	×	○	×	○	×	×	×	
W	×	×	×	×	×	×	×	×	×	キリスト教
X	○	○	○	○	×	○	×	×	×	
Y	○	○	○	○	×	×	×	×	○	

表③　船内の祖先・祭神（○：あり、×：なし・未聴取）

写真②　香港漁船内の祖先像（1983年）

がつけられている。この波よけはその設置にあたって特別な儀礼を要し、造船所で祭司が執り行うのだが、この波よけは「船頭」の一部であるといわれている。船を竜にたとえれば竜頭にあたるところであり、主として船主が拝む場所である。

家庭行事で「船頭」のつぎに拝むとされるのが「魚門」である。「魚門」とはそもそも捕えた魚を船上にあげる場所の意だが、転じてこの場所は豊漁祈願の場所となり、祭礼時には紙銭が飾られる。「魚門」は祭礼時に拝まれるほか、主として女性が毎月拝む場所でもある。なお「魚門」を「海口」（hoi^{2} heo^{2}）とか「海筋」「海根」などと称する者もいる。右のようにそれらを同一視する者がいるほか、とくに「魚門」と「海口」とを区別する説明もある。両者はほぼ同じ場所なので混同されやすいが、「魚門」が豊漁祈願の対象であるのに対し、「海口」は家内安全祈願の対象で邪鬼を追い払う神がいるとされる。いずれも神像や神名もないので、その祭祀目的や神観念などは家船ごとに異なる可能性もありうる。拝神の最後で、かなりの漁船に祀られているのが「天神」である。この神もまた祭礼時や毎月の拝みに拝む対象だが、目的は天候順調の祈願のためといわれる。「魚門」同様に左舷にあるのが通例である（図③—⑤⑥参照）。天候支配の神であるという点で陸上で祀られている玉皇上帝にも似るが、水上居民の間でこの神が最高神だと考えられているわけではない。

以上にあげた祖先・祭神が、水上居民社会における最も普及した民俗宗教神である。その他民俗宗教神としては「主桅」（ju^{2} wei^{4}・メインマスト）などがあるが、マストのない漁船もあり、また祭祀対象というより、祭礼時に紙銭を飾るだけだとする説明も受けている。他の四種の祭神は、みなすべて特定の権能を有する神で、水上居民の間では祀る祀らぬの選択意識がある。権能神「天后」（tin^{1} heo^{6}）は別名「媽神」（ma^{1} sen^{4}）とも呼ばれ、陸上では「媽祖」（ma^{1} zou^{2}）の名で知られる航海安全の女神である。調査例では二四隻中七隻に祀られており、いずれも神像を「神楼」に安置している（図③—⑤⑥参照）。漁民といえば「媽祖」を祀るというわれわれの先入見が多いなかで、調査例はそれが普遍的な漁民の信仰神であることを必ずしも支持していないが、水上居民の信仰は厚いといえよう。最近の流行は「日本仏」（yed^{6} bun^{2} fed^{6}）であろう。これは日本創価学会よりもたらされたといわれ、この神を祀ればあらゆる神仏祈願を放棄するのが通例である。長洲島では一九八三年当時まだ数十人の信者しかいないと聴いたが、調査例は三隻に及んでいる。ついで「大仙」（dai^{6} xin^{1}）と称する神で、別名「天上大神」（tin^{1} sêng^{6} dai^{6} sen^{4}）と称するが、二隻で祀っているが権能はわからない。なかに一隻、「関帝」（guan^{1} dei^{3}）を祀る漁船があり、またあらゆる神仏を船内に祀らぬ漁船も二隻あり、うち一隻がキリスト教であった。

以上、船内の祖先・祭神を通覧すると、二種に大別できる。一つは水上居民独自ともいうべき民俗宗教神で、他の一つは陸上の神仏観にも共通する権能神である。前者は陸上生活者の信仰とも共通しうるものがあるが、祖先像から「天神」に至るまで、漁民独自の体系と考えたほうが理解しやすい。諸神仏は「大辺」の浄域観にもとづいて左側に安置され、一連の船内行事の過程中に配列されている。民俗宗教神は権能を分担しているが、ある宗教的目的のために一神だけが拝まれることはなく、すべてはセットとして祭祀対象となる。ところが権能神は水上居民にとって選択の対象である。どの神を安置して拝むべきかは、多くは祭司や関係者の勧めによるが、民俗宗教神のように原則として誰もが拝むべきものだとは考えられていない。例えば自分が病気の折、「天后」を棄てて「日本仏」を拝むと回復するとの勧めがあれば、比較的容易に信仰対象の置換ができ、また求めれば複数の権能神の信仰も可能である。概して水上居民の宗教生活は、一方の民俗宗教神で日常生活の安定をはかり、他方の権能神の導入によって生活の危機を脱しようとし、あるいはまた、いまより以上の栄達をはかろうとするという生活術の特徴がみえるようである。

2　宗教儀礼

表④は水上居民がかかわる年中行事（旧暦）を一覧表にしたものである。豊漁祈願や航海安全、造船儀礼、あるいは家族の病気治癒祈願など、随時に催される危機儀礼以外の定期的な家庭行事の機会は、陸上居民とほとんど違いがない。主として陸上で催される祭りがあると、水上居民は帰港地＝長洲湾に停泊して、陸上居民同様に祭りに参加し、参観しあるいは寺廟に参詣する。なかでも水上居民が積極的に行事を担当するのは「端午節」（dun^{1} ng^{5} jid^{3}）の機会であるが［Watanabe 1985 ほか］、そのほか「天后誕」（tin^{1} heo^{6} dan^{3}・媽祖神の誕生祭）には独自の祭祀単位である「誕会」（dan^{3} wui$^{6\text{-}2}$）を組織して、祭りに参加している。船内でも各行事の折には、祖父母や船主・妻などが、折々に担任して先の船内祖先や祭神に接している。旧三月の「清明節」（qing^{1} ming^{4} jid^{3}）や「重陽節」（cung^{4} yêng^{4} jid^{3}）は、コミュニティ全体の組織的な行事とは違い家族単位の行事であるが、それでも陸

1月 1日	「正月節」
2日	「開年」
14〜16日	「街灯節」
2月19日	「観音誕」
X日	「福徳誕」
23日	「天后誕」
3月 3日	「北帝誕」
15日	西湾「天后誕」
清明期	「清明節」
4月8〜12日	「太平清醮（包山節）」
下旬	「例戯」
5月 5日	「端午節」
13日	「関帝誕」
6月19日	「洪聖誕」
7月14日	「盂蘭節」
20〜23日	「祭幽」
8月15日	「仲秋節」
22日	「孔子誕」
9月 9日	「重陽節」
19日	「観音誕」
11月冬至期	「做冬」
12月24日	「送做君」
30日	「団年飯」

表④　水上居民の年中行事（旧暦）

上居民と同じように自分たちの近祖の墓に墓参を行っている。

人生儀礼も陸上居民のそれとほぼ同様である。かつて赤児は船上で出産したが、いまは陸上の産院である。誕生祝いで盛大なのは、生後一カ月目の「満月」（mun[5] yud[6]）の祝いで、あとは特徴的な歳祝いはない。すべての水上居民が催すわけではないが、歳祝いを行うとすれば男は六〇、七〇、八〇歳（数え歳）になったとき、女は六一、七一、八一歳に達したときに行うという。厄年という観念はない。婚姻・葬儀の儀礼機会は重要で、婚姻については社会生活の項で述べたとおりである。婚宴の当日はまた船内諸神を拝むときであり、祭司を招いて諸神を拝んでもらう。葬儀は主として陸上で行う。死体は「細辺」に安置して陸上に運び、陸上にある墓（西湾墓地）に埋葬する。服喪は二一日目までである。

以上、宗教儀礼については概括的に述べたが、湾上に停泊しているときこそ儀礼の機会であり、儀礼は陸上と交流するフォーマルな機会であるからこそ多くを陸上に依存し、儀礼を陸上居民と共有していることを結論づけておきたいと思う。

六　おわりに

水上居民は久しく「蛋民」などと称され、陸上の漢民族とは異なる〈異人〉だとされてきた。われわれ調査団がこのような偏見をもっていたわけでは決してないが、始終気にしていたことは事実である。しかし調査活動を通じて水上居民に親しく接したかぎり、陸上居民との差は生業の差でありエスニシティの差ではなかったことが、個別具体的に裏づけられた。経済生活の差はもとより著しいが、社会生活や宗教生活を省みてみると、陸上居民、ことに広東人と基本原則を同じくしていることがわかった。住居が海上であるという著しい特徴は、決して陸上文化との絶交渉の要件にはならないのである。むしろ船上生活は経済から宗教に至るまで、まったく陸上居民に依存しており、陸上との交渉なくしては船上生活は成立しない。また水上居民自らも、香港経済の動向いかんによって陸上居民化する余地を残しており、陸上との取引や婚姻提携などを通じて、水上生活はますます陸上との連繋を深めていく傾向にある。

このような陸上文化との一体化、基本原則の共有があるなかで、なお水上居民の生活術ともいうべき特徴があることを知ったのは、われわれの得がたい収穫であった。そのすべては移動を常とする水上生活に帰因し、海上環境に由来するであろう。水上経済は資本主義的狩猟採集経済である。漁獲が多く相場が良ければ生活は向上し、漁獲が少なく相場が悪ければ貧困に耐えねばならない。生活のバランスは、すなわち海洋資源と陸上の需要とにまったく依存せざるをえない、他律的動向に支配されている。湾上に停泊しつづけては経済生活ができないように、天候順調とはかぎらぬ海上に身を置いて、よりよき外界の動向にしたがう操船技術こそ、特定の〈伝統〉にこだわらない水上居民の生活術そのものを暗示する。社会生活が陸上居民とは違ってきわめて現代中心的であることも、独特な船内諸神を安置して生活の安定を希い、陸上から権能神をたびたび勧請し替えては生活の向上をはかろうとすることも、水上バンド社会に備わった高度な適応術であろう。このような流動的社会も漢民族文化の一例でありかつ代表例であって、あらゆる虚飾を取り去った漢文化の真髄をみる思いがするのは、わたし一人だけではあるまい［6］。

［1］広東語の方言表記は饒秉才ほか編［一九八一］によった。

［2］長洲島資料による船籍数である。なかにはマカオ船籍の船も混っている。「蝦艇」のほとんどがそうだとされるが、長洲・マカオの二重船籍をもつ船も少なくない。また中国領内で繰業許可を得ている船も、全香港漁船六〇〇〇隻中四〇〇〇隻もあるという。

［3］長洲湾上の船種は、「釣艇」「扒艇」「罟仔艇」「磨罟艇」「蝦九拖」「七棚拖」「広海拖」「南水拖」「蝦拖」「罟棚艇」「大尾仔（網艇）」であり、長洲島にない船種は「括仔艇」（坪州）、「爤船」（マカオ）、「鮮拖」（青山）だとされる。このような説明を受けているが、船種に関しては表①の大分類にしたがうことにする。

［4］長洲島から南沙群島海域まで片道二日の行程で、この例が最も長距離である。

［5］無論陸上に土地をもっている者、陸上に家屋をもつ者のほか、陸上に店をもっている者などがある。本文中の説明はあくまでも原則としてである。

［6］われわれの調査研究は、可児弘明［一九七〇］やワード［Ward 1985］らの水上居民社会の研究にとうてい及ばないが、少なくともそれら先駆的な研究が提示してきた最大のものは、水上居民の文化をして漢文化全体の特徴を知るということであり、本研究がめざすべき意義もまたそこにある。

調査船記号	A	B	C	D	E
船主の姓	郭（kok）	温（wond）	魏（ic）	陳	布（po）
船種	蝦艇	網艇（釣艇）	罟仟艇	拖艇　2隻	網艇
魚種	蝦	鮫	白飯魚・鱿仔	黄花魚	鮫・鮒・鮒
漁期	——	5～9月	3～8月	9～10月	8～11月 2～4月
操業期間	——	——	——	——	——
漁場 （　）内は売魚	——	——	——	——	——
故郷	——	大小鴉州	——	長洲	長洲
年収	——	——	——	——	——
船費	——	——	——	——	——
借金先	——	——	——	——	——
船の神仏	祖先・大仙・船頭 魚門・天神	祖先・天后・船頭 天神・魚門	祖先・船頭・天神・ 魚門（海口）・辻 君	祖先・日本仏	祖先・船頭・魚門・ 天神・大桅
船内の行事	——	五月五・八月十五・ 清明節・新年	新年・五月五・中 秋・七月十四	——	新年・冬至・八月十 五・七月十四・五月 五・北帝誕・打醮
陸上への 参拝	——	——	——	——	北帝誕・打醮
墓地	——	大小鴉州・長洲	——	長洲	長洲
墓参	——	（長洲）	——	——	——
団体への 所属	——	無所属（堂）	——	——	無所属（堂）
家族構成 ＊：船主 （調査船）	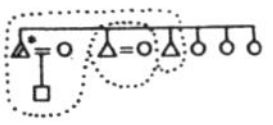 雇人：2~3名 〈N2-4〉	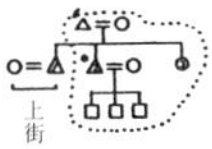 〈S3-8〉	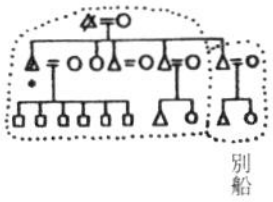 〈L3-16〉	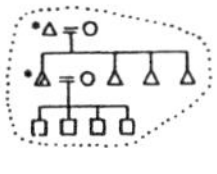 〈S3-11〉	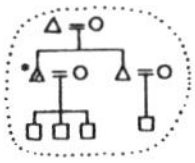 〈L3-10〉
備考	祖先はあらゆる 機会に祀る。魚門 は海根・海筋と もいう		女性は漁船を相 続できない。女性 はアウトサイダー	結婚は漁民同士。た だし同船種の者同 士ではない。娘のみ のとき漁業は終る	経済上の困難が あれば船を2つ 造って分割相続 することはない

表⑤　項目別水上居民の生活実態（次頁以降へ続く）

K	L	M	O	P	Q
黄(won)	黎(lai)	馮(fung)	陳	黎(lai)	林
蝦庭	蝦艇	蝦艇	網艇	網艇	拖船
蝦	蝦	蝦	大鮫・紅衫・木鯿	——	——
全年	全年	3～8月	旧10～1月	不一定	全年
3～4日	10時間以上	12時間	7～10日間	——	1～7日
大陸中国領海 (鮮艇)	長洲近海 (鮮艇)	寧汀辺 (西環魚市場)	海南島 (香港仔・長沙湾魚市)	(青山・香港仔魚市)	南海 (長沙湾・筲箕湾魚市)
——	どこかわからず	中山	大嗅山(大澳)	香港仔	楊光
——	——	3～4万	40万	50～60万	30～40万
——	1万(2年前)	11.5万	30万(5年前)	10万(2年前)	24万(エンジン含/今年)
——	親類・友人	親類・友人	魚欄	——	8万(魚欄)、友人
祖先(家仙)・天后・大仙(天上大神)	祖先・天后	祖先のみ	祖先	日本仏(2年前より)、祖先(2年前まで)	祖先・船頭・天神・魚門
——	——	——	——	なし	——
北帝廟・西湾天后廟	北帝廟・西湾天后廟	——	北帝廟・西湾天后廟 偏神だから不拝北社太后廟	行かない	めったに行かない
——	和合石(父)、大陸(祖父)	長洲(祖父)、梅窩(父)	大湊	長洲	大陸中国
——	清明節	清明節	清明節	浩明節	——
無所属(堂)	無所属(堂)	無所属(堂) 舟はこぐ	——	——	無所属
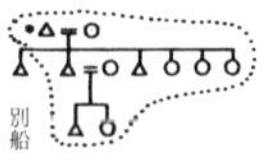 〈S3-10〉	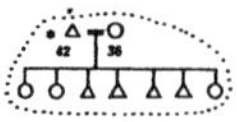 〈N2-9〉	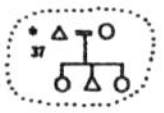 〈N2-5〉	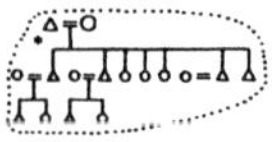 〈L3-16〉	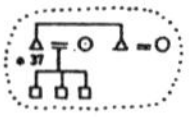 〈L2-7〉	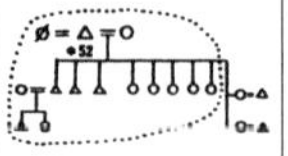 雇人なし〈S3-13〉
12年前にマカオから長洲に来た	昨年長洲に来た。それまでは筌湾・マカオに停泊	香湾仔に船籍あり	6～7年前に長洲に来る	妻の父も網艇。2～3カ月前に長洲に来る。日蓮宗信徒	30年前から長洲に住む 網艇も経験

調査船記号	F	G	H	I	J
船主の姓	黄（wong）	張	×	×	呉（Ng）
船種	蝦艇	罟仟艇	蝦艇	蝦艇	網艇（釣艇）
魚種	蝦	——	蝦	中蝦・紅鬚・小魚	石斑・龍蝦
漁期	——	3～5月 ×12月	——	旧3～8月	好：3～8月 悪：5～6月、8月～
操業期間	——	1～2日	——	1～2日	3日～1カ月以上
漁場 （ ）内は売魚	——	零汀・高山群島 （魚市場・魚欄）	——	高山群島 （鮮艇）	海南島・南沙・西沙・東沙（魚市場・魚欄・海鮮檔）
故郷	——	——	——	——	——
年収	——	10万（6～7万）	——	40～80万（30～60万）	40～50万
船費	——	10万＋エンジン6万	——	50～100万	50万（5年前）
借金先	——	6万（魚市場・友人）	——	——	10万（市）、10万（棡・檔）
船の神仏	祖先・天后・魚門・天神・船頭	祖先→船頭→魚門→天神	——	家仙（祖先）・天神・海口・魚門	祖先・天后→船頭→魚門→天神
船内の行事	——	——	——	——	——
陸上への参拝	——	——	——	——	——
墓地	—	長洲（西湾）	——	——	長洲（西湾）
墓参	——	——	——	清明節	清明・重陽
団体への所属	——	——	——	——	——
家族構成 ＊：船主 （調査船）	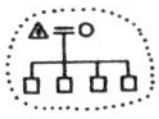 〈N2-6〉	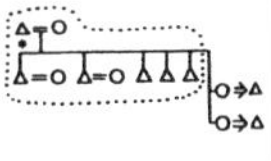 〈L2-9〉	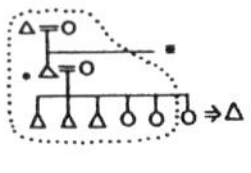 〈S3-9〉	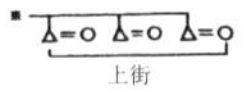 〈X〉	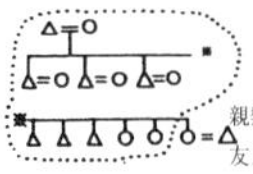 雇人：漁獲量の5％払 〈L2-13〉
備考	船は自分でつくった	売先：魚市場・漁欄 家族分裂時：金銭均等分割。 古船：4万で売る		船の相続権はすべて息子。親類や友人の船と隣接・停泊	かつては罟仔。財産分けは協議・不均等金銭分割

W	X	Y	Z
郭（kok）	何	張	李
罟仔艇（圍罟）	釣艇（排釣）	釣網艇	蝦艇
小魚	門鱔·石狗公·石斑仔	石斑・西鱠・龍蝦	蝦
4～9月	4～10月	春・夏は不漁	——
1～2日	1日	4 ～10日	——
香港領海南西·海鮮欄（港仔、長沙·長洲鮮艇）	三門・鈴汀 ×鮮艇（売魚：港仔、長沙湾）	海南島 （港仔・長沙魚市・鮮艇）	
長洲	荃湾	中国海島	——
4～5万	——	3万	——
4万（4～5年前）	5万（1年前）	28万（4年前）	——
——	なし	魚欄・友人	——
なし	祖先・天后 △船頭 △魚門 △天神	祖先・関帝・船頭 魚門・大神	——
やらず	——	——	——
せず	めったにせず	北社天后廟はいかず 西湾天后廟、関帝馴	——
父の墓地を知らず	荃湾	海島	——
せず	——	——	——
便宜會	荃湾合衆堂	西湾天后誕会、関帝延会	蝦艇行
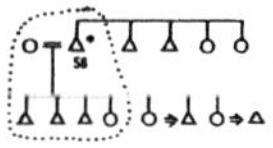 〈N2-6〉	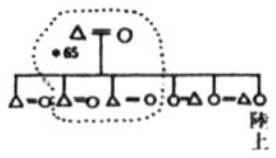 〈L2-6〉	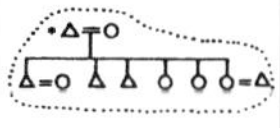 雇人：2名 〈L2-10〉	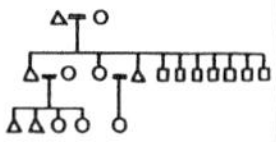 〈×〉
3代長洲で生活した。キリスト教徒	碇泊地は青衣。長洲には仮泊（30日）	碇泊地は青衣。長洲には仮泊（30日）	

調査船記号	R	S	T	U	V
船主の姓	楊	郭（kok）	黄（wong）	羅（lo）	黄（wong）
船種	蝦艇	罟仔艇（排・手釣）	網艇	罟仔艇	罟仔艇
魚種	蝦（中）・小魚	——	馬鮫・鯧・馬友	カニ	——
漁期	好：3～6月	——	好：3月 悪：7月	好：4～9月	3～8月
操業期間	1～6日	1～2日	10日	3時間～2日	1日
漁場 （　）内は売魚	香港領海南西部（西環魚欄・長洲鮮艇）	鈴汀・擔捍頭・鮮艇（香港仔・長沙湾魚市）	萬山・大陸近海（長洲・港仔・長沙湾）	大陸近海・大峡山・萬山（長洲・長沙湾・鮮艇）	長洲近海（香港仔・長沙湾）
故郷	台山	長洲	台山	長洲	長洲
年収	20～30万	多収入	20万	3万変動大	——
船費	10万＋エンジン・網=20万（5年前）	3万（エンジン・網ぬき）6年前	3万（7年前）	8万（10年前）	1.1万（14年前）
借金先	——	魚欄	魚欄・親類	——	——
船の神仏	祖先・船頭・主舵・天神・魚門	なし	祖先・船頭・天神 ×魚門　×天后	祖先・船頭・魚門・天神　×主桅	祖先・天后・船頭・天神
船内の行事	——	せず	——	——	——
陸上への参拝	ときどき	参拝しない	参拝したことはない	北杜天后廟以外の全て 主として北帝	北杜天后廟以外の全て祭日に
墓地	台山	長洲カトリック墓地	台山・長湾西湾	最近長洲に移す。魚朗渡仮村（大嶼山）	坪州・長洲西湾
墓参	——	——	行かない　重陽節	——	——
団体への所属	無所属（堂） 誕会に属する	長洲便以會	大湊漁民互助社・堂無所属	福禄堂・天后誕会	西湾天后誕会
家族構成 ＊：船主 （調査船）	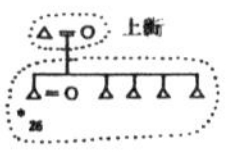 雇人なし〈S2-8〉	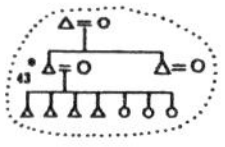 〈L3-13〉	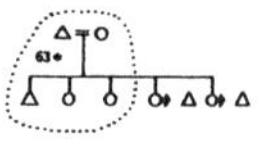 〈N2-5〉	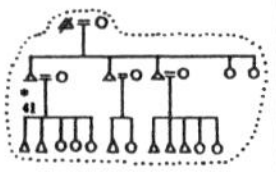 〈L3-21〉	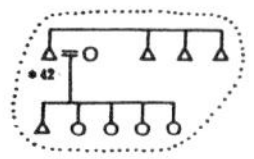 〈N2-10〉
備考	20～30年前に長洲にくる	長洲に生活して4代目。妻も漁民出身。キリスト教徒	30年前に長洲にくる。船種を変えたことはない	4～5代に亘り長洲に住む。墓は風水上の問題	何代にもわたり長洲にすむ

第三章　患者と高齢者の養生術

第一節　治療法と病院文化

一　異文化横断

最近の民俗学や文化人類学のあいだでは、農村の「伝承」文化に注目するよりも、グローバリゼーションの標語よろしく、グローバルな文化の日本版の研究が流行《はやり》のようである。そう、わたしが一九七一年に議員選挙の民俗学的研究を行ったときのように（「沖縄地方議会議員選挙における投票の性格」『民俗学評論』六号）。歴史はまさに繰り返されている。このたびの話も現代病院文化の研究の一例であり、わたしの体験談である。それは現代医療のなかに潜む医者や看護師の民俗であり、またそれら個人的役職を超えた現代文化の背後にある治療術の抜き難い特徴だ。東アジアの医療もこの百年、欧米の治療法を受け入れて〝近代世界システム〟の傘下に編入された。東アジアにおいて、〝西洋医学〟による病院のない地域はもはやない。ここに一例として掲げる台湾では、これを「西医」といい、日本でいう「漢方医」、台湾でいう「中医」とは区別されている。なるほど「西医」と「中医」の近代医療システムは、その言語（傷病認知）も文法（治療のプロセス）も、まるで異なっていて現代人の治療にあたっているかにみえる。しかし果たしてそうなのだろうか？

病院は患者あっての施設であり、患者はひろく寺廟やシャーマン、占い師などをも含めた幅広い治療施設や治療士に、癒しを求めているのである。患者が言わば〝開かれた癒しのシステム〟を期待して渡り歩く現代にあって、病院だけがそれぞれ「西医」「中医」という〝閉じた医療システム〟で対応しているはずがない。とすれば、日本でいう一般の「病院」（ほとんどは西洋系）と台湾でいう「西医」とは、患者の体験している〝開かれた癒しのシステム〟に応じて、治療法も異なっているはずだ。そのちがいは、同じ西洋医学という言語や文法では理解できないちがいに及んでいるのではないか。わたしの問題意識は、〝異文化横断〟による治療体験のちがいからはじまった（付章第二項1〜3も参照のこと）。

二　青信号横断の危険性

一九八一年のこと。調査と言語習得を兼ねて、わたしは台湾に赴いた。台湾に着いて五日も経たぬうちに、不覚にもわたしは交通事故に遭ってしまった。春の夕べだった。その日、台湾の友人に久しぶりで会うことができ、近くの喫茶店で旧交をあたためようとした。やっとみつけた喫茶店は、車がひっきりなしに高速で走りぬける、大河ならぬメイン・ストリートの向こう側にあった。どうやって渡ろうかと横断歩道で待つうち、やがて信号が青に変わった。そこでとっさにわたしは、一人で横断歩道を足早に渡ってしまった。路上で撥《は》ねられ意識不明……。

大きなまちがいだった。横断歩道を渡るときには、信号が青だろうが赤だろうが、台湾では集団で渡らねばならなかったのだ。台湾は交通方式が右側通行で日本とは逆だとはいえ、交通法規そのものは日本と同じだ。しかし、日常生活の交通習慣がちがっていたのだ。「赤信号、みんなで渡ればこわくない」。日本では冗談めいて言うあの文句が、海外に交通習慣がちがっていたのだ。「赤信号、みんなで渡ればこわくない」。日本では冗談めいて言うあの文句が、海外に交通習慣として実際にあったわけだ。信号を用いた交通法規が、〝近代世界システム〟にもとづく国際法規そのものであるかのように〝誤解〟すると、海外はこわい。だからどんな些細なことでも、外国では「郷に入っては郷に従え」、これが鉄則だ。

三　病んで文化を知る

事故に遭って、わたしは左脚複雑骨折ほかの重傷を負った。まずは救急車で救急病院に運ばれた。そこで聞かれたこと、「あなたは『西医』にするか、『中医』の治療を望むか」ということ。交通事故後に、日本ではおそらく聞かれることのない選択肢だ。台湾では「西医」と「中医」は、このように同格なのである。わたしにとって「中医」は診断経験がないばかりか想像もできなかったので、「西医」を選ぶことにした。選んだ西洋系病院は台北のはるか郊外にある長老教会系の病院だが、治療法は漢方系（中医）にも通じていた。そこに入院すること一カ月半。生まれてはじめての入院生活を海外で経験した。しかし手術を受けても治らず、やむなく治療中の身のまま日本に帰った。日本でさらに入院と再手術を経験し、全治するまでに一年半を費やした。つらい入院生活だったが、同時に多くのことを学んだ。「病んで医を知る」、というより文化を知る。知ったのは、同じ西洋系病院での日台双方の治療や看護のちがいであり、患者にとっては養生術のちがいだった。

台湾ではなるべく患部を開刀せず、患者の回復力に頼る「非観血手術」を受けたが、日本では骨を移植し、骨折部位に特殊鋼をあててネジで止めるという、物理的な外科手術（観血手術）を受けた。看護も治療法のちがいに対応していた。台湾では怪我人は内臓疾患の患者とははっきり区別され、栄養補給に重点が置かれた。ところが日本では、内臓疾患患者とさほど変わらず、毎日低カロリー食が給された。

両者どちらが正しいのか、と言うのではない。同じ西洋医学の知識をもちながら、どうして治療法や看護の方法が日台双方でこうもちがっていたのか、それが疑問であり、本節の〝養生術〟の問題に関係している。台湾で

写真①　事故後に入院した淡水の西洋系病院（1981年）

経験したような、患者の回復力に頼る「非観血手術」が日本にないわけではない。しかし日本より台湾のほうが、初期治療に「非観血手術」を試みることが、いたって多いということだ。むろんいろいろな理由があるが、「中医」と競う台湾の「西医」は、患者のつとめて嫌う「観血手術」を試みるのは最後の手段である。中国の「養生術」を敢えて紹介するまでもない。「観血手術」は、五体の気脈（気血）を断つことに等しいからである。できれば気脈を断つ手術ではなく、「医食同源」、すなわち食餌療法で〝気力〟を高めること、それが台湾の養生術の基本である。たとえば、骨折には骨付きの食餌が望ましいという。つまり当初わたしは、油ぎった豚骨料理を毎日食さねばならなかった。

豚骨料理づくめで食事が進まなかったわたしに、病院は〝日本食〟を作ってくれた。日本人が好むはずだと朝から焼いた鯛やエビが出され、中華

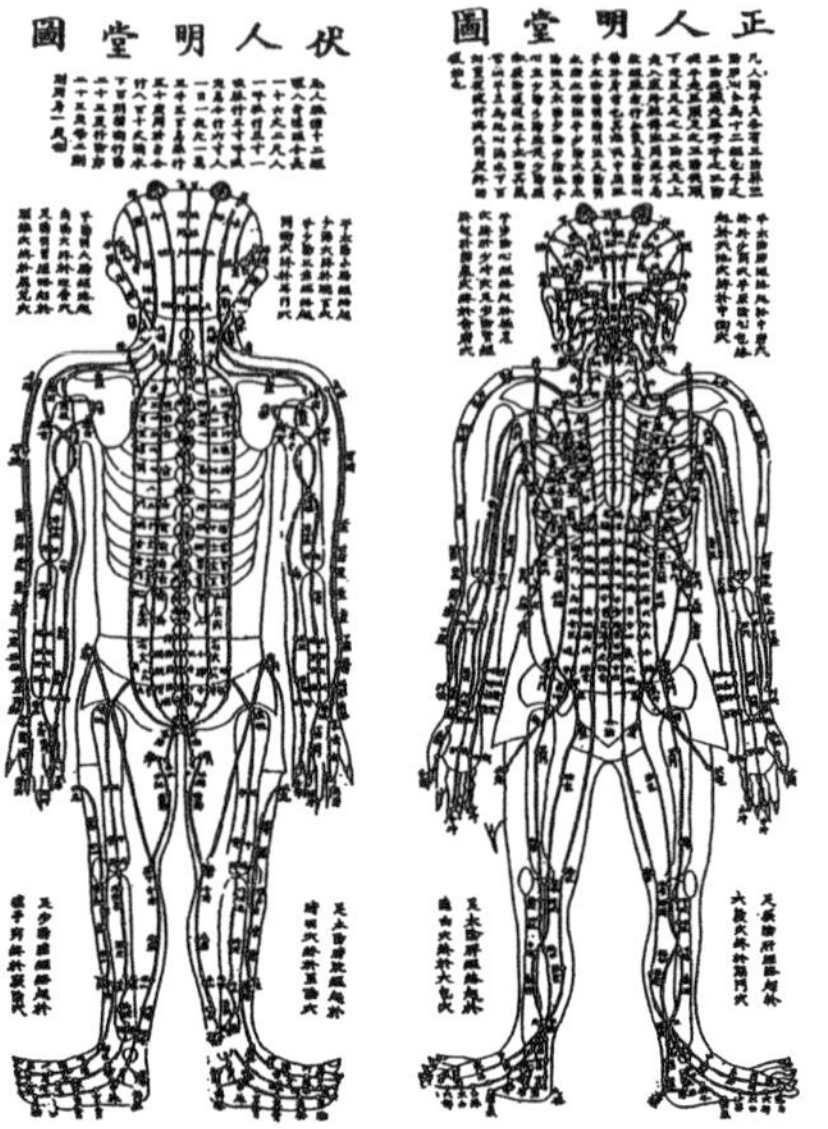

図①　『内功図説輯要』に描かれているとされる体内経脈図。台湾でも、民間では「身体は流体」であると考えられている。だから非流体の死体解剖を経験した西洋医学系の外科医は、観血手術にあたって、患者の理解を求めることは容易ではない（石田秀実『気・流れる身体』平河出版、1987年、59頁）

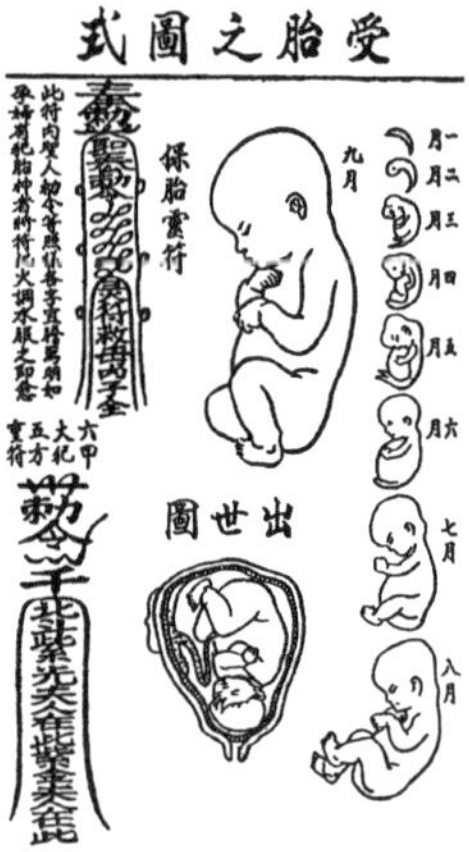

図②　ひろく中国では、出生は個人の性格と命運を決するとされている。観血手術は、その個人の命運を人工的に変えることを意味する（『広経堂通勝』香港、1983年）

風の野菜も出された。そして白米食。台湾では一般に焼き魚類は食べない。そこが日本食なのだ。しかし日本食なら出てよい味噌汁はなかった。代わりにコーヒーが出たのには驚いた。病院側の考えた心づくしの日本食だったが、こうした〝外国料理〟のメニューは、日台双方の外国料理店のメニューのちがいにも及んでいる。帰国後、日本の病院での食餌は、気力・体力の回復を考慮したものというより、カロリー消費の少ない病院生活に対応したもので、怪我人と病人との区別を意識したものではなかった。日本の病院では、わたしは〝患者〟一般にすぎなかった。

四　病院と寺廟

その他わたしが日台双方で経験した病院文化のちがいは、医師、看護師、患者の服の色から患者への対応、病院環境から患者の病院生活にまで及んでいた。ただしこれらのちがいは、日台双方一例ずつの差にすぎず、本格的な病院文化研究を行うには、もっと幅広いデータの収集と比較とが必要であるし、その後の変化も知りたいところである。

「病んで（傷んでと言った方が正確だが）、医も文化も知った」わたしは、その後、患者の〝開かれた癒しのシス

写真②　台湾台北市内の廟。廟神参拝後、廟内で道姑（道教系女祭司）の治療を受けることもできる（1983年）

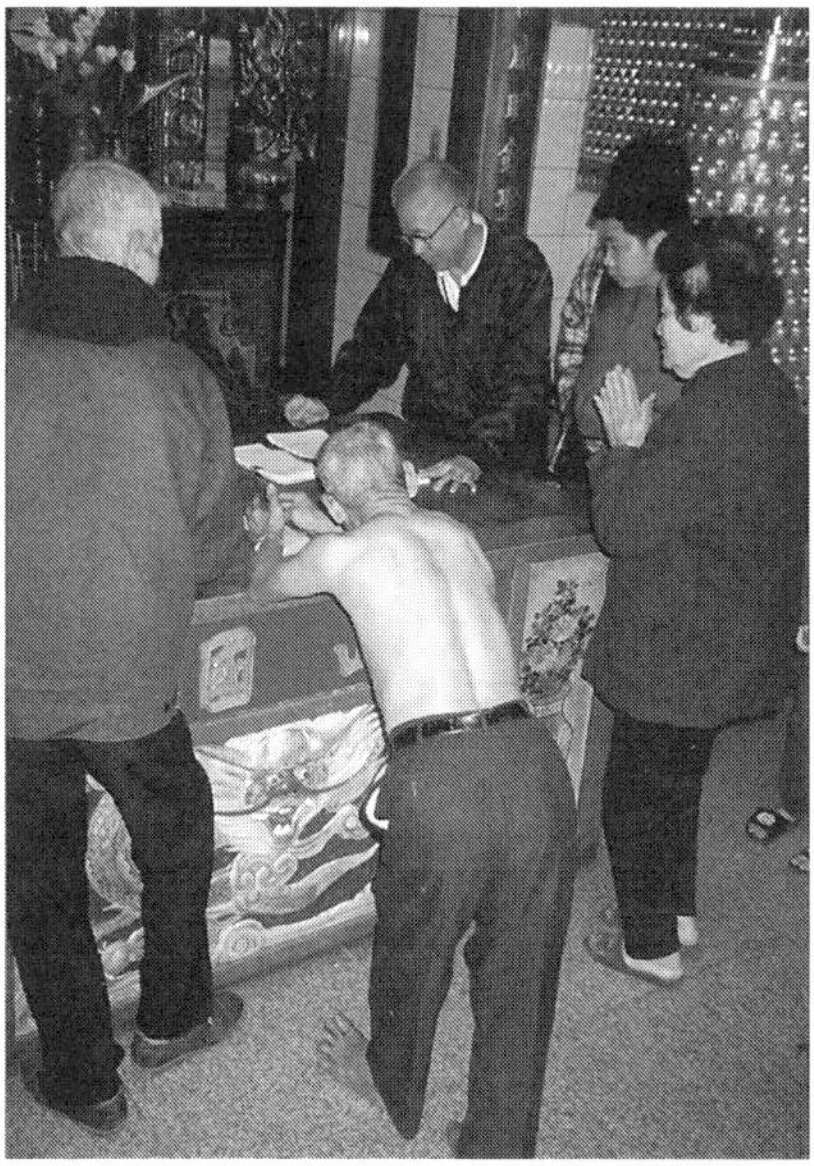

写真③　息子の非行について童乩（トンキー）を通じて神に相談する農村の夫婦（1997年）

写真④　病気治療のため、廟で童乩に診断を仰いでいる農家の主婦。彼女は別の廟で薬を調合してもらい、またこの廟に来て診断を仰ぎ、やがて病院にも赴いた（1984年）

テム〃に沿って、マレーシア華人社会から中国大陸の医療まで見聞することができた。なかでも寺廟がすなわち病院という施設が、台湾を含めてひろく漢文化圏に存在すること、医師だけでなく神までが降臨して傷病判断を行うところもあることなど、「医療と宗教の共存」を知ったことは、東アジアの現代医療を考えるうえで欠かせない。日本では、「医療と宗教の共存」をはかる病院はキリスト教系の病院が圧倒的だが、漢文化圏ではそうではない。関帝信仰と結びついた大病院から、「五教合一」、つまり道教・仏教・儒教・キリスト教・イスラム教の五教を容認した病院まである。患者が寺廟、易断、シャーマン診療所、教会、病院と、癒しのために診断を受けて廻るからだ。だから医療施設が、寺廟・易断・シャーマン診療所・教会・病院を統合したスーパーマーケットなら、万能薬ならぬ万能治療に応じられるだろう。これが漢民族の養生術の特徴だ。

患者の取り違えまでおこしてしまうシステム中心の日本の医療。そんな人間不在のシステムのある日本の病院で、患者はどうしてわが身を癒すことができるだろうか。患者の最大の望みは、〃心の癒し〃なのだから。

第二節　差序体系下の高齢者養生術

一　台湾における人口の老化現象

いま世界では「人口の老化現象」が起きている。これは台湾の高齢者研究の多くの学術書に見られる表現の直訳だが、なるほどと思わせる。医療技術や高齢者保護の社会環境が格段に進歩して整えられて普及し、高齢者の公的な健康管理が行き届いてきたことで、個々人の平均寿命が延びていることが原因の一つだ。いま一つは低迷する出生率である。高齢者が増える一方で赤ん坊があまり誕生しなければ、その社会の高齢者率は当然増大していく。

各国の高齢者人口が増大する一方で出生率が低迷し、結局は高齢者が人口の多数を占めることで高齢者に合った社会になるだろうし、またそうならなければならない事態に立ち至っている。言い換えるなら各国で、「非生産人口の増大とそのマジョリティ化」が進行していることを意味しており、なるほどそんな意味で「人口の老化現象」が進行しているのである。

さて本節では、台湾で採用されている「六五歳以上の者」が「高齢者」だという年齢規準に依拠して、「高齢者」という用語を用いるが、この「高齢者」という名称、台湾では通常「老年人」とか「老人」と称してきた人間に対する政策名称なのだが、近年この名称「高齢者」もまた普及している。台湾で「六五歳以上」とされる者は、実際は「老人福祉法」（第二条）や「公務員退職法」（第五条）などによる主として「法的な」年齢規準であって、日本と同様、社会的な地位や年齢なのではない［呉編 二〇〇三］。たとえば台湾では六〇歳をもって定年とするという会社もあれば、年齢ではなく勤務年数が退職の時期を決めている会社もあり、だから社会的な意味での「老人」にはまた別の意味があるが［渡邊 二〇〇八］、そのような問題はここでは取り上げない。

さて世界では総人口の七％が高齢者である場合、その社会は「高齢化社会」だとされている。一八九〇年のスウェーデンを皮切りに日本は一九七〇年に、そして台湾は一九九三年に「高齢化社会」に進入した。台湾は二〇〇二年にはその比率が八・九三％になっており、さらに二〇二〇年には一四％に、やがて二〇三一年には二〇％に達すると予想されている［呉編 二〇〇三：三］。高齢者が人口の二〇％、つまり五人に一人が高齢者だったなら、それは高齢者がマジョリティの社会そのものだろう。

台湾の高齢化社会への進入には、すでに述べたように低い出生率がその背景にある。一九九四年には二四・四％だった出生率が、二〇〇〇年には一三・八％、そして二〇〇一年には一一・七％と落ち込んだ［蔡 二〇〇三：一〇、呉編 二〇〇三：一〇三ほか］。より深刻なのは、親が育てる子供数の推移だろう。一九八三年の夫婦の子供の数は平均二・一六人だった。それが一九九九年には一・五六人となり、政府の推計では二〇三六年には一人の子供が一人の高齢者を扶養せねばならなくなるだろうという［陳 二〇〇一：一八］。こうして台湾は高齢化社会に進入したばかりでなく、すでに高齢社会になっており、そしていま超高齢化社会に突き進んでいるのである。

かつての台湾には、儒教思想を文化の根底に据えた「敬老精神＝孝道精神」があった。その孝道精神は現台湾の「老人福祉法」（一九九七年改正成立）にも表現されており、老人（高齢者）が家庭内で子供たちから尊敬され世話を受けることこそ、家庭道徳の根幹であり社会秩序や養生術の基礎だった［周 二〇〇〇：二五八ほか］。台湾の諺にいう「家有一老、如有一宝」（家に一人の老人あらば、それは家宝に値する）が、いまの高齢者福祉の法律の精神にも受け継がれており、それは「四世同堂」（四世代同居）を求めていた農村社会の理想型でもあった［陳 二〇〇一：一五］。子供、とくに男子は生涯親元を離れることなく生活し、生家で嫁を得て嫁とともに両親の老後を養い、死後も祖先となった両親に「死後の糧」を送ること、すなわち供養することが「孝」を実践することだった［渡邊 一九八九・一九九一・二〇〇三］。「孝」という概念には、非血縁者としての子供が「老人福祉」だと称して社会的に他人の老人を養うとか、非血縁者が他人の高齢者に生活資金を給付するという発想はまったくないのである。孝道精神にいう「孝」とは、あくまでも血族や家族に対する道徳的義務だからである。

こうした農村型血縁社会の社会システムをずっと理想に掲げてきた台湾では、一九八〇年代から第一次産業従事者が一割以下の数％の人口しか占めておらず、同様に都市人口が圧倒的な比率を占める都市型社会になっている。したがって都市生活を営む高齢者が、いかにして「敬老精神」をバックとした社会システムのなかで生活していくのか、そこに台湾の高齢者生活の特徴があると同時に、またシステム内の矛盾も生じているものと思われる。本節では、台湾のこうした高齢者生活の理想と現実に焦点をあてて、現代に適合した養生術の事例を紹介し特徴を分析することをねらいとしている。

二　孝道精神が理想の高齢者生活

台湾の高齢者生活の理想は、いまもってこのように孝道精神に満ちた子供による老親の扶養である。だから日本のように高齢者が自活して生活し、子供に頼らず政府や会社からの老齢年金に頼って、生活資金の供給を期待している社会なのではない。それを裏付けるような台湾の統計がある〔以下、内政部統計処編　一九九七〕。

一九九六年の統計だが、子供（配偶者を含む）に老後の生活費を委ねている高齢者は台湾全体で六四・一〇％、高齢者本人か配偶者の蓄財によるものが二五・五四％、本人の老齢年金や退職金によるものが一九・〇八％、社会的救済によるものが一三・一八％、本人の仕事収入によるものが八・三七％、配偶者の収入や退職金によるものが五・七三％、家賃や利息収入によるものが四・九一％、親戚・友人の援助によるものが一・八九％、株や不動産売買によるものが〇・二五％、その他は一・一九％であり、この統計結果を見ても、台湾は老後を子供の扶養に頼ろうとする社会であることがよくわかる。

では親としてどんな居住形態を理想と考えているのか、五〇歳以上になったらどうするかの理想を聞いた統計結果が、やはり一九九六年には以下のようになっている。すなわち「老後」は子供と同居したい者が六三・三一％、子供の近隣に住みたい者が四・六二％、子供の住居を規則的に転住したい者が六・〇〇％で、このような子供依存型が七三・九三％を占めている。その他独居三・九六％、親族や友人との同居〇・八五％、養老院や療養機関居住が二・〇九％、老人ホームが一・〇九％、その他が〇・四〇％だった。

老後も子供といっしょに生活し、子供から生活資金を得たいと願っている高齢者は依然として多数を占めているが、右のような「理想」を実現できる例は年々減少している。

親を養わねばならない子供から見れば、労働人口の中枢を占める彼ら青年・中年層は、仕事をしながら国家財政の基盤たる税金を払い、一方で子供を養っているはずであり、他方で働けなくなった高齢者たちをも養わねばならない過重な負担を強いられることになる。とくに都市部では、子供から高齢者までを養うほどの広さのゆとりある家屋から、高収入までを得るのは容易なことではない。

孝道精神によって高齢者を個々人が養う慣習は、末代まで同居が可能で家族員全員が農業という同じ仕事を分担して行ってきた時代に、広く実現が可能な社会のシステムだった。写真①は、まだ家庭に飾られ標語として生きている額の例だが、この標語も大家族時代の生きた教訓であった。いまでは、富裕な家庭にこそ実現可能な標語になっている。しかしグローバルな市場経済化が進行し、ネオ・リベラリズムなどという激しい国際競争力が求められるまでに変じた近年の台湾社会では、それは所得者に子供から高齢者までが吊り下がるような「所得者加重負担」の慣習であり、だからこれを改めるべく近年、年金制度が実行に移された。

すなわち二〇〇八年一〇月一日から、「国民年金制度」がスタートした。以前にも「敬老手当」に相当する制度があり、それにより高齢者に対して政府から一定額が支給されてきたのだが、それはいわゆる日本で言うところの「老齢年金制度」とは異なった制度だった。老齢年金制度はいわば国民の強制貯蓄制度であり、個々人の老後を社会が保障するという意味での保険制度だが、これ

写真①「婆慈媳孝」（義母は嫁を慈しみ、嫁もまた義母に孝行すべし）という標語

によって「血縁者が血縁高齢者を養う」という血縁養老システムから、「国民という非血縁者全体が高齢者という非血縁者全体を養う」という、国民国家養老システムに変化しつつあると言えるのである。

また二〇〇九年一月一日から、台湾では労働者を対象とした「労保年金制度」がスタートしている。いわば日本で言う「厚生年金制度」に近い制度である。したがってそれ以前には、各企業や会社の個々の制度は別にして、台湾では政府主導の公的年金制度は労働者一般に対しても存在しなかったということになる。

とはいえ現在の台湾では、軍人、公務員に対する保険制度や退職金制度はよく整っており、いわゆる公―私の職業の差による保険や年金・退職金制度の格差がいまだに甚だしい。それがこんにちもなお、個々人およびその家庭の老後の生活の、質的な差異をもたらしている。本節では、これを「差序体系」(差別を強化するシステム)と称している。すなわち「公」「私」の差別である。

このような最近の台湾の動きは、これからの台湾社会の高齢者生活を左右するだろう制度である。二〇一〇年というこの年に綴っているこの報告は、したがってこのような新制度の影響以前の高齢者生活を描くものである。ここでは都市に住む高齢者たちの聴取事例を追いながら、その背景にある台湾の高齢者環境を描くことにしたい。

三　高齢者生活を支える台湾のさまざまな制度とは

以下は主として聴取により聞くことの出来た、現代台湾の高齢者生活の養生術というべきものである。

台湾では、高齢者(老人)の大切な財産には「老本・老伴・老友」があると、いまでも言われている。「老本」とは自分が自由に使える資産であり、「老伴」とは配偶者、そして「老友」とは友人である。このうち老後には

「老本」が最も重要だとされる。都市で暮らす高齢者にとっては老後の資金である「老本」は、最も重要な生活の糧だからである。都市では「老伴」「老友」があっても、「老本」なくしてはそもそも生活が成り立たない。そこが自給生活の可能な農村とは大きく異なっている。

では老後の生活資金を、高齢者たちはどのように受けているのか。第一は前項の統計結果と同じく子供たちから折々に支給される生活費であり、儒教国＝台湾では、子供たち、とくに息子たちによる親の扶養をもって道徳とし親の養生術としてきた。だからかれらの養生術は子供なくしては成り立たないのだが、台北でも子が親を養っている家はかなり多いようだった。と同時に子供が海外で生活している家もあり、海外の子供を等しく尋ねて「輪流飯《ロヌリウファヌ》」（親の規則的転住）で親が養われている家も複数あった。ここが日本と大きく違うところだろう。ここにも親が子の地位に優先するという、伝統ある「差序体系」が認められる。

第二に国が高齢者を養うという敬老手当の制度。この制度は二〇〇二年から始まった。対象は六五歳以上の男女で、現在毎月三〇〇〇元（約九〇〇〇円）が支給されている。台湾の話し手たちはおおかた日本の老齢年金に相当すると思っているが、財源は税金であり決して同じではない。日本と著しく違う点は、国が保障する老齢給付制度が職業別に異なっている点である。すなわちすでに述べたように、台湾では公務員や軍人に老後の生活費保障が厚く、民間に薄いことである。農村に至っては、敬老手当しか保障されていない。これこそ「公私の差序体系」だが、例をいくつか挙げてみよう。

会社員でも公務員でも、台湾では二五年勤務すると退職金が支給される権利が得られ、さらに六五歳に達すると一定の老齢給付金がもらえる制度になっている。退職金の受給方法には二種がある。一度に支給される方式と、毎月定期的に支払われる方式である。会社から高額の退職金を受け取ると、国からの敬老手当は支払われないことになっている。たとえば国家公務員Aの場合、定年は六五歳なのだが、勤めて二五年経てば六五歳にならなくても退職金受給の権利を得るという。むしろ定年を待たずに退職すれば退職金の優遇措置もあるといい、給料の七〜一〇割はもらえるという。したがって定年を待たずに退職して退職金の優遇措置を受け、さらに別の機関に勤められるなら勤めようとする公務員は至って多い。

国家公務員Bは五五歳で退職した。二五年以上勤めたので退職金がもらえるわけだが、それは元の給料の八割の給付だという。そして今年から私立の機関職員になったが、そこからも給料を得ている。このように二五年勤めてこうした特権的権利が得られるわけである。これも日本とは違った高額の生活費保障で、台湾ではこのように地位によって給付金が大幅に違うのである。

写真②　麻雀にいそしむ高齢者（2010年）

さらに元小学校教員Cは、二五年勤めれば退職していいので、二五年勤めて四八歳のときに学校を退職した。そのとき三六五万元（約一一〇〇万円）の退職金をもらったという。

他方台湾では会社員は五五歳から退職する権利があり、通常六五歳まで勤められるという。五五歳から退職金がもらえるわけである。人びとはこの退職金だけでなく保険にも加入しており、それが退職後の蓄えになる。さらに六五歳以上になると、敬老手当がもらえることになる。したがって生活費は元会社員Dの場合、三〇〇〇〜六〇〇〇元の範囲になるが、会社の退職金の額、保険の額、老齢年金の額は人ごとに違っている。

高雄のある会社では、二五年勤めた者の退職金はふつう一〇〇〜二〇〇万元（約三〇〇〜六〇〇万円）くらいだという。退職金三〇〇万元（約九〇〇万円）という者もいるが、それは多いくらいである。だからかつては二五年勤めようとする社員を、退職金が高額になるという理由で、勤務年数が二五年にならぬうちに首にした社長がいて問題になったことがあるという。いまは経営者のほうが、退職金を支払わねばならないので、たいへんだということにもなる。

また、台湾には、高齢者の生活費負担を軽減しようとする制度もある。現在台湾では、六五歳になると市役所から「悠遊カード」（高齢者割引証）を受け取ることができる。それを使うとバスは無料、地下鉄、鉄道、高速バス、新幹線（高速鉄道）、飛行機は半額になる。

高齢者の医療費に関しては、六五歳になっても月にいくらか支払うことになる。勤めている者の扶養者になると健康保険の負担額は高額にはならないが、誰の扶養も受けていないと自身で払わなければならないため保険料は高くなる。ただしこれによって高齢者の場合、診察料は六分の一程度になる。また内科と外科では基本の診察料に差があるという。薬代など超過した分は比例して費用を支払う。だから健康保険への加入ができる子供たちに、扶養されるに越したことはない。つまり健康保険は息子の被扶養者として手続きをすれば、自分で負担して加入しなくていい。子供がいなければ市役所に行って手続きをする。七〇歳以上になれば医療費は無料になるという。

このように、まず公務員の年金受給が勤務年数から権利まで、企業人を含めた民間人とはかなり違って優遇されている。老後の生活に、公私の職業による差異が出ているのである。以下は、民間人の高齢者生活の例である。各家庭の事例を紹介しつつ、民間の台湾高齢者の生活実態について報告しておきたい。

四　子供や家政婦が支える高齢者の娯楽生活――Ｓ・Ｊさんの例

台湾・高雄市に住むＳ・Ｊさんは、二〇〇七年で八〇歳になる女性である。以下の報告は彼女から聞いた生い立ちと現在の生活だが、このケースはすでに述べたように孝道精神に基づいた親の扶養であり、台湾における高齢者生活の一つのモデルケースになっている。

もともと彼女は台南の農村出身の娘だった。縁を得て高雄で鉄工所を経営する夫の許に嫁いだが、そこで工場労働を手伝ったわけではなく、ずっと専業主婦だった。夫亡き後のいまは、その工場経営を息子が引き継いでいて、息子夫婦と孫の三代同居の家族である。ここで理解しておきたいのは、彼女は工場経営者の家族だということである。

専業主婦だった五五歳のころ、すなわち別に老人になったからというわけではなく、その頃から太極拳を習い始めるようになった。太極拳はある会に入会して早朝六～八時に習っていた。太極拳を実施していたグループは、「高雄市太極拳協会十全隊」という会だった。この会はその名のごとく地域の会であり、コミュニティ活動と関係があると思うが、Ｓ・Ｊさん自身知っていたわけではない。

このようなグループへの参加は自由であり、また年齢によって入会が制限されることはないが、参加者はほとんどすべて老人だった。また太極拳は、その協会が選んだ指導員によっていて、コンテストがあり賞もあった。その後の時間は、踊りを楽しむような生活をしていた。練習の会場として太極拳は小学校で、踊りは公園でやっていた。踊りは社交ダンスではなく、一種の体操のような踊りである。

夫が他界して六一歳の時、腰が悪くなって手術を行った。手術をしてからは太極拳ができなくなり、今度はからだに合った気功を習い始めて現在に至っている。気功のほうがからだに対して負担が軽いからだ。それを毎日一時間ほど行っている。気功は毎朝六時三〇分~七時三〇分の間、行っている。気功のグループは四五団体あるが、これもまた地域の会であり「明誠隊」という。この地区の名称が「明誠」だからで、ここは「明誠社区」と呼ばれている。この会も参加年齢に制限はないが、みな老女たちが参加している。最も若い者で六五歳、最高齢だと九〇歳にもなる。

S・Jさんの一日の活動を見てみると、起床はおおかた五時三〇分、起きて毎日散歩をし、朝食を食べた後、六時三〇分から七時三〇分まで気功を習う。そしてその後踊りを午前中の一〇時ごろまで習っている。あとは家に帰ってテレビを見たり買い物をしたり、絵を描いたりしている。それが日課だが、毎日行う活動ではない活動が数多く存在する。

S・Jさんは、カラオケの会にも入っている。集まりは毎週木曜日にあり、一二時〇〇分から一八時三〇分の間、毎回二〇〇元の参加費を払って参加している。活動時間は右のようだが、会場への出入りは自由である。またこの会は地域限定ではなく、遠方からでも参加者がある。S・Jさんはこの会に、近くの友人から誘いを受けて加入した。カラオケ会には、日本人の先生が誘って開いている会もある。お互いに誘い合って集まるのであり、特別な組織があるわけではない。

その他、S・Jさんは書道や写生も行っている。すべて趣味としてであって、先生に指導を受けているわけではない。写生は水彩画、鉛筆画、クレヨン画などをやっていたが、いまは鉛筆画をやっているという。さらに般若心経の写経をする会にも入っている。書いた字は燃やしてしまう。入会しているのはすべて健康のためであり、それには友人関係が欠かせないとＳ・Ｊさんはいう。

また団体旅行に参加することもあり、その誘いは気功の会が行っているが、高雄市政府などが勧誘している旅行などもある。しかし寺廟参拝には旅行団としてではなく、家族や個人で参加している。

Ｓ・Ｊさんの生活は、政府による非高齢者、すなわち労働者の「労働」に対して、高齢者＝非労働者の「余暇」の勧めという政策に、まさに合致した生活だと言える［渡邊 二〇〇八］。しかしこのような高齢者生活を可能にしている生活環境があってこそ、Ｓ・Ｊさんの高齢者生活は成り立っている。

腰の手術の後、Ｓ・Ｊさんは自分では家事がしにくくなり、それ以後こんにちまでインドネシアからのお手伝いさん（家政婦）を雇って、三食の食事を作ってもらっている。台湾人の家政婦を雇うと高いので、かなりの人が、つまりは近隣三〇軒くらいが外国人の家政婦を雇っている。高齢者に対する生活補助者がいて、しかもそれは外国人が多い。では生活費はどうなっているのだろうか。

Ｓ・Ｊさんは月三〇〇〇元（九〇〇〇円）の敬老手当をもらっている。その他、息子たちから月一万元（約三万円）を、生活費としてもらっている。そのほか、正月には「紅包」（お年玉）、誕生祝い、母の日などに小遣いを子供たちからもらっている。子供たちは、Ｓ・Ｊさんを支える資金を、このような機会に平等に負担してくれているという。

以上がＳ・Ｊさんの高齢者生活であり、台湾として理想的な高齢者生活の事例だと称していい。ここにいう「敬老手当」は、一九九二年に民進党政権下で実施された「六五歳以上の高齢者に対する生活保障費」だった。ただしこの手当は、高額所得者には支給されない。しかしなぜかＳ・Ｊさんは支給対象になっていて、毎月の支給を受けている。

五　自活して仕事一途の高齢者生活――Ｄ・Ｋさんの例

台湾ではあまり類例がないのは、自活して生活しようとする高齢者なのではなかろうか。前項で述べた例のように、台湾の養生術には子供による親の扶養が前提となってきたからである。その点が日本と異なっていそうである。以下の例は、高齢者になっても商店を経営し続け、それを生活の糧としているＤ・Ｋさんの例（女性、板橋市在住、七五歳）である。

この女性はいま礼品店を経営しているが、この店は一九六三年から夫（外省人）が経営を始め、夫が亡くなってからは自分が経営し、いまは名義も自分のものだという。子供は娘ばかりで四人いる。長女は結婚してアメリカにおり、二女は自分と同居、三女は台中におり四女は早くから外国にいたが最近台湾に戻っているという。自分が亡くなったら、四人の娘に平等に財産を分け与えるつもりだという。いま二女を雇って月給を支払っているが、その夫は妻方居住で同居しており会社通いだが、Ｄ・Ｋさんの部屋とは別にしているという。

彼女にとって六五歳以前と以後とでは、高齢者としての生活に基本的に変化はなかった。六五歳以上になっても、礼品店を経営し続けているからだ。また六五歳になると敬老手当をもらえるようになるが、彼女は年収五〇〇万元（約一五〇〇万円）を超える収入があるので手当はもらえない。

生活の変化は夫が亡くなってからで、五九歳のときだった。夫がいれば心理的に頼りにすることができたが、亡くなったいまは頼る者がいない。生活の問題というより、心理的な問題があった。このような心理的問題のあるせいか、台湾の女性高齢者に多い傾向は宗教への帰依である。

彼女の夫は早くから高雄にある某寺（金光教）に帰依していた。その寺の法師は外省人だったため、彼女の夫は帰依していたという。夫が亡くなった頃から、彼女自身もその寺に帰依するようになった。そしていま、その地区分会に入会している。彼女は朝四〜五時ごろ二時間くらい、読経を日課としている。仏壇は自家の四階にあり、そこにはお釈迦様、観音様、媽祖、関羽、土地公を祀っている。このような家の神がみのほうが重要で、寺廟にはあまり行かないという。

彼女は個人的な宗教活動を日課としているが、S・Jさんのようにコミュニティや地縁的な活動には消極的だ。健康のための運動は自分流の体操をしているだけで、グループに参加してやっているわけではない。老人会、自治会や「商業工会」には参加しておらず、ここには以前からの地縁組織である「里」もあるが、その企画による行事で、かつ兄嫁が参加するなら参加するだけだという。

このように地域の集まりには出ないが、双系的に拡がる親族の集まりなら出ているという。夫の墓参りは夫の家族の集まりなので出ているし、正月や清明節のような家族の集まりや儀礼には参加している。しかし定期的に家族が集まるというより、長女が帰国したとか、三女が上京したときなどの機会ごとに集まるだけだという。カラオケなどは娘や孫が行くときに行ったりする。血縁関係者で誰かが誘うなら参加するという。

同様に日常生活としては台北や板橋のレストランやデパートに出かけて、精進料理を家族で食べ合うこと、国内・海外旅行をすること、しかもそれらは家族・親族二〇名くらいで出かけたりすることが圧倒的である。自ら進んで出かけるのではなく、自分の兄の嫁が電話で声をかけてくれて、それで出かけることが多いという。

六　宗教活動をリードしてきた高齢者生活——K・Gさんの例

意外に台湾の高齢者生活は、宗教生活に彩られることが多い。いや日本でも少なくないので、高齢者の一つの典型例といえるかもしれない。次の例は、宗教生活を中心として生活している高齢者の例である。

K・GさんはD・Kさんと同じく板橋市に住み、二〇〇九年で七五歳になる女性である。K・Gさんは二〇歳で結婚したが、結婚前までは会社に三年ほど勤めていた。週一回の給料、月一回のボーナス、そして賞金もあるほどの会社だった。K家に嫁いだとき、嫁が働いていることは一族のメンツにかかわるとして反対され、やむなく退職した。しかし当時、退職金という制度はなかった。K・Gさんの夫の父が亡くなった当時、失業者で食物をK家に依存していた者たちは、道に三牲を並べて悲しんでくれ、一方そうした者たちに対して、いちいちお金を振る舞えるほどの財産があった。

一九六四年、突然土地改革が行われた。「耕者有其田」（土地は耕す者に与えられる）という政策で、農業に用いていなかったK家の土地は、ほとんど無償で没収された。K家は地主から一挙に転落したことになる。そしてその後は呉服屋を経営した。いまはK・Gさんの兄弟の一人が呉服屋・仕立屋を経営しているが、店の半分は宝石店として店を貸している。K・Gさんを含めて、兄弟五人に平等に家賃収入が分配されている。したがってK・Gさんには五分の一の配当があるという。

K・Gさんの夫は、三七歳のとき脳溢血で倒れて以来ずっと仕事ができず、五四歳で亡くなった。初めは呉服屋をやっていたが、その後呉服屋を止めて靴下工場を経営し、テレビの真空管を作る工場も経営していた。夫が亡くなったとき二つの工場を売り、それが生活資金になった。その後K・Gさんは、雑貨を売って生計を立ててきた。当時まだ老齢年金制度はなかったし、夫は金持ちの息子だったので貯金もしていなかった。

老人を養うとき、子供三人が母K・Gに生活資金を送るのが道徳だが、三人は財力がなかったためあまり資金を送れなかった。長男は塾を辞めて嫁に生活を頼っていたし、二男はいろいろな工場経営をしていたが収入はあまりなかった。そんなわけで六五歳以上でも高額所得者にはなっていないので、いま月三〇〇〇元の手当をもらっている。

K・Gさんは三〇歳代で仏教系のある宗教団体に入会し、六二歳になったときその団体の地区会長になった。選挙で選ばれた初の会長だった。四年会長をしてその後は、いわば顧問役をしているが任期はない。会長の活動というと、年会、選挙、朝山（本山への参拝旅行で毎年一回四〇～五〇名を連れて行くこと）、聯誼会（親睦会）等を実施することである。その他、水懺（仏事で読経、毎月最初の日曜日）、念仏会（毎週土曜日）、①写経（土曜日）、②日本語教室、③仏絵を描く会、④生け花の会などをこの団体地区で行っているが、数字を付けた集まりは個人が参加選択できる会である。それから尼僧による説法（講話、水曜日）、共修会十説法（金曜日）などがある。年中行事としては、①四月八日、②二月一九日、③六月一九日、④九月一九日、⑤七月一カ月の盂蘭盆会（孝道会という）などを、この団体の施設である集会所（講堂）で行っている。これらへの参加は歳に関わりがないが、時間にゆとりのある老人の参加が大部分である。

また台北の中正記念廟で集会をしたり、音楽競争会をしたりする行事もある。各地区でまず競い、次第に上位の競争会に出るのである。国際的な宗教団体なので、海外での集会もある。その他、宗教団体として老人家庭の訪問、貧者救済、慰労会、事故・災害の救済・献金活動、寺の行事への参加などを行っており、彼女は役柄上、参加を続けてきた。個人では家で観音様を祀っている。

K・Gさんの老後の活動はその前との差があまりないが、このように宗教団体の長としての活動が中心になっている。ただ生活はそれだけかというと、決してそうではない。自治会（社区）が行っている読書会活動に参加しているほか、自治会とは異なる「里」単位の地縁組織があり、里で祀る廟の炉主になったこともある。また家族・親族の集まりも多く、双系的に集まりがあればそれぞれに参加している。たとえば正月の団欒、親の誕生祝い、正月の「回娘家」、つまり夫の姉妹の里帰り、母の妹の里帰りなど、K・Gさんは五人兄弟三姉妹なので、それぞれの親族とのつきあいを行ってきた。

健康のための運動も、五年前から毎日行っているという。「香功」という一種の気功や独特な体操をしている。この地域では指導者が音頭をとって、近くの運動場で太極拳、気功、舞踊、マラソンなどやっているという。

さて以前は、高齢者生活というと、本人が自分の葬儀を生前に用意することが習慣として行われていた。いまもそのような義務観念はあるが、自分が「寿衣」「寿材」「寿壙」を用意することはない（次節参照）。みな葬儀社が準備してくれるという。その準備を葬儀社に依頼するため、生前にその会社と契約をしておくのである。契約は頭金を支払うか全額を支払い、葬儀になればいっさい会社が準備してくれる。いまは火葬になっているので、K家の家族墓に骨灰を入れた骨壺を納める形式で墓が成り立っている。ただし夫は仏教徒だったから、その家族墓に骨壺を入れることはなく、台北市のあるお寺に安置しているという。

七　グループ活動や交際中心の高齢者生活——K・Mさんの例

K・Mさんは台北市に住む二〇〇九年で七七歳の男性であり、キリスト教徒である。父が製糖関係の仕事をしていたので、青年時代まで台湾を転々と移り住んでいたが、いまは台北に住んでいるという。そして会社を六三歳で退職した。

退職金は一度に支払われるものと、毎月定期的に支払われるものの二種があることはすでに述べたが、K・Mさんは一度に四〇〇万元（約一二〇〇万円）を受け取った。会社から退職金を受け取ると、国からの敬老手当は支給されない。しかし妻は会社に勤めていたわけではないので、老齢年金を月に三〇〇〇元もらっている。

退職したあと、二年間、アルバイトとしてテレビ放送局に勤めた。弟がオーナーだったから電気関係の仕事をしたが、むろん定職よりも時間的ゆとりがあった。放送チームで台湾各地の衛星中継をして旅をしたこともある。こうしてしばらくは退職前と同様に仕事をしていたようなものだが、完全な老後の生活に入ったのは六五歳の時だった。そしてキリスト教には、六六歳の時に入信した。妻がボランティア活動をしていたし弟も入会していたので、六七歳のときからあるキリスト教会（A教会）の集まりにも参加するようになった。

入会したのは日本語を聞いたり話したりすることに、魅力があったことも一因である。そのある教会は日本語を使うことを特徴としていて、とくにカラオケは自分が小さいときに聴いた歌があったので懐かしかった。入会以前にも、職場で日本語のカラオケを歌っていたからである。この教会の集まりに興味をひかれるのは、そのほか外来語の学習や健康講座、コーラス、礼拝の説教など役に立つ知識が得られるからだ。たとえば健康食品。果物を皮ごとジュースにして飲めば、健康回復に役立つことなど、この教会の講座で知り、それを日々実践していてじじつ健康回復になっている。また教会活動の一環として、年に二回国内旅行に行く。旅行と言っても台北市近郊である。

この教会の集まり以外にも、別の教会（B教会）に所属している。一〇年前からその教会の六〇歳以上の老人グループに入って活動している。このB教会には、性年齢別に婦人グループや青年グループなどの活動単位があり、老人グループでは月一回の会合があって、講話・意見交換・生活相談などを行っている。

現在は妻と二人だけで生活している。マンションの五階に住んでいるが、古いマンションだからエレベーターがない。運動になっているが、やがて辛くなるだろう。いまは外国人家政婦を雇っていないが、もっと歳を取れば雇うかもしれないという。

K・Mさんには三人の息子・娘がいるが、いずれも結婚しており、うち二人はアメリカ、一人は永和市にいるという。二人のアメリカ在住の子供は、いずれも留学して博士号を取って永住し、残りの台湾に住む子供とは、生活上の意見が合わないから同居していないという。また子供は仕事が忙しくて親の面倒を見るどころではないし、また自分自身も子供に面倒を見てもらうほど年取ってはいないと思っているので、自活できるという。アメリカの子供たちは自分の資金で留学しており、とくに資金を提供しているわけではない。台湾の子供とはあまり交流はないが、正月に「紅包」（お年玉）はもらっている。しかし子供たちに老人からもお年玉をあげるので、別にお年玉が生活資金に役立っているわけではない。親戚づきあいはというと、弟一人、妹一人がいるが、この八年間、会っていないほどで、最近のつきあいはないという。アメリカにいる子供たちに居留権か公民権があれば、アメリカで自分は老齢年金をもらうことができる。しかし台湾のほうが住みやすいので、いまアメリカに移住する気はないという。

さて日頃の生活だが、日課である運動としては朝に散歩する程度だ。健康食品、とくにジュースは気をつけて飲んでいる。その他、趣味としては読書、翻訳（日本語→中国語）、パソコンなどがある。とくに翻訳はどう訳すか考えるので楽しく、A教会などに翻訳した文章を提供している。パソコンは習ったわけではなく、自学自習によっている。そのほかは、家でテレビを見ている程度だという。海外旅行は日本に三〜四回、アメリカにも三〜四回行ったことがあるが、趣味というほどではないという。

お墓の準備も進めてきた。墓は陽明山にあり一族で一〇年前に作った一族墓である。火葬をしたあとの骨壺を一〇個納められるようにした墓だという。

八　結論――差序体系のもとで

息子たちの孝道精神が健全な形で生かされていて、そのおかげで毎日健康的な娯楽生活に集中することのできるS・Jさん。夫が経営していた店の経営を引き継ぎ、孝道精神よろしく子供に扶養されるのではなく、財産があるが故に逆に子供を従業員として店に雇い入れて経営しているD・Kさん。財産家だった家族に嫁ぎ、やがて政策により没落してしまった家。そのせいかとくに老後はある宗教団体支部の長になり、いまもってその宗教活動を中心に広く組織的な活動をしているK・Gさん。定年で会社を辞めたが、家族の縁でいろいろな宗教団体に加入し、それだけでなく広く交際を続けている。息子、娘は近くにいるが、ほとんど彼らに頼らずに生活しているK・Mさん。それぞれが台湾の現実だ。

類型化すれば無限に類型化が可能なほど高齢者生活は多様だが、ここに挙げた四例はそれぞれ民間の台湾高齢者生活を代表しているようで興味深い。第一に台湾で理想とされる老後の親の扶養、したがって子供に頼る親の養生術。その例はＳ・Ｊさんの生活例に出てきたが、高雄でも台北でも、こうした例はまだいたって多い。やがて家族扶養では台湾社会や経済が成り立たなくなることを恐れて、二〇〇八年から国民年金制度が発足したが、しかし当分の間、このモデルは理想の高齢者生活支援システムとして維持され続けるだろう。軍人、公務員の高齢者、あるいは自分の資産に頼れる富裕な高齢者を除けば、国民年金制度が機能するまで、高齢者の老後は経済的に自立できない状態だからである。その点Ｄ・ＫさんもＫ・ＧさんもＫ・Ｍさんも、当分の間、子供による扶養は必要なさそうだ。本人が健康で当面の資産があるからである。

自分の資産がなくなり、子供に生活費を頼らねばならなくなろうとするとき、子供に頼らないもう一つの選択肢として、Ｓ・Ｊさんがすでに行っているような外国人家政婦の雇用がある。デイ・ケアもまた外国人によることが多くなっているが、ここにかつての「華夷秩序」は見られないだろうか？　すなわち孝道精神は「華」という自分たちの世界（中華世界）の中にあるが、「夷」（外国人）をその世界の埒外とするこの考え方に、「華」の道徳を超えた外国人＝非血縁者の家庭内雇用があるはずである。その点について、Ｋ・Ｍさんもその可能性を漏らしていた。

子供に老後を見てもらうのではなく、介護してもらうために安い労働力になっている外国人介護者を雇うのである。血縁や家族に頼れなくても、自分の家庭に他人を雇用してまで家庭での介護をしてもらう。医療機関や老人ホームでの生活者が極端に少ないのも、家庭が「華夷秩序」の世界であることの証ではなかろうか？　子女が海外にも多数住むようになった台湾。なのに子供に老後の面倒を見てもらうために、渡航して生活する者は決して多くはない。「客死」を恐れているのだろうか？　高齢者介護にも見られる「華夷秩序」は、「華」（儒教圏内）と「夷」（儒教圏外）とを区別し差別する「差序体系」として、中国外交史を彩ってきたシステムである。

その他、ここに掲げた事例の人びとは、すべて民間の人びとである。高齢者生活が政府によってほんとうに優遇されている者、それは軍人や公務員である。それらを「公」人とすると、それ以外の人びと＝「民」間人との差はきわめて大きい。「華夷秩序」と同じく、ここにも公私の差別化された高齢者生活がある。これから政策的にどうしていくかは別として、台湾の高齢者生活は、いまのところこのように、中華の模範である「差序体系」（差別の秩序）から成り立っており、このような体系《システム》のなかで、なおまだ子供の孝道精神に頼ろうとする、親としての高齢者の養生術があるのだと断言できそうである。

第三節　死の条件と往生術

一　はじめに――臨終の理想

「大往生」とは、日本では「こころの乱れなどなく、安らかに死ぬこと」であり、「少しの苦しみもない死にかた」「りっぱな死にかた」などを称していう。この世を去ろうとする本人が「りっぱな死にかた」を意識し準備して亡くなることもあるだろうし、人の臨終に際して、死者を見送る人びとが永劫の別れを自覚し、その人の「死にかた」を評価して「りっぱな末期」と認める場合もあるだろう。いずれにせよ「大往生」とは、他界する本人や死者を見送る者たちが、思い描いている「臨終の理想」をいうのである。言い換えるなら、日本では人の死にかたに「理想」状態があり、その「条件」があるということになる。

日本では、逆に理想的ではない死にかたを「横死」といい「変死」といい、あるいは「非業の死」などといっている。以前、日本には「畳のうえで死ぬ」などという表現があった。これは「臨終の理想」をその死に場所を象徴して言ったもので、たとえこんにち病院でなくなる者が多数だとはいえ、亡くなるべくして他界する「理想」が消滅したわけでは決してない。だから逆にこんにちの日本でも、理想的な死にかたではない「横死」「変死」、あるいは「非業の死」を遂げた人びとのニュースがマスコミにも登場して、人びとの悲しみを誘っている。

中国にも「臨終の理想」というものがある。これから例をあげつつ述べたいのは、日本とはなにか共通しているようでいて異なる中国の、ことに漢民族の「大往生」とはどんなものかなのだが、中国では、日本からみると煩わしいほどの条件に満ちた死の準備があり、「死にかた」があり、それらの条件に見合った「臨終の理想」がある。

中国（漢民族）では、死にかたの「理想的」条件にかなう死を「寿終《ショウツォン》」などといい、故人が永眠したことを一般に「寿終正寝」などと表現している。日本語に直訳するなら、「寿命を終えて、畳の上で亡くなりました」ということになるだろうか〔末成　一九九五：一八六〕。「死の条件」としてなんら問題なく、天寿を全うして他界したことを意味している。しかし中国語の「寿終」は、日本語の「大往生」とはいささか意味が異なっている。だから以下の内容が日本と異なるわけだが、中国でいうこの「寿終」に留意しながら述べてみたいと思う。

日本と中国に共通するのは、人には「死の条件」があるということだ。したがって、これから例にあげたい漢民族の「大往生」（寿終）を理解するには、まず「死の条件」を理解しておかねばならず、他界に赴くことを覚悟した人間が、その条件を整えるべく人生の階梯を一歩一歩歩んでいく、その生きざまをまずは理解しておかねばならないだろう。「死の条件」次第では、その後の葬儀の内容や、改葬制のある地域では死体の処理までが異なってくる。祖先になれるかなれないかという死後の地位も異なってくるし、他界した者自身の「あの世」（陰間）での生活も、残された人間や子孫たちとの関係や「他界福祉」（先祖供養）もまた異なってくるのである〔渡

邊　一九九一、蔡　二〇〇一〕。

死者の「あの世」での生活は生前とほぼ同じだが、「あの世」でできないことが二つある。死者には生産活動ができないし生殖活動もまたできない。だから定期的に子孫から、「あの世」の生活に必要な衣・食・住・財を供給してもらわねばならないし、「人間界」（人間《じんかん》・陽間）から「人口」を補充せねばならない。これらの供給源こそは、人間、なかでも「子孫」と呼ばれる正当な祖先の父系男子の後継者たちなのである〔植松　一九八九〕。ここにいう「他界福祉」とは、なかでも生産活動のできない死者・祖先へのこうした資材の供給を称していう〔渡邊　一九九一：三〇、一九九八：五二〇〕。

「死」は生前獲得した「陽寿」（人間の年齢）の終了であるとともに、また死者の「陰寿」（死後経験）を重ねる旅路のはじまりでもある。死してなお、子孫に「福（繁栄）・禄（官位昇格と財産増大）・寿（長寿）」その他の恩恵を与えつづけうること、これが漢民族の「臨終の理想」であり、「臨終の理想」の実現は、生前の生きざまそのものにかかわってくる。そこで、「大往生」に至るための、漢民族の生前の条件ともいうべき死亡年齢、言い換えれば年齢の条件、末期を意識して整えるべき象徴的な生前の条件（死の準備）、正常死をまっとうすべき永眠の条件、そして祀られる条件としての祖先の条件から死後の世界、すなわちなべて往生術について、ここに紹介したい。

二　歳祝い――年齢の条件

漢民族のあいだでは、一定の年齢に達すると、「あの世」（陰間）の生活のために、生前から死の準備をはじめるという習慣が、ことに農村各地にこんにちでもひろく認められる。本人や本人のために家族が行う「あの世の生活準備」として、よく知られているのが、次項で紹介する「寿衣」、すなわち「あの世の着物」を用意すること、「寿材」、すなわち「棺桶」を用意すること、そして「寿墳」、すなわち「墳墓」を用意することである。漢民族の「大往生」を理解するには、生前の年齢の高さがまずは条件として重要であり、「寿」（長生き）［1］という名称のつく地位・行動上の人間の資格は、末期の「大往生」、すなわち自他ともに認めうる「りっぱな死にかた」の基本的な条件になっている。

では「大往生」に見合う年齢とは、いったい何歳なのだろうか。「寿」のつく年齢と言っても人ごと・地域ごとにかなり異なっているが、一般に「不惑」の年である数え四〇歳、「知命」の年である数え年五〇歳、あるいは「耳順」や「花甲」（華甲）の年である数え年六〇歳ごろになると、そろそろ「寿衣」「寿材」「寿墳」などを作る準備をはじめるといわれる［葉・烏編 一九九〇：二三五、徐編 一九九八：五六三］。

漢民族のあいだでは、一般に五〇～六〇歳以下、ところによっては四〇歳以下の誕生の祝いは、たんに「做生日」（誕生祝い）と称するにすぎない。四〇歳からという地方もあるが、多くの地方ではしたがって五〇～六〇歳以上になると誕生祝いの呼称も変わり「做寿」（歳祝い）と称するようになる。のちほど触れるように、三六歳以下は「未成人」で三六歳以上が「成人」だといい、その年齢呼称の区別が墓のかたちの区別に及ぶような地域では、死亡年齢が末期の準備の違いやあの世の施設の違いにも及んでいる。こんにち「老人」という概念はこれまた中国各地多様だが、儀礼名称に「寿」がつく年齢ともなれば古来の感覚からして「老人」であり、その末期にも「大往生」の条件が加わったものとみなして良いことになる。こんにちの漢民族のあいだでは、総じて四〇～六〇歳から「寿」齢にふさわしい誕生祝いが行われ、その後一〇年おきに歳祝いが行われるのが原則だということである〔孟 一九九七：二一二〕。

しかし「上寿」の年と称される八〇歳以上ともなると、その誕生祝いは特別に「做大寿」（長寿祝い）、あるいは「慶八十」（八〇歳の祝い）などと呼ばれて、それこそそのまま「大往生」の理想状態に達した長老の年齢を意味するようになる。ところによっては「古稀」の年の七〇歳からが長老であり、本格的な長寿祝いの対象となった。若年向けの「誕生祝い」とは異なる「歳祝い」や「長寿祝い」ともなると、以前は本人の到達年齢によって祝いの規模もハレの料理も異なり、家に祭場を設けて飾り立て、親族や友人たちが本人に対して祝辞を述べるような祝いの儀式があった。「耆寿《きじゅ》」である九〇歳や「期頤《きい》」の年とされる一〇〇歳の祝いともなると、ほとんどそれは地域を巻き込んでの一大祝賀となった〔馬編 一九九二：一八〇—一八四〕。

すなわち祝いの場には、門に祝辞を記した「寿聯」や「寿燭」と称する祝いの赤いろうそくを供え、「寿巾章」という祝いのことばを記した布などを飾り、人びとから桃を象った祝いのハレの食品である「寿桃」を贈られ、みなみな長寿を表す長い麺を使った「寿麵」や「寿糕」（祝い餅）を食し、長寿永久の意味を象徴する「寿酒」を酌み交わすなどして盛大な祝いが各地で行われていた。現在ではこのような歳祝いは、「做大寿」（長寿祝い）以降の特別な年齢に達した者を祝う機会にしか見られず、四〇〜六〇歳代の歳なら多くはかつての祝い品や飾りの一部を用いて、「歳祝い」を行っているにすぎないようである〔葉・烏編 一九九〇：二三四〕。あるいはこんにちの台湾や大陸の都市部のように、長寿祝いにも欧米由来の形式を真似てバースデイケーキに蠟燭をつけて祝い、さらに「寿麵」を食べる儀礼も加わるという地方もあれば、そうでない地方もある。最近は、そんな歳祝いのスタイルに変化している〔馬編 一九九二：一七八ほか〕。

歳祝いは長老を除いて以前ほど行われなくなったか、あるいは歳祝いの形式が変化している。とはいえ、死亡

写真①　長寿者の葬儀における紅白（60～69歳）の垂幕（台湾美濃、1998年）

年齢によって葬儀が異なることは、こんにちもなお顕著に認められる〔2〕。

わたしの調査した台湾省南部の美濃では、死後、まず検死が行われている。「横死」であれば、家庭内の祖先の位牌を祀った祖堂に遺体を安置してはならないからである。検死の結果、正常死だとわかると、さらに六〇歳をすぎた死者の葬儀には「紅布」をその祖堂の門口に飾る。しかし家庭によって同じ地域でも、「紅布」を掛けるかどうかは死亡年齢によって若干異なっている。すなわち六〇歳以下の死者の葬儀には、みな一様に「白布」を掛けて葬儀の印とするが、六〇～六九歳死者の葬儀は「紅白」に布を掛け（写真①）、七〇歳以上の葬儀こそ「紅布」を掛けるのだという家庭もある。同様の区別はその他、死後の贈り名である「諡号《しごう》」の文字数を区別することにも及んでいる。六〇歳以上なら四文字で死者をたたえ、それ以下の年齢で亡くなれば二文字を諡《おくりな》とするなどの区別をして、それを葬儀場に飾るのである。

大陸中国でも葬儀には、長寿で亡くなった者とそうでない死者との区別がみられる。湖北省長陽県では、六〇歳以上の老人が永眠すると「大喜」とされ、喪家にとっては名誉なこととされている〔徐編　一九九八：五九二〕。また福建省西部の蔡坊一帯では、一〇〇歳以上の老人が亡くなった場合、葬儀はめでたい儀礼を行うときに用いる赤い提灯や赤い対聯を飾り、喜ばしい儀礼に演奏される曲を演奏し、喜ばしい儀礼として行われる宴会（喜宴）には、赤い色で飾った料理などを食するなどして、すべて喜ばしい儀礼に準じて行われ、また棺桶も赤くするという〔蔡 二〇〇一：一四七〕。

通常の葬儀は中国語で別名「白事」と呼ばれるように、一般に「白色」に包まれた儀礼空間のなかで行われる。しかし長寿の年齢に達した老人の葬儀は一般に別名「白喜事」などと呼ばれ、呼び名こそ「白事」に属するとはいえ、葬儀の色を見ればはじっさい祝事を意味する「紅事」と同等であり、したがって漢民族にとって「大往生」こそは、「紅」（赤色）に象徴される祝事に等しいのである。

三 死の準備――寿衣・寿材・寿墳の製作

すでに述べたように漢民族のあいだでは一定年齢に達すると、「あの世」の生活のために生前から死の準備をはじめるという習慣が、ことに農村各地でひろく行われている。

生前に用意するあの世の衣服を、一般に「寿衣」「老衣」などと称する。つくったこれら「あの世の衣服」を最初に着るのは、亡くなる直前か直後の湯灌の後においてである。つくる服の枚数やその種類は漢民族のあいだでも各地各様だが、「あの世」で用いる衣服であるため、生前着ていた衣服、たとえば機械製の衣服や舶来の衣服は「洋布」と称して、これを用いることを忌むなどのタブーが伴っている。すなわち、生前普段着に用いていた衣服とは区別せねばならないなどのタブーに満ちていることでは、おおかた一致している。衣料は一般に手織りの綿布や麻布などが好まれるが、絹布を用いるかどうかは地域により異なっている。すなわち絹布を使うのを忌む地域があって、とくに緞子《どんす》の衣料は用いられない。なぜなら「緞」は「断」に通じており、「子孫断絶」を連想させるので忌むなどのタブーがあるからである。そしてボタンをつけるのではなく布紐をつけるなど、総じて土地の「伝統」に配慮した「寿衣」をつくろうとするのである〔徐編 一九九八：五六四、蔡 二〇〇一：一三四〕。

また浙江省中部の武義などでは、羊の皮その他毛織物を衣料に用いると、あの世で畜生に変身してしまうなどと観念され、毛のある衣料を用いることを謹むという。「寿衣」の色にもタブーがあり、もともと「あの世」の世界は黒なので、一般に黒い衣服を用いることは謹まれるなどという地域もある。その他の色ならおおかた衣料に用いられるが、黒とは逆に赤い上下一セットの衣服は、かならず準備すべきものだとする揚子江下流の江南一帯のような地域もある。「寿衣」をつくる時期も厳格で、わざわざ陰暦の閏月を選んだり、しかも吉日を選んでつくるなどの配慮のある地域もある〔徐編 一九九八：五六四〕。

つくる「寿衣」の枚数は、江蘇省・浙江省などの江南地区や山東省、福建省厦門など多くの地域では、通常上下三～七枚の奇数枚の衣服を用意し、しかも結婚式に着た服と同様の「寿衣」を用意するのだが、福建省西部の蔡坊一帯では結婚式の衣服は用いず、しかも「上六下四」の偶数枚をつくるという〔蔡 二〇〇一：一五三〕。このようにこれらの事例は漢民族に多様であって、右にあげた特徴がこんにち普遍的だというわけではない。

「寿材」は棺桶のことだが、それは「寿」と名のつく歳祝いの年齢に達した者のための儀礼語である。「寿材」と称するほか、「寿器」「大屋」「老房子」などと称する地域もある。これらの名称でみると、棺桶はあの世のベッド・部屋・家などと考えられていることがわかる。一般には中国語でお棺のことを「棺材」と称する。「棺」は「官」と、「材」は「財」と発音が同じことから、「官」と「財」、すなわち官位昇格と財運好転の吉祥を意味しており、棺桶そのものは「めでたいもの」とされている。だから棺桶をつくることもまた、歳祝いと同様の一種の祝事であった。棺桶そのものは材質も特別なものを用い寸法や大きさも厳格であり、棺桶の飾りや彫刻が豪華なものが少なくないのである。

「寿材」は、吉日を選んでつくり始めるのを良しとした。たとえば江蘇省北部の淮安一帯では、陰暦閏月を選び、しかもその吉日を選んで棺桶をつくる作業にとりかかるという。この吉日に本人の長寿と幸運を祝って、盛大な祝い事が催されている。同様に棺桶を製作する大工たちにも祝いの酒肴が勧められ、棺が完成したおりにもまた祝事が行われる［徐編 一九九八：五六五ほか］。

写真② 「寿材」の例。生前用意されて霊廟に安置された棺桶（浙江省温州、1997年）

中国には「死ぬなら柳州で」という諺もあるほど、広西チワン族自治区にある柳州には、棺の材料としての良質の樹木がよく育つことで知られている。しかし棺づくり用の木材は各地多様で、材質が堅く節目がなくかつ木目が美しい「梓樹」（ノウゼンカツラ）、「楸樹」（キササゲ）、「楠樹」（クスノキ）、「柏樹」（コノテガシワ）、「杉樹」（コウヨウザン）、「柳樹」（シダレヤナギ）、「桐樹」（シナギリ）、「楊樹」（ハコヤナギ）、「檜樹」（ビャクシン）などが用いられている。棺は漆などを塗って腐らせぬように長持ちさせて、自分の末期まで特定の場所にたいせつに保管するのである。棺に漆を塗れば一般には黒色となるが、赤塗りの棺桶を用意する地方も存外多い。なかには棺の頭尾両面を深紅色に塗り、棺頭に金粉で男なら「寿」など、女なら「福」などの字を描くという地方もある［鄭・張編 一九八七、葉・烏編 一九九〇、周編 一九九二、徐編 一九九八］（写真②）。

中国には「寿衣」ができたとほほ笑む老人がいることに日本人は驚くだろうが、こうして生前に棺桶を用意して祝いを行おうとする漢民族の習慣に、それを知って日本人は彼我の死生観の違いを自覚するはずだ。生前に自分の墓を造るという漢民族の習慣もまた日本にまあるとはいえ、漢民族のそれとは動機や理由がまったくと称してよいほど異なっている。

生前に造る墓を「寿墳」と称するほか、地域や時代によってあるいは別称として、「寿壙」「寿域」「寿穴」「寿蔵」「寿堂」「生墳」「生壙」などと称している。なぜ生前に自分の墓を築いておくのか。それは子孫の幸福を祈って、風水の良い場所に「寿墳」を造っておきたいからである〔徐編 一九九八：五六八〕。子孫の繁栄と幸福。それはまわりまわって、死後、自分を定期的に祀り、定期的にあの世へ資材を供給してくれる「他界福祉」の奉仕者を、安定的に確保することにつながってくる。自分の墓の風水が良いことによって、果たして子孫が繁栄するのだろうか、残された者たちの幸福が得られるのだろうか、そしてそれらの良い効果が永代にわたって持続できるだろうか、それらを生前確認して死出の旅路につくことができるなら、自他ともに「りっぱな死にかた」と評価しうる末期を迎えることができる。こんな背景があるから、日本で生前造られる墓とは、その動機が異なるのである。

ただし生前の墓を築くことは、簡単なようでいて決してなま易しいものではない。「寿墳」を造ることが、「寿衣」をつくることや「寿材」をつくることよりも、漢民族にあまねく行き渡った習慣ではないのは、事前に多量の資金を必要とするからであろう。第一に墓を造る場所の選定、すなわち風水の良い場所（風水宝地）を探して、墓の良い環境を整えるためには風水師の協力を必要とする。その「風水宝地」がすぐ探せれば出費も比較的少なくて済むが、「風水宝地」調査のために何カ月、何年もかかるなどということもあり、風水師の探索が長引けば、それだけ出費がかさむことになる。しかし風水を考慮しないで墓を造った場合、もしも家族に不幸があれば、その不幸を除去するために風水師に相談し墓の環境鑑定を依頼し、風水師の判断にしたがって墓を風水の良い場所に移動して再築せねばならず、そのためにかかる費用はかえって法外なものになりかねない。だから自分のためにも、残される家族のためにも、事前に風水の良い自分の墓を造っておくに越したことはないのである〔渡邊 二〇〇二〕（第五章第一節参照）。

第二に「寿墳」を造るのには、日本と同様、一つの墓を造るだけでもかなりの資金を必要とするし、墓造りに一定の知識を持った墓大工ほか多くの協力者を必要とする。中国東南部の墓は中国北部とは異なり、概して墓が巨大である。しかも中国では墓は個人かせいぜい夫婦埋葬の墓が多く、こんにちの日本のように家族に一つの墓だけで済むわけではない。個人埋葬の墓が卓越した地域なら、墓の建設のためにそれだけ個人負担が重くなることになる。おまけに墓を造る日も暦のうえで特別な日を選ばねばならず、寸法や大きさ、墓型や材質など、家の建築とは異なる特別な意味とタブーとがあり、造るには一定の知識が必要である。近年中国では、火葬化が進み公共墓地に埋葬する地域が徐々に増えている。それだけ死体処理も公共化し、墓地造営も簡略化が進んでいる。しかしなおまだ多くの地域では土葬のままであり、死体処理の大部分を喪家にゆだねている。残された家族に自分の墓を造る費用を負担させないためにも「寿墳」を用意して、あの世に旅立つ準備をしておくに越したことはないというわけである〔渡邊 二〇〇二〕（写真③）。

こうして造られた「寿墳」は、墓室（墓壙）に棺桶が納められていないので、棺桶をすでに納めてある死者の墓との違いを明示しておかなければならない。そのため通常、墓碑に刻まれる文字の色を区別するという地域は存外に多い（写真④）。死者の入った墓は通常黒塗りの文字で死者の名を刻むが、「寿墳」の場合は赤塗りの文字

写真③　建築中の「寿墳」（浙江省畸山、1993年）

写真④　「寿墳」の例。墓碑に赤字で自分の名を刻む（浙江省寧波、1993年）

で自分の名を刻むか、寧波一帯のようにさらに赤字で「寿域」と刻んで、死者の墓とは区別しようとするのである。広西チワン族自治区中部の来賓一帯のように、さらに「成人」と「未成人」の墓のかたちを区別している地域もある。この地域一帯では、「成人」とは数え年三六歳以後の者をいい、かれらこそが「本寿」、すなわち「寿」の年齢に達した者だという。だから三六歳以後の「成人」の墓は円墳に象るが、三六歳未満の死者の墓は長方形にするという［徐編　一九九八：五七〇］。その他「寿墳」の造営にあたっても、その日取りや建築材料、色かたち、大きさなどに一定の規則やタブーがあり一連の儀式がともなっている。

こうやって「寿」の年齢に達した者たちのための「寿衣」「寿材」「寿墳」をつくるなど末期の準備が整えば、あとは「大往生」のために「どのように他界するか」の条件が、往生術の条件として待ち受けることになる。

四　臨終の床――永眠の条件

すでに述べたように漢民族のあいだでは、死にかたの「理想的」条件にかなう死を「寿終」などといい、故人が永眠したことを一般に「寿終正寝」などと表現する。理想的な条件の死、すなわち「大往生」のためには、息を引き取ったあとよりも息を引き取る前の「死にざま」が重要であること、それはいうまでもない。

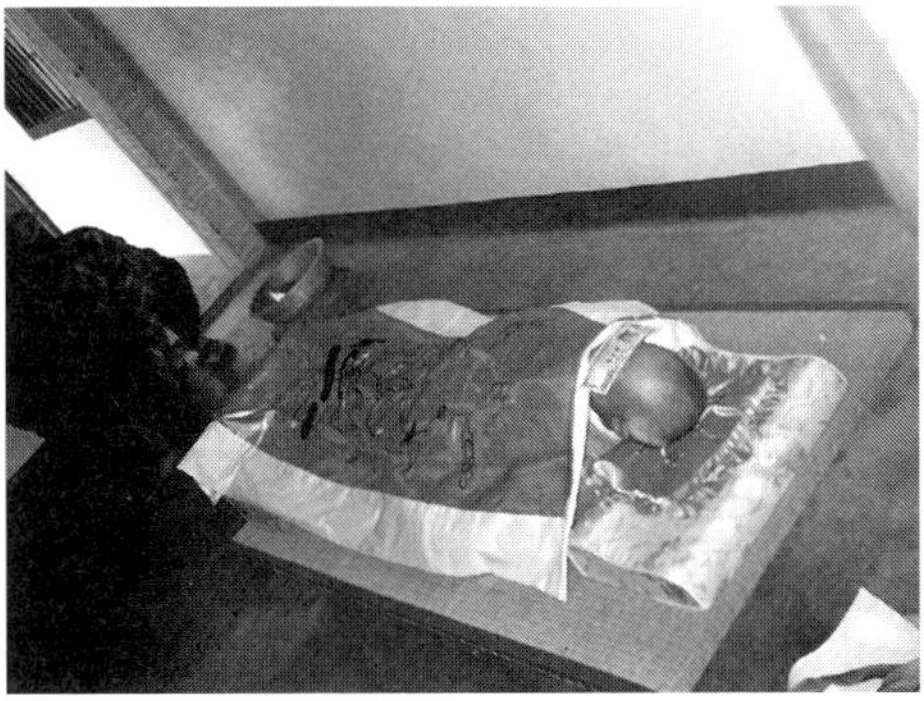

写真⑤　臨終後、家庭内の「祖堂」に安置された遺体（台湾美濃、1998年）

関係者が見守るなかで「少しの苦しみもない死にかた」をするために、家の外で死ぬことは、たとえ病院で亡くなることでも嫌われる場合が少なくない。福建省や台湾その他では、病院で手当ての甲斐もなくもはや末期だと判断されると、自分の家やあるいは祖先を祀ってある「老家」（祖先の実家）に戻って末期の床を用意し、家族は息を引き取るまでそこで見守るのである（写真⑤）。このような末期の環境にない死を「横死」という。いくら「寿」の年齢に達した老人でも、いくら「寿衣」「寿材」「寿墳」を用意してある老人でも、交通事故死や戦死を含む野外での死（客死）であれば、それらは「大往生」に値しないのだ。

写真⑥　「南無阿弥陀仏」と書かれた慰霊碑前での亡霊の供養（台湾美濃、1998年）

こんにち中国でしだいに増え続けている交通事故死。福建省北部の南平では、交通事故死で亡くなった若者の葬儀は、家で行われることなく道士によって村の外で簡単になされた。遺体も家に安置されなかった。人の嫌がる客死であり「横死」である。また台湾南部一帯では、交通事故死の慰霊碑が道路のそこかしこに建てられている（写真⑥）。霊魂があの世に行けず道路に浮遊していて、その亡霊（亡魂《モンフヌ》）がときとして人の交通事故を誘うのである。「横死」は他界した本人の不幸や、残された家族の不幸ばかりでなく、死してこうして他人にも危害を及ぼすほどの不幸な事件なのである。

「横死」は、このように「大往生」にはならない死にかたであり死にざまである。自殺死や刑死も正常な死にかたでないことはむろんのこと、当然「りっぱな死にかた」ではない異常死である。さらに伝染病その他、死因が異常な死もまた「変死」であり、正常死とはみなされない。しかし、このような客死（野外死）や異常死・変死でなくとも、「大往生」に値しないさまざまな死がある。

漢民族のあいだでは、もし死者の子供や孫たちが臨終に立ち会えなかったら、他界する者にとって最大の不幸だと一般に考えられている。だから子供や孫たちなど関係者のすべてが、臨終の床の傍らで最期のことばを聞き息を引き取ることを見届けられることが、他界する老人にとって最大の幸福だとされている。中国では臨終のことを「送終《ソンツォン》」というが、それは「人が人生を終えるのを関係者が見送る」という意味である。言い換えるなら、人が他界に旅立つのを子孫が見送ることである。そこには明らかに「他界」が意識されていると同時に、「こころの乱れなどなく安らかに死ぬこと」を見守る、子孫がいなければならないことをも意味している。そして他界でも死者が、衣食住財なにひとつ不自由なく、幸せな生活を送ってくれることを、亡くなる者や見守る者たちは希望している。死者を見送る人びとは、死者の霊魂が肉体を離れて順調にあの世への道を歩んでくれるかどうか、心配しているのである［徐編 一九九八：五七〇］。

福建省西部の蔡坊一帯では、死者を見送ることが、とくにその父系男子子孫にとって、最後で最大の「孝行」にあたっている。死者を見送るとはいえ、臨終に寄り添う義務のある者たちはその父系男子子孫たちであり、未婚の娘や孫娘に対しては厳格ではないといい、嫁いだ娘や孫娘はむしろ「送終」に参加してはならないとされている。また他界する本人にとっては、死に際に父系男子子孫がいて家が永続できることを再確認し、それを他界で上位祖先に報告しうる最後の機会ともなっている。死者の身を洗い浄め「寿衣」に着替えさせて死者が息を引き取るまで、こうして死者を見守るのである［蔡 二〇〇一：一三五］。関係者が見守るなかで引き取る最期の息を「福気」という。息が切れてその死が確認されると、本格的な葬儀の準備がはじまることになる。

このように漢民族の「大往生」は、旅立つ本人の死の準備、生前の心掛け、死亡年齢、あるいは正常死だけの条件では達成できない。末期を見守る子孫たち、とりわけ父系男子子孫たちの最後の「孝行」が伴っていなければならないのである。こうしてようやくにして遺族たちは、世間に向けて「寿終正寝」（安らかに永眠いたしました）と告げることができる。大往生である。

五　評価される死――祖先の条件

関係者に対する永眠の告知からはじまる「大往生」を遂げて亡くなった者の葬儀は、葬儀の装飾から規模、日数、費用などに至るまで、一般の葬儀とはことごとく異なっている。「大往生」を遂げた故人の葬儀への参列者は死を悲しむより以上に、故人の業績を忍び偉業をたたえて、長寿の生命力にあやかろうとする。

たとえば浙江省中部の武義一帯では、葬儀が一段落したあとに行われる葬宴に、「長寿湯」や「長寿豆」を食するという習慣がある。とくに七〇歳以上の老人が亡くなると、出棺の日に喪家は桶いっぱいに肉や骨の入ったスープを準備しておく。これを「長寿湯」という。また大盆に盛った大豆の煮豆を「長寿豆」といい、これらを用意して参列者にふるまい、長寿になるからといって葬宴で食してもらうのである。また浙江省中部の浦江一帯では、七〇歳以上の老人の葬式が済めば、その地域の人びとに特別な飯「長寿飯」を用意して分け与えるといい、さらに福建省泉州一帯では、葬送から帰ってきた人びとは長寿の象徴である「紅糖湯」というスープを飲みあい、長寿にちなんだ「万年歓喜糕」と称する餅を食するという［徐編　一九九八：六〇四―六〇五］。

このように人の「大往生」は、死して以後もなお残された関係者たちに、自分と同じような生命力を分かち与えることができるのである。

漢民族の「祖先」は、死してなお子孫たちに多大な影響力を行使することで知られるが、すべての死者がもれなく「祖先」になれるとはかぎらない［Freedman 1864; Watson 1988; 渡邊　一九九三ａ・一九九四ａ］。漢民族のあいだでは「祖先」［3］になれるその筆頭者こそ、「大往生」を遂げた者なのである。

中国人の霊魂観を研究した中国社会科学院の馬昌儀は、漢民族の祖先資格に対する考え方の特徴について、略々以下のようにいう。

漢民族のあいだでは、すべての死者が死して祖先の地に帰れるわけではなく、正常死した長寿者こそが祖先になれる資格がある。民間では死には正常死と非正常死の区別があると考えられている。霊魂が祖先の地に帰れるかどうかは、この二種の死の区別が基準になっている。家で老死したかあるいは正常死に属する病死で亡くなった年長者は、正式に葬儀が行われ、霊魂が祖先の地に帰るための送別が行われやがて祖霊となる。しかし野外で亡くなったり急死したり、毒蛇に咬まれて亡くなったり雷で死んだり大樹や石により圧死したり、あるいは溺死、焼死、自殺したりした死亡者は等しく非正常死とみなされて、葬儀、祭祀、埋葬などがなされないばかりか、公共墓地にも入れられないのである。その魂は野鬼となって祖先の地に帰る資格はないので、したがって永遠に祖先の地に帰ることはない［馬 一九九六：二五九］。

ここで強調されているのは、長寿者が「正常死」であったか「非正常死」であったかの判断によって、その後祖霊・祖先になれるかどうか、祖先の地に帰れるかどうかが異なるということである。「大往生」がすでに述べたように、長寿者の「正常死」という条件を十分に含んでいるので、「大往生」こそが死後祖先として祀られる必要条件と考えられるのではなかろうか。では一例を見てみよう。

福建省西部の蔡坊一帯では、子孫の有無や死ぬときの年齢など死のさまざまな条件によって、祖先になれる死者となれない死者とがあるという。第一に、祖先になれる死者の葬儀は、生前の死者の地位や子孫の社会的経済

写真⑦　背山面水の理想環境にある祠堂（霊廟）の例
（福建省南靖、1996年）

的地位などにもよるが、なるべく盛大に行われるのに対して、祖先になれない死者の葬儀は、ひろい範囲の人びとに知られないように静かに行われるのが一般的である。

第二に祖先になれる死者の棺桶は、漆や桐の実の油などでていねいに塗ったものが用いられ、かつ祖先に報告するための「入祠儀礼」が祠堂（祖先の位牌を祀った霊廟、写真⑦）で行われ、位牌もつくられやがて祠堂にそれが安置されて、一族の祖先たちと並べて毎年祭祀を受けるようになる。これに対して祖先になれない死者の場合は棺桶が簡素で原色の木材のままであり、「入祠儀礼」は行われず、位牌もつくられないことが普通である。

第三に祖先になれる死者の場合は、仮埋葬されたあと一定の期間が経つと洗骨改葬［4］され、正式な墓が建てられて永久に子孫の祭祀が受けられるようになるのに対して、祖先になれない死者は、仮墓のまま放置され、年月の経過とともに墓は壊れ忘れられたりして祭祀が受けられなくなることがよくあるという［蔡 二〇〇一：一五四―一五五］（写真⑧）。

ここにいう「入祠儀礼」とは、この報告を記した蔡文高によれば「死者を仮墓（埋葬墓）に埋葬する前、『霊椅子』と『霊牌』を持って一族の祖先を祀る祠堂に赴き、祖先に（死者があることを）報告する儀礼」であるという。「霊椅子」とは紙製の椅子で、背もたれ部分に死者の姓名・世代が書かれたものであり、「霊牌」とは、ほかの地域では「木主（牌）」「神主牌」などと呼ばれている木製の仮位牌である。葬儀の進行過程で行われる、この「入祠儀礼」にも、それを行う対象になる死者と対象にはならない死者とがある。言い換えれば「入祠儀礼」にもその行われる条件があって、蔡によれば「死亡年齢が六〇歳以上であること、正常な死であったこと、後継者としての父系男子・子孫がいることである」という。とくに「父系男子・子孫がいること」は必須の条件になっているとされる［蔡 二〇〇一：一四一—一四二］。まさにこのような例は先の馬昌儀の指摘を含み、さらに詳細な「大往生」の条件があることの好例を提供しているように思われる。

写真⑧　祀る子孫のいない死者の墓＝無縁墓
（広東省潮州、2011年）

すなわち①死亡年齢が「寿」の年齢にふさわしく、「入祠儀礼」（祖先を祖先として祀るための祖先界への入社儀礼）が行われる対象者であること、②正常死を遂げた者であること、③自分を祀るための父系男子・子孫がいることであり、さらに「祖先」になれる死者には④盛大な葬儀が催され、⑤りっぱな棺桶が用意され、⑥位牌がつくられ、⑦第二次葬としての洗骨改葬がなされ、⑧正式な墓が造られるということになる。

ここ福建省西部も香港と同じように［Watson 1988; 渡邊 一九九三a］、「祖先として『生存』するチャンスは、かなり少ない」のである。「祖先」となって子孫たちに良い影響を行使すること、これが「りっぱな死を遂げた」者の死後の最大の権利となりまた義務ともなっている。したがって人はいかにして「祖先」として子孫に祀られつづけられるか、生前から「往生術」を心得ておかねばならぬことになる。

六　おわりに――死後の世界

以上、「大往生」に至るための、漢民族のさまざまな条件と、その条件を満たすための往生術について述べてきた。ここにあげたさまざまな条件や例は、かならずしもすべて整ってはじめて「大往生」になるというわけではなく、ことに「死の準備」などは、本人が準備できなくても、こんにちでは臨終に際して残された家族が用意するケースもまた多い。必要条件は時代や地域によって、かなり異なってもいる。こんにちの台湾では、前節で述べたように、りっぱな棺桶は葬儀屋が準備してくれるのである。したがって以上の条件は、あくまでも象徴的な例をあげたまでのことである。

しかしそれでもなお「大往生」といえば、こんにちでも死亡年齢いかんによっており、また子孫が最期を見守る「臨終の理想」は理想として、漢民族の人びとの心に深く思い描かれていることである。

おわりに、「大往生」を遂げた者は、どこに行くのかという死後の世界の観念があることを、若干紹介しておくことにしたい。

「大往生」のもとになったことばに「往生」がある。「往生」とは日本語でも中国語でもほぼおなじように、「この世を去って極楽浄土の世界に生まれ変わること」を意味している。すなわち仏教由来の死後の世界に、再生することを意味する。生前の本人や残された家族が仏教信者だったなら、「大往生」を遂げた者は和尚に導かれて「極楽浄土」に再生し、霊魂の輪廻転生の観念にもとづいて、やがてまた善人として生まれ変わると考えられているかもしれない。しかし漢民族の宗教信仰は複雑多岐にわたっていて、かならずしも「大往生」を遂げた者は仏教世界に帰るとはかぎらない。

本人や家族が道教信者だったり道士が葬儀を司ることの多い漢民族のあいだでは、「大往生」を遂げた者は道教の理想とする「不死仙界」に赴いて、永遠の生命を得ると考えられていることもある。あるいは日本より多数の人口を占めるキリスト教信者なら、「大往生」を遂げた者は、司祭や牧師の祈りとともに「天堂楽土」に赴くと考えているかもしれない。さらに儒教の孝道や倫理規範から考えて、「大往生」を遂げた者は死後祖先の世界でふさわしい地位を占め、残された家族とは住む世界を違えるだけだと考えているかもしれない。人びとの信ずるどの宗教で死後の世界を認めるか、このように分類すれば死後の世界は際限なくさまざまな世界にひろがっていき、定めがない〔馬　一九九六：二五一―二五四〕。

写真⑨　祠堂（霊廟）にて毎年行われる祖先祭祀
（福建省南平、1997年）

しかし漢民族の死後の世界は、なかでも儒教を基本としている。中国ばかりではなく東アジアの祖先崇拝こそ、儒教が倫理典範としてきたものだからである。すなわち儒教的世界観による死後の世界とは、一般に現世と世界を違えただけの社会の一部分であり、言い換えれば現世の延長に過ぎないと考えられている。儒教により忠義よりも孝行を重んずる漢民族のあいだでは、「大往生」を遂げた者、したがって祖先は生前の親と同様であり、死してなお父系出自関係のある子孫を守護し、それに応えて子孫は子供と同様に父系出自関係のある祖先を、毎年定期的に祭祀しつづけようとする。生前の親と異なるのは、祖先の子孫に対する養育守護の範囲が、家族だけでなく父系一族（宗族）に拡大していることだろう。上位世代の祖先であればそれだけ、見守る父系一族の範囲が拡大していく。こうして多数の子孫から崇拝されるべく、祖先だけが住む世界である祠堂（霊廟）が建立されて、子孫による永代の定期的な祭祀を受けつづけるのである（写真⑨）。祖先からの「御利益」と子孫からの「福祉」（供養）という、この永続的な互恵関係が永代にわたって続かないかぎり、社会そのものの安定はないであろう。「大往生」の諸条件やその条件を整えようとする往生術はしたがって、こうした互恵関係にある一方の社会への加入条件や目的達成手段であり、社会の安定条件や手段なのである。

［1］中国では「寿」とは、年齢が高いこと、長生きであることを意味する。古くは「寿」に上中下の三種があった。一〇〇歳を「上寿」、八〇歳を「中寿」、そして六〇歳を「下寿」と称した。したがって本文にあるように、こんにちでも若年層の誕生祝いは、たんに「做生日」（誕生祝い）と称しても「做寿」とは言わないのである。しかし何歳から「寿」なのかということになると、本文に掲げたように、かならずしも六〇歳からとはかぎっていない。四〇〜六〇歳の誕生祝いから「做寿」といい、「寿」の年齢にふさわしい年齢に達したことを「尊敬語」として表現している［何編 一九九二：一〇五］。日本では一般に六〇歳を「還暦」、七〇歳を「古稀」、八〇歳を「傘寿」、九〇歳を「卒寿」などと称して歳祝いを行い、数字の重なる歳にも七七歳を「喜寿」、八八歳を「米寿」、九九歳を「白寿」などといって、いまでもその祝いを行っている。同様にこんにちの漢民族のあいだでも、呼び名は地方によって多少異なるが、六〇歳を「花甲」などというほか「大寿」「下寿」などといい、七〇歳を「中稀」、八〇歳を「上寿」、九〇歳を「耆寿《きじゅ》」、一〇〇歳を「期頤《きい》」などと称して長寿を祝うのである［馬編 一九九二：一八〇］。ただし中国の場合、長寿者の年齢に対する呼称は日本よりも地域差・時代差

がはなはだしい。

福建省西部の蔡坊・汀州一帯では七〇歳からが本格的な長寿祝いになり、一〇〇歳ともなると盛大に行われるという。しかし本文にも触れたように、六〇歳ごろから一〇年おきに歳祝いや長寿祝いを行うのは男性に対する祝いであり、女性は六一歳、七一歳、八一歳などと男性の歳祝いより一年遅れて歳祝いを催すという［黄・黄・鄒編 一九九四：一七］。また揚子江下流以南の地方を俗称「江南」というが、この江南地方一帯では男子は、逆に数え年「十」の付く年には歳祝いをせず、女子は「九」の付く年には歳祝いをしないという［劉・孫編 一九九一：二〇七］。さらに浙江省西南部の麗水や北東部の舟山では、三〇歳から「做寿」といい、それ以下の誕生祝いは「做生日」だという［劉・孫編 一九九一：二〇五］。地域差・時代差のはなはだしい一例である。

［2］「寿」の年齢に達してもまだ親が健在のときには、「歳祝い」は小規模に行うという（蔡文高からの私信による）。

［3］漢民族の「祖先」とは、基本的には「鬼《き》」（死者の魂・亡霊）と同じである［渡邊 一九九一］。浙江省温州農村では、祖先に相当する霊魂を「家鬼」といい祀る者のない霊魂を「野鬼」と称して区別しているが、基本は「鬼」に変わりはないという。だから祖先は基本的には死者一般の霊魂と区別はなく、ある一族にとっての祖先は、父系出自関係のない別の一族にとっては、あくまでも「鬼」である。こうした祖先の特徴を原則としたうえで、漢民族のあいだでは、祖先は「鬼」のなかから特別に選ばれた、他の「鬼」一般とは区別されるべき存在として認識されてきた。祖先は第一に①父系子孫を持った死者であり、したがって②原則として父系の上位世代の男子を言い、異姓異族の男子は入らない。逆に③結婚しているかどうかにかかわらず、娘や孫娘その他直系の女子は祖先には含まれない。ということは、④養子として収養された男子や、同格の祖先ではないがその妻も含まれる。以上は家族・親族関係上の、おおかたの「祖先の資格」だが、⑤夭折した死者は祖先になれないのと同様、死亡年齢に一定の条件がある。本文中にあるように、「寿」に達した年齢で亡くなった者こそ祖先の資格を得るのである。⑥変死者、横死者、その他異常死で亡くなった者も、また祖先に列しないという地域は少なくない。⑦くわえて位牌や墓、あるいは族譜に名を留め、子孫によって定期的に祀られつづけないと祖先の資格を維持することはできない。これはこんにちの漢民族のあいだでかなりひろく認識されるようになった［渡邊 一九九一］。「大往生」の条件がそのまま祖先の資格に反映するというわけではないが、かなり密接な関係をもっていることが、

これでわかるであろう。

［4］「洗骨改葬」とは、遺体を埋葬して後、埋葬した遺骨を取り出して火や水などで清め、その骨を再び同じ墓もしくは墓相当の施設にもどすか新たに墓もしくは墓相当の施設を造って、収納するまでの一連の過程をいう［蔡 二〇〇一：一二］。「洗骨改葬」は「改葬」そのものではなく、また「洗骨」そのものではない。このような「洗骨改葬」は、なかでもこんにち中国東南部に特徴的な習慣だが、かつては日本本土を含めてひろく東アジア、さらには東南アジア、オセアニア、アフリカ、アメリカなどでも行われていた［渡邊 一九九三b：三五―三七］。「洗骨改葬」のある漢民族地域では、「大往生」にふさわしい祖霊化の手続きとして、祖先の資格に「洗骨改葬」を経ることが加わるのは、本文で紹介したとおりである。

第四章　宇宙三界との交渉術

第一節　術としての宗教

一　問題の所在――シャーマニズム研究の限界

「風水とシャーマニズム」に関する一九九九年度の科研費調査報告で［1］、中国東南部の調査例を中心に、わたしは一見相異なるかに見える風水判断とシャーマニズム［2］の活動とが類型上相補的な関係をなしていることを報告した［渡邊　一九九九：六三―六八］。第一に、シャーマンそのものが風水判断するタイプ。このタイプは、シャーマンが風水師同様に羅盤や風水書その他の道具を用いて、風水を判断する点が特徴だった。第二に、シャーマンの託宣内容が風水と深くかかわっているというタイプ。第一のタイプとの違いは、シャーマンはあくまでもシャーマンであり、託宣内容に風水判断が含まれている点だった。託宣内容と風水判断との必然性はないが、託宣内容に風水判断が含まれているということそのものが、このタイプの特徴だった。そして第三にシャーマンの託宣や指示により、風水そのものは風水師が看るタイプ。この例は、シャーマンと風水師との間に「分業」が成立しているような例だった。第二のタイプとの違いはあきらかで、特徴はその「分業」にあった。

以上のような中国を中心とした風水とシャーマニズムの密接な関係の存在から議論はさらに発展して、これからの研究課題として、中国で考えられている「民俗宗教」、さらには思想的特徴の理解が、風水とシャーマニズムとの密接な関係の理解に不可欠であることを指摘したつもりである〔渡邊 二〇〇一a〕。

本節の目的はこれまでの中国調査の経験を踏まえて、「これからの課題」としておいた、その内容と試論の提案を行うことにある。そこでまずはじめに、先の「風水とシャーマニズム」〔渡邊 一九九九〕で「課題」として残しておいた、その内容をここで若干紹介することにしたい。

写真①　台湾南部で行われている「扶鸞」(1998年)

われわれは、中国をフィールドとして「シャーマニズム研究」を行うと、シャーマニズムとそれ以外の民俗宗教との差が分からなくなることが少なくない。一九九九年度の報告に挙げた事例のなかで台湾南部の「扶鸞《フウラン》」に見られるように(写真①)、神の意志が人ではなくモノに憑くという意味で、宗教者を中心に定義されてきた「シャーマニズム」とは言い難い例などがそれである〔以下渡邊 二〇〇一a参照〕。また福建省樟湖の「找亡霊＝卜卦」の判断例もまた、決して「シャーマニズム」の典型ではなかった。「找亡霊」(祖先探しのシャーマン)は、決して祖先が憑依しての判断と、「卜卦」、すなわち占い道具を用いての判断を使い分けているのではなく、その双方または一方の手段でクライエントの相談に応じているだけなのである。したがってかれ

写真②　福建省北部の道教教団による「道士養成講座」（1996年）

はシャーマンであると同時に占い師でもあるわけである。

福建省南平では道士と巫覡《ふげき》との差がさほど顕著ではない。ここでは一般に道士は道術を、巫覡は巫術を操るとされるが、神の憑く道士の道術は信用が高いとされる。むしろ当地では、だからこそ道士たる者は神を看ることができ神懸かりできる者なのであり、また道教教団の開く教室に巫覡が参加し、巫覡は道教の布教に一役かっていた（写真②）。これらの例も道士はまたシャーマンであり、シャーマンは道士だともいえる例であった。さらにわれわれは福建省厦門のある寺廟で、神が神前でクライエントの脈をとって、クライエントがどんな種類の病をもっているのか「診断」する例も認めており、このような例は「シャーマニズム」研究の対象外とされてきた。この例は神が人に憑依するわけでも人が神を「感じる」わけでもなく、神の意志はおみくじの結果に現れるのであり、日常、「杯《ブイ》」（閩南語）、「聖筶《シンカウ》」（客家語）などという占いの道具で神の意志を質す、寺廟一般で行われている人びととの宗教行為と、さほどの区別はなかったのである。

このようにみてくると、中国南方の人と神との交渉に関する民俗宗教研究は、「シャーマニズム」を越えたさらに上位次元の概念を必要とするというのが、わたしの一九九九年度の報告の結論だった。これらの諸例はシャーマニズムとその他の宗教とのシンクレティズムの例かというと、決してそうではない。かれらには、諸宗教を混ぜこぜにしているという意識はない。ある宗教研究の立場から見れば、そのように見えるだけのことである。

外部からみて異質な宗教手段の併存に見えるかれらの行為は、かれら自身にとっては一貫している判断方法なのであって、かれらの行為を宗教的シンクレティズムと見なすことは、現地の意識との乖離を生じさせることになる［渡邊 一九九一］。

異質な宗教手段の併存に見えるかれらの行為を、一貫した原則で行われていると説いたのは、台湾の宗教人類学者・李亦園であろう。かれは中国の異質なあらゆる民俗宗教が、ひとつの原則によって成り立っていることを以下のように説いている［Li 1992］。

二　李亦園の「中和位育」論

李は儒教思想の「中和位育」の概念に注目し、この概念が中国人のあらゆる理想を表現したものであると、つぎのように指摘している［Li 1992］。「中和位育」の「中和」とは、『中庸』のなかでこう謳われているという。

喜怒哀楽の未だ発せざる、これを中と謂《い》う。発して皆節に中《あた》る、これを和と謂う。中は天下の大本なり。和は天下の達道なり。中和を致して、天地位し、万物育す。

「中」とはいわば極端に偏らない両極の中間状態をいい、「和」とは異質な諸要素を統合して調和することをいう。「中」と「和」の状態が保たれているとき、好ましき秩序は宇宙に広がり（位）、万物は生え栄えていく（育）。このような状態を通して、最終的には「天人合一」（天と人との一体化）が達成される。「中和」の概念はたんに

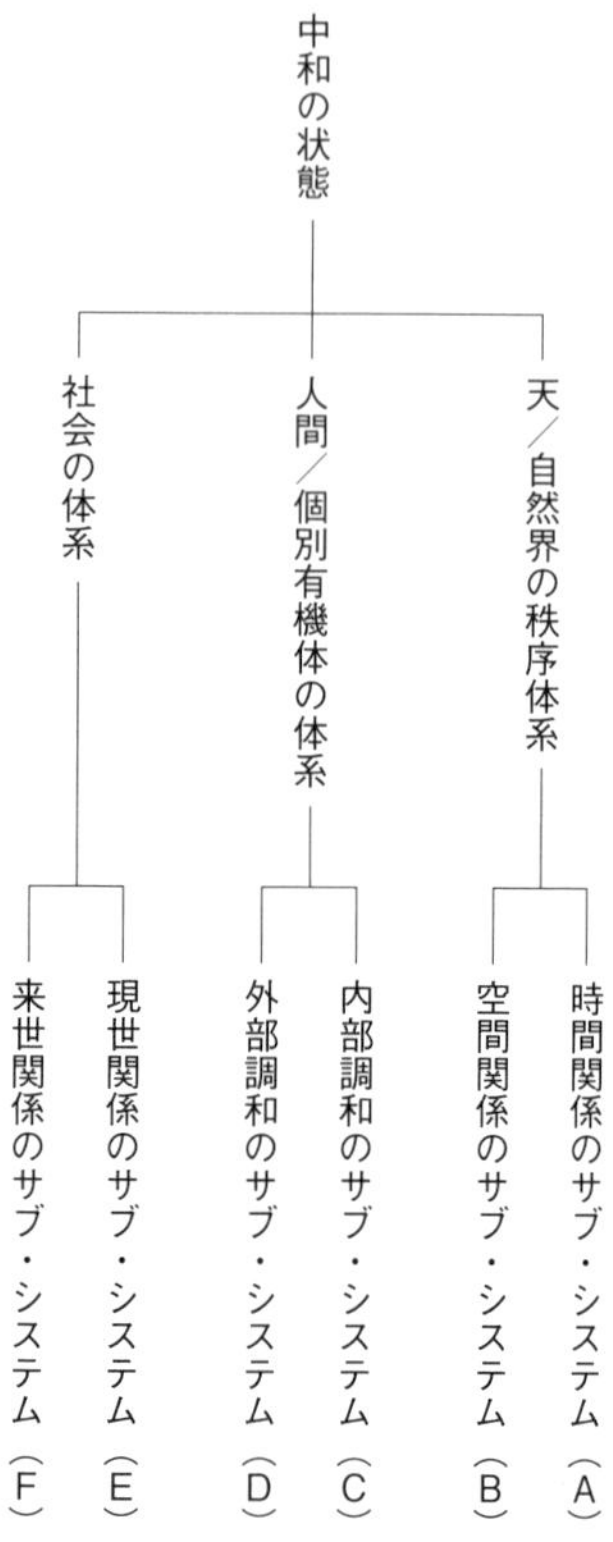

図①　「中和」の秩序体系

古典や上流階級だけの観念ではなく、民俗宗教においてもいっそう広汎である。中国民俗宗教における陰陽の調和と五行の結合は、人が従うべき未知の可能性を示すさまざまな変換群を創出している。李は人びとの行為や儀礼の観察から理想状態に至る実際のプロセスを分析し、「中和」の概念による三つの価値体系を図示している（図①）。李によれば、これらはひろく「中国の伝統的な宇宙認識モデル」として考えられる。これらは、人びとが意識すると否とにかかわらず、行動規範として作用する「規範的モデル」なのである〔呂 一九九〇〕。

図①Aの典型例は「八字」である。「八字」とは、人間の生年月日と時刻を干支八つの文字によって定めた運命（命）をいう。「八字」は宇宙（天／自然界）の時間と相関しており、時間の変動とともに「八字」に託された命運（運）もまた変化する。したがって個人の命運が時間と調和しているかどうかによって、不運となり幸運ともなる。人びとが運勢を気にするのは、時間との不調和によって不運に見舞われぬよう両者の調和を心掛けようとするからである。結婚・埋葬・新築・改築その他時間の折目に、吉日・吉辰を選ぼうとする民間の儀礼は、こうした「中和」の理想を実現しようとする行為である。

同様に、空間との調和（B）を図ろうとする認知・行為の体系が「風水」である。李によれば風水術は、造営物と自然環境とを調和させ均衡を保つことに向けられているという。周囲の環境判断重視の形法によれば、環境は生命力を象徴する各種の霊獣に譬えられ、霊獣は「五行」ほか各種の空間構成要素に読み替えられ、造営物をそれら構成要素にもとづく空間の規則に調和させねばならない。方位判断を重視する風水術の理法もまた同様で、理法では空間体系に時間体系を組み合わせ、時＝空からなる宇宙秩序に造営物を調和させることによって、自然界と造営物との空間的均衡を保とうとする。このように風水術は、「中和」理論の「天／自然界の秩序体系」であり、中和状態達成のための空間関係のサブ・システムを構成している。

さらに「人間／個別有機体の体系」のなかでサブ・システムCを構成するのが、漢民族に顕著な「食物の陰陽・冷熱観」や「漢方医術」である。食物は「陰陽」と「冷熱」の二種があり、健康は食物のこれら二要素間の均衡を保つことによって維持されると考えられている。「漢方医術」もまた、人体の構成要素の均衡を保つために診断・治療・投薬を行う。サブ・システムDは、漢民族の「命名法」にみられる。漢民族の間では名前とは、個人に与えられた記号というより人体の一部である。個人が不健康や不幸な状態にあるとき、名前の漢字に修正を加える。字を修正することにより、宇宙と人体の調和を保とうとする。

最後の「社会の体系」とは、人間関係（サブ・システムE）と神霊（神・祖・鬼）相互の関係（サブ・システムF）からなっている。現世の人間関係で「中和」を強調するのがまさに儒教道徳であり、先の「中和位育」は現世の人間関係の理想を表している。「中庸」をわきまえた人間は徳の高い人間であり、「和を以て貴しと為す」ことを理想としている。中国をはじめ東洋諸国にある「天下」という高次元の社会概念は、「天」（自然）の下すべての秩序あるハイアラキーを言った。だからとくに「天下」を治め構成員の調和と安定を図る統治者にこそ、「中和」の道徳が求められた。来世の諸関係および人間の神霊との関係にもまた、同様の「中和」の維持が認められる。

大別して神・祖・鬼からなる来世は、極論すれば現世との関係において人間が祀るか祀らないかによってその存在が変化する。祀れば「神」か「祖」だが、祀らなければ「鬼」（幽霊）となる。子孫が祖先を祀るのは、けっきょくのところ、みずからが「鬼」にならぬためであり、来世との諸関係を調和させるための手段なのである。と同時に「鬼」も「鬼」のまま放置されるのではなく、「鬼」が及ぼす人間界への災いを最小限に食い止めるため定期的に施餓鬼を行い、あるいは「神」へと昇華させるよう「鬼」を祀る〔渡邊 一九九一〕。こうして人びとは、いまなお来世と現世との調和を図っているのである。

三　風水研究から民俗宗教研究への提言

以上が、李の唱えた中国人の宇宙観の骨子である。中国の全宗教体系を「中和」というひとつの原則で捉えた李の試みは、すでにわたしは何度も紹介したが〔渡邊 一九九四b・一九九六・一九九七など〕、新たな中国宗教理解への道を示したものといえよう。しかし李の理論にはいくつかの不足があり、それを補うかたちでここに再解釈してみたい。

李は「天人合一」の思想についてさほど触れていないが、「中和」理論と同時に「天人合一」という「自然・人間一体の原則」、すなわち宇宙の分類にもとづく諸存在は相対的な存在でしかなく、宇宙の諸存在すべては同一の原則、風水でいうなら「気」というエネルギーによって貫かれているという思想もまた東洋理論の特徴だということは、これまで何人かの研究者によって指摘されてきた〔坂出 一九九一、呂 一九九〇、周・趙 一九九四、張 一九九五ほか〕。風水思想が説くように、「天人合一」の宇宙秩序のなかで、地と人との「所応・感応」の相互作用によって「天人感応」状態を実現すること、それは宇宙調和をめざす「中和」の原則と同義であろう。風水師が土地条件（所応）としての「地気」を探索し、それとの調和が保たれる人体（人気）に感知（感応）しうる造営物の形状と位置を定めること、それこそ「天人合一」達成のための「中和位育」の具体的行為であり表現なのではなかろうか。

「天人合一」というかぎり東洋でも概念に二元の分別があり、対概念として「天」と「人」とは区別されている。これをあえて訳すなら「天」という「自然」と、「人」という「人為」が対置されているといえる。しかし重要な点は、二元分類と概念の対立なのではない。それら二つの概念をつなぐものこそ重要なのである。これを関係概念と呼ぶなら、李の指摘にみるかぎり関係概念、すなわち「中和」は中国人の思想に一貫しているが、対になる概念は異質なものの構成なら、いかようにでも変化しうるといえる。すなわち個人の命運と時間との調和が「八字」であり、人間の造営物と自然環境との調和と均衡が「風水」である。食物の陰陽二要素間の均衡が食事のバランスであり、異質な薬物の調合（調和）が漢方薬となる。さらに宇宙と人体の調和が「命名」であり、社会内部の異質な構成員間の調和と安定が「治国平天下」である。そして来世と現世との調和が、「平安」（調和と均衡）を希求する漢民族の特徴ある宗教となっている。

問題は、対概念がなぜ調和し均衡を得るのかだ。それは対概念に同じ性質をもつ因子があるからである。対概念は意味が複合しており複数の意味をもつ概念として用意されているが、対概念に共通する意味素が、そこに存在しているのである。風水でいうなら、意味素は「気」である。「地気」（天）と「人気」（人）とを媒介する「気」が調和（感応）してはじめて、風水上の好地を得ることができる。調和しうるのは気の性質が同じだからであり、同じにならなければ調和と均衡を得ることはできない。陰陽師《おんみょうじ》や風水師が「相地」を行うのは、気の波動の同一性のある場所を探索するためである。自然と人間との「同気」が探索できれば、自然と人間は同意味素を通じて調和することになる。だから東洋的思考は陰陽二元論に見えて、実は存在論的な「気一元論」だといいうるわけである［戸川 一九九〇］。

中国の民俗宗教に共通しているのは、このように「天人合一」（世界の一体化）に向けての「中と和」、つまり「天」と「人」その他とのあいだの均衡と調和があることである。しかし李の指摘では、なぜ宇宙が「均衡と調和」を得るのかがはっきりしていない。そこに客体の条件としての「所応」と人やモノの側の「感応」がなければ、「中」への運動も「和」の状態も生じない。「感応」とは、人およびモノが持っている「霊」や「命」や「気」その他の〈遺伝子〉（substance）に対して、同質の〈遺伝子〉を持つ人およびモノがそれによって同調することをいう。「霊」や「命」や「気」その他の〈遺伝子〉は波動であり、その波動が同じ波長を持つ人およびモノに同調することをいうのである。

中国の生活思想は、「陰陽合一」の実現をめざすことをもって成り立っている思想である。その下位次元に「天人合一」があるが、「天」に対して「人」が一体になることをめざして、民俗宗教が成り立っているのも「陰陽合一」の一種である。この「天」がシャーマンにとっては「神・霊」その他であろうし、卜卦師にとっては「命星」になるだろうし、風水師にとっては環境の「気」になるだろう。それら所与の条件を「所応」というが、「所応」に対する「人」の「霊」「気」その他の同調しうる〈遺伝子〉があって、それが同調しようとすることを

「感応」というのである。

シャーマンや風水師をはじめ中国の宗教者に共通するのは、こうした「天」「人」の環境条件と「感応」による「天」との一体化である。「合一」しようとするときシャーマンはトランスに入り、卜卦師は卦を占う道具を用い、降筆術者は「柳筆」を用い、そして風水師は羅盤で気の波長を読み取ろうとすることになる。だから各宗教者ごとに異なるのは「手段」にすぎない。シャーマニズム現象もまた「手段」なのである。そうでなければシャーマンが風水師を兼ねるような事例があるはずはないし、シャーマンが道士・僧侶、あるいは占い師を兼ねるはずがない。

人の行為や状態によって定義づけられてきたシャーマニズム。しかしこと東アジアの民俗宗教は、決して宗教者そのものに特徴があるのではない。宗教者と宗教対象との関係こそ重要であり、関係の内容をかたちづくる思想と動態的な行為こそ宗教の内容を決めている。言い換えるなら、東アジアでは「トランス状態」があるかないかは手段の差にすぎないのである。それよりもかれら現地の人びとが行う宗教的目的は「天人合一」にあり、そのため所与の宗教対象に対して「感応」すること、そのことがわれわれに宗教行為として見えるにすぎないのである。

四　試論——中国民俗宗教のモデル

中国といっても漢民族だが、そのあらゆる思想・宗教の理想とされてきたのは「陰陽合一」であり、図②は、陰陽合一のうち「天人合一」がなされるメカニズムを説こうとするモデルである。すでに述べたように漢民族の

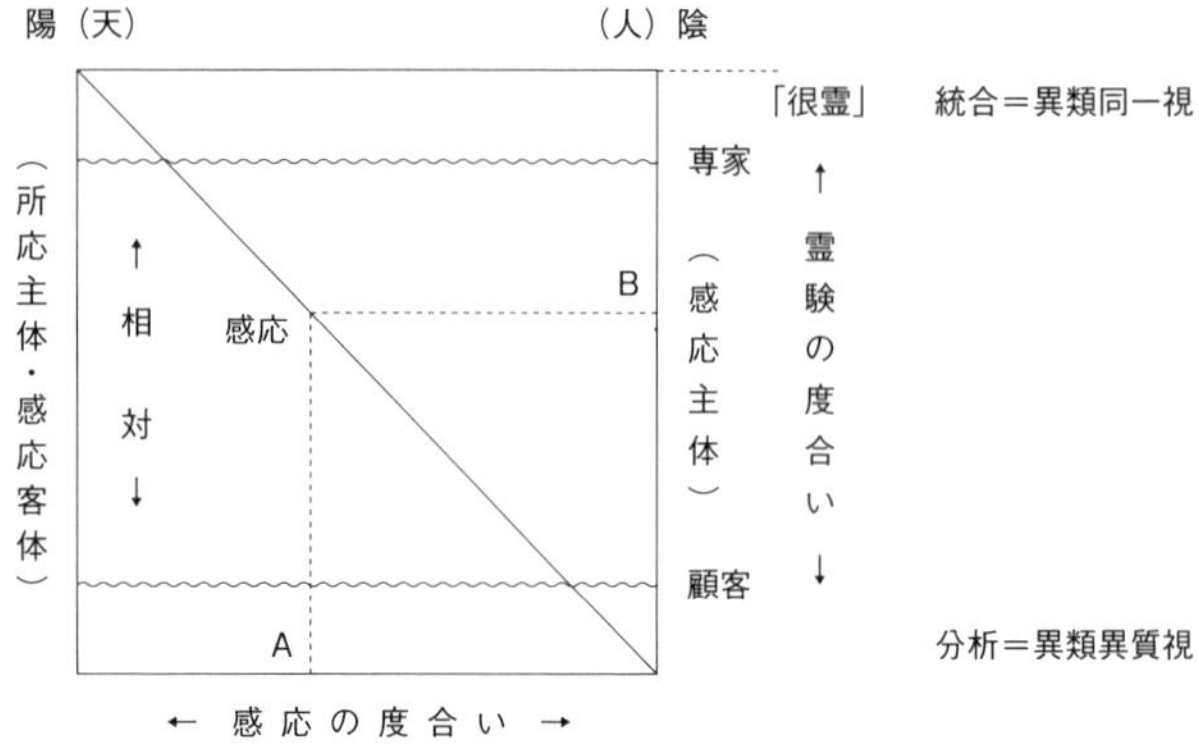

図②　天人合一モデル

宗教行為は「所応」と「感応」の運動によっていて、「天人合一」に至ることをその目的としている。図にいう「専家」は、シャーマンや風水師などの宗教者である。かれらは人びとから「很霊《ヘヌリン》」（霊験あらたか）などと評価されており、それは「感応」（霊験）の高さを表している。「顧客」としてのクライエントにも「感応」はあるが、好風水地（すなわち「穴」地）の発見能力や神を感じ交信する能力に至るほどの「感応」力がない者たちである。だから能力不足を補う意味で、「専家」の能力に頼ろうとする。このような意味で、「専家」と「顧客」とは能力や信心において相対的なのである。「専家」が感応して下す託宣に納得せねば、「顧客」にはならない。

「専家」は、感応して接近できた「天」（神・祖先・霊・地気など）の状態ないしは「天」の情報（声など）を「顧客」に告げる。これをわれわれはシャーマニズムや憑霊論で「憑依」などというが、風水では「尋穴」であり仏教その他では「悟り」であろう。感応度の高い者は、ときどき「看見鬼」などと称して、見たくもない「鬼」（幽霊）を見てしまうこともある。「天人合一」とは字義どおり主客一体化を意味したり、天気と人気などの気の同調そのものを意味している。「看見鬼」の経験は、まさにその同調にあたる。

このように見てくると、あらゆる中国の宗教者は、みな同じモデルのなかで手段を違えた宗教行為を行っていることに気づくであろう。すなわちわれわれや現地人が分類する宗教者とは、じっさいは方法論の異なる者たちの分類にすぎないことがわかるのである。

この方法論を中国では「術《シュー》」と称する。まだわたし自身は、われわれ外部の者として「術」をどう表象化しうるか十分ではない。しかし中国の民間の一つの分類として、図③を掲げておくことにしよう。「五術体系表」である。

この表には、広義の宗教的方法論である「術」の分類がなされている。すなわち「命」「卜」「相」「医」「山」である。「命」とはすでに述べた人の「八字」(相性)により人の命運を読み取ろうとする術、「卜」とは易書や占い具を用いて人の将来を予言しようとする術、「相」とは観察を通して人やモノの兆し・現象を判断しようとする術、「医」とは薬物や治療具を用いて人の不調和を調整しようとする術、そして「山」とは技術の修得や体の鍛錬を通じて、心身の修養に至ろうとする術である。

われわれが中国での調査体験を通じてほぼ理解しうるのは、たとえば「算命」や「択日」は「命」術であろうし、「卜卦」や「問鳥」「問米」などは「卜」術、「看風水」やさまざまな「看相」は「相」術、寺廟の薬物提供や医療診察は「医」術、そして道・仏教の修行は「山」術であろう。しかしわれわれが関心を寄せてきた「巫覡」に関しては、適当な方法論がここには載っていない。ここでは「巫覡」の術を仮に「巫術」とするなら、「五術」どころか、さらに多数の宗教的方法論があってよいことになるし、中国各地の現実は決して「五術」に収まらないであろうことを意味している。だから本書では、さまざまな「術」を紹介しようとしているわけである。

より妥当な宗教的方法論の分類は将来の課題とするが、ここで理解したいのは、民俗宗教とは中国では方法論、すなわち「術《じゅつ》」の一種として考えられているということの一点である。福建省西部でわたしは、定期的に家庭で行われる「醮」祭（厄払いの儀式）を見たことがあるが、主として道教の神を祀るために住民は僧侶を招いていた。別に宗教的シンクレティズムなのではない。かれらにとって目的が「平安」（天の運行に従った生活の安定）なら、あらゆる手段＝方法論のセットに頼っているという好例なのである。われわれの宗教分類で、相手を誤解

図③　五術体系表［陳　一九八八：一］

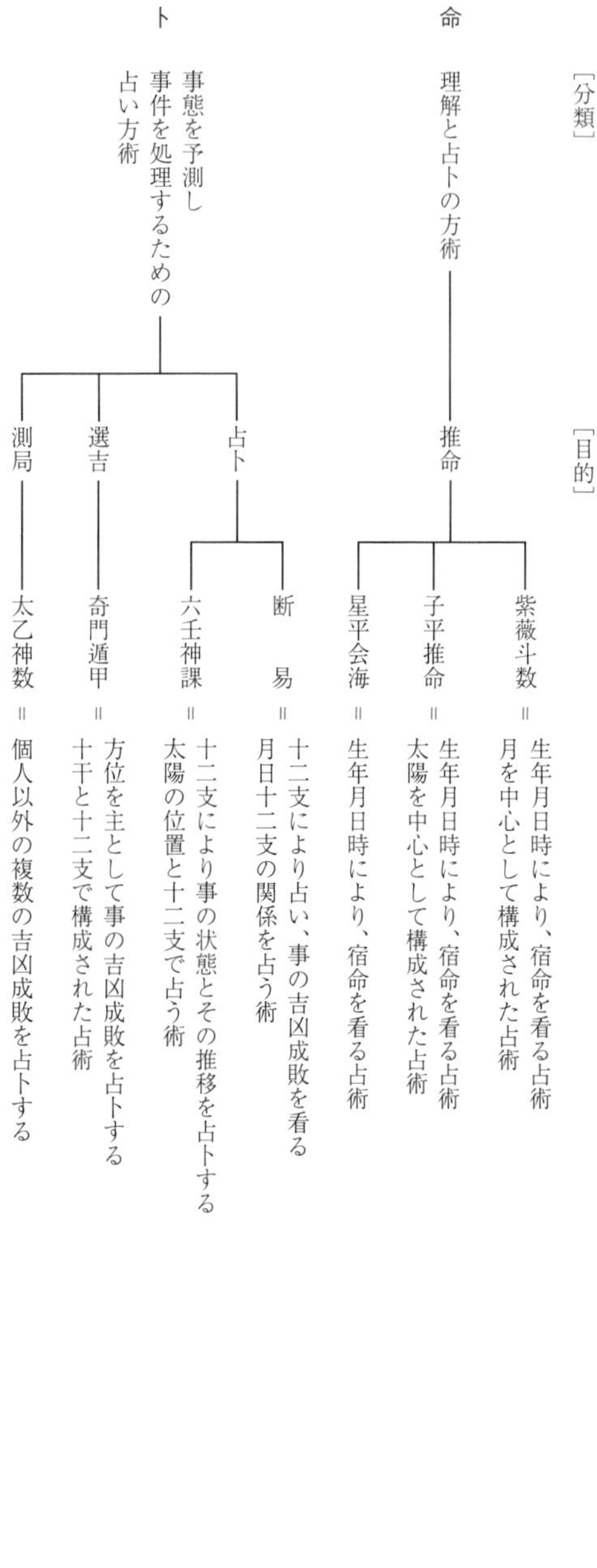

- **相**　物体を観察し物相を占卜する方術
  - 印相
    - 印章＝図像を看て吉凶を占う術
  - 名相
    - 姓名＝姓名を看て吉凶を占う術
発音・字画・字形の調和により吉凶を決める占術
  - 人相
    - 金面＝人相のなかの顔を中心に占う術
十二支と星で構成された占術
    - 玉掌＝人相のなかの手のひらを中心に占う術
十干と星で構成された占術
  - 家相
    - 陽宅＝家屋を看て吉凶を占う術
十干と十二支で構成された占術
  - 墓相
    - 風水＝墓地の吉凶を占卜する
十干と十二支で構成された占術
- **医**　病を治し体を保護する方術
  - 医療
    - 方術＝薬物（薬丸・煎薬・薬粉）を用いて病を治す方術
    - 鍼灸＝鍼・灸の刺激で病を治す方術
- **山**　物心両面の修養と人的心身の完成
  - 養生
    - 食餌＝ふだんの食事と仙薬・薬酒で体力を増進し病を治す方術
    - 築基＝静坐法・呼吸法により自然の薬物を体内に蓄積し、健康を増進させる方術
  - 玄典
    - 老子荘子＝修養のため老子荘子の仙道教本を多読して心身の基礎とする方術
  - 修密
    - 拳法＝身を守るための方術
武器を用いるものと武器を用いず素手（拳）を用いる拳術とがある
    - 符呪＝人心を掌握する一種の宣伝呪術

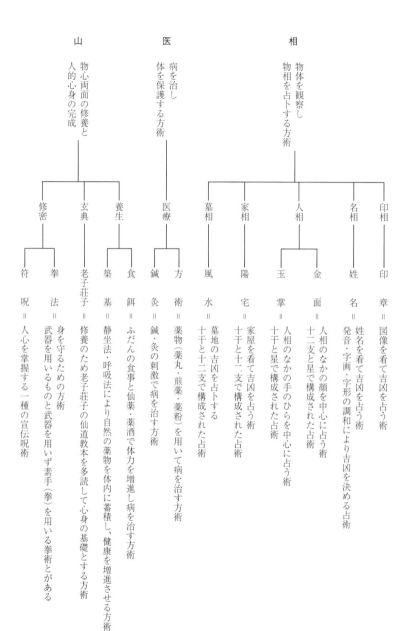

してはならないということだ。

［1］初回の調査は、佐々木宏幹を代表とする「東アジアにおけるシャーマニズム文化の構造と変容に関する文化人類学的研究」と題する文部省科研費により実施した。本節の内容は、佐々木宏幹を代表として二回目に申請した文部省科研費により調査を実施した成果の一部である［渡邊 二〇〇一b］。

［2］「シャーマニズム」を、原則として佐々木宏幹の定義にもとづいて用いることにしたい［佐々木 一九九九：七九七］。すなわちシャーマニズムとは「変性意識状態（trance）において霊的存在と直接に接触・交渉することにより、託宣・予言・卜占・治病・祭儀などを行う人物（シャーマン）を中心とする呪術・宗教的形態」をいう。シャーマニズムの定義はあくまでも変性意識状態に立ち入る人物をして定義されたものであり、したがって佐々木は「物［物体］はトランスに入らない」とする［佐々木 一九八三：vii］。したがって後述するように、「扶」はシャーマニズムの概念で捉えられない。また一八〇頁で述べた厦門の例のように、神の脈取りは腕に作用するわけだが、これを「憑感」型に入れてしまうと、すなわち人が物に霊の憑いたことを感じると解釈してしまうと、風水師は環境という客体の気を「感じる」例が多く――これを「感応」という――、風水師の大部分がシャーマニズム現象に含み入れられてしまう。これはシャーマニズム原理主義（シャーマニズムですべての現象を解釈しようとするイズム）に陥る危険性があるし、現地の解釈を重視する社会人類学研究の立場とも相いれなくなる。本節では人に限定されたトランス状態を経て、脱魂と憑霊に至る者が右の佐々木の定義ような行為を行う場合、分析的に「シャーマン」と呼ぶことにする。

第二節　玉皇上帝誕生祭をめぐる祭祀術の多様性

一　導言

漢民族の神・祖・鬼という超自然的存在に対する対応の仕方、すなわちここにいう祭祀の方法（祭祀術）は、神・祖・鬼の宇宙的存在それぞれに対して厳格に区別して行うことがきわだった特徴になっている。神的存在に対する祭祀術の違いは、最高神とその他の神々との違いが最も著しい。したがって本節では、最高神とされている「玉皇上帝」に焦点をあてて、その祭祀術の特徴を紹介することにしたい。

中国、とりわけ漢民族のあいだでは、崇拝する神がみの数もさることながら、神がみそれぞれごとの誕生日というものがあって、誕生祝いの祭りを催すことが、いたって多いようである。ここにいう「玉皇上帝誕生祭」というのもそのひとつであるが、この誕生祭こそは祀られる神格の高さからみて、おそらく漢民族最大のものであるはずである。だから神の誕生祭に焦点をあてることによって、神をいかに祀るかの祭祀の術《すべ》を多角的に知ることが、漢民族の宗教理解に欠かせない。この誕生祭に見《まみ》えることができたのは、台湾南部にある客家《ハッカ》諸村の正月習俗を採訪しているときであった〔詳しくは渡邊 一九八〇：一一─三二〕。客家の人びとは《玉皇上帝》のことを「玉《ニョ》皇大帝《フォンタイティ》」と尊称し、旧暦一月九日に行なわれるこの誕生祭のこと、およびこの日を「天公生《テンクンサン》」と通称している。もっとも「玉皇大帝」の尊称は「天公」と通称されていて、万神殿のなかで最高神にあたることは、おおよその人びとが認めているようであった。

たいへんな神の誕生祭に遭遇してしまったものである。至上至高の神格であるならば、かならずやその存在意義は、道教やしからざるその他の宗教の教義教典にうたわれているであろうし、その歴史的意義も少なくないであろう。《玉皇上帝》の崇拝やその祭典もかなりの地域に及ぶであろうし、また年中行事に編まれた祭祀にも、一度ならず登場することであろう。そのような〝不安〟と〝緊張〟とを抱きつつ、客家諸村でできうるかぎり、誕生祭の模様をつぶさに観察したわけであるが、〝不安〟や〝緊張〟にくわえて数多くの悩ましき疑問が山をなし脱力感にもみまわれたのは、帰国して《玉皇上帝誕生祭》をめぐる祭祀術の類比と対比をしてみようとした、研究作業の当初からだった〔1〕。

文献を渉猟した期間があまりにも短かったせいもあるかもしれない。調査事例の収集が、その質量においてあまりにも少ないせいであるかもしれない。とにかくわたしが調べ集めたデータと、文献の語るところとがあまりにも一致しないのである。一致しないのは、このような通説との間だけではない。他地域の例とも異なるところが少なくなかった。そこで本節のような課題を設けたのであるが、馬淵教授の名作「オナリ神をめぐる類比と対比」(『日本民族と南方文化』平凡社、一九六八年)の論文名にあやかって考えた〝類比と対比〟は、本節では一般的に語られている《玉皇上帝誕生祭》と、各地に報告されている事例との祭祀術の類比と対比ということに集約して考えてゆくことにしてみたい。調査データは折々に触れて挿入するが、詳しい叙述は別の拙作にゆずることにする〔渡邊 一九八二：四七―一一二〕。

二 玉皇上帝誕生祭の一般的解説（通説）

台湾では、漢民族の民間信仰に触れている概説書のほとんどが、年中行事の主要な一項目として《玉皇上帝誕生祭》の記述と解説とを行なっている。概説書に記載された内容のあれこれの異同については、これまた紙幅も増えることであるし、ここでは簡単に一書を代表させて誕生祭の一般的内容を理解するにとどめたい。

「天公」とはすなわち上帝であり、また玉皇大帝のことである。この神格は衆神を従える最高神であり、直接目視することはできず、また偶像もない。廟宇のなかにあっても、神体はひとつの神牌でしかない。

「天公」の信仰は、福建から台湾にかけて最も深く行なわれ、普遍的である。双方の地域における新年行事の民歌のなかにはすべて、「初九天公生」という俗説があり、天公は正月の九日（初九）に誕生したことを説いている。

人びとの家堂には、前方中央に「天公爐」と称する一つの香炉が置かれており、朔日《ついたち》一五日のしかも朝晩誠実に、みな香をあげる。正月初九日の天公の誕生日には、祭典は最も慎重かつ丁重に行なわれる。長椅子のうえに「八仙桌」と称する机卓を高く重ねて、これを「頂桌」とし、「頂桌」のうえにさらに、彩色された三個の張子の神位を安置する。これを「燈座」という。「燈座」の前には、清茶三碗、紅紙で束ねた線麵（そうめん）を三皿、素饌（精進菓）を六種、果物を五種供える。これを「做五果六齋」という。供え物のうち最も前面に供えるのは

写真①　玉皇上帝の祭壇。上下二段に分かれている（台湾美濃、1980年）

香炉である。「頂桌」の下にはさらに「下桌」という台があり、「下桌」には、豚の頭、鶏、魚などの五牲、酒、さらには亀形を印した「紅龜粿」というおもちなどを供える。説くところこれらの供物は、従祀した諸神に供えるものである。前日、大小を問わず全員が入浴し衣を着がえて、夜半子《ね》の刻になれば、すぐに祭祀を始め、年長者より年少者まで、〝三跪九叩〟する。礼拝後、「天公金」と称する一種特別の金紙を焼き、「燈座」もあわせて一緒に焼いてしまう。つづいて爆竹を放ち神を送る。行事の最中、酒盃や盆碗を割るなど、たまたま不謹慎なことがあると、家長は内心畏れおののいて、おそらく一年中不安なままでいることであろう［婁・許 一九七一：三一―三二］。

この書は以上のように、玉皇上帝の性格から始まって、信仰の分布地域、俗説、祭場、祭祀時刻、祭壇配置、供物の種類・名称、祭祀方法、俗信等々を簡潔に記述し紹介している。そこで以下の章では、この通説との比較のために、神観念、祭祀時刻、祭祀場所、供物の種類、祭祀過程、祭具、および分布地域等の項目にわけて、それぞれの項目ごとに各地の例を比較検討することにする。

三　まずは天公観の異同から

通説では、天公すなわち玉皇上帝は、衆神を従える万神殿の最高神であり、目視できず偶像もない神格とされているが、わたしの読み調べるところによれば、人びとの天公観はかなり多様であって一に帰さないイメージの相違があるようにみうけられる。すなわち、神格がはたして実体概念であるのか、それとも衆神の統一体ともいうべき概念上の集合であるのか、その二項においてまずは極端に相違しており、さらに天公が人びとあるいは下位の神がみと、位階《ランク》を通じて結合しうるものか、それともあくまでその存在に隔壁のある、人びとや下位の神がみとは分離した関係にあるのか、その二項においてさらに神観念は一致していない。このような天公観の相違を図示したのが、図①である。

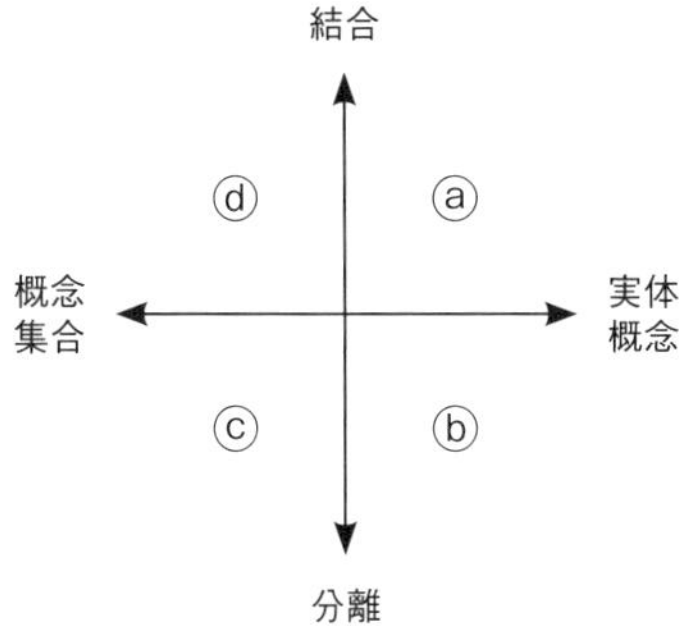

図①　天公観の枠組

通説にほぼ類似して、台湾省北部にある溪南では、天公を最高にしてかつ最強の神力をもつ神格であると認識し［Ahern 1973: 169］、あるいは諸神を上中下の三位に分類し、さらに各位階のなかをいくつかの位階に分けたうえで、天公は上位の、さらに上位に位する最高位の神であると説明する、わたしの調査地、台湾省南部の西勢村の例もある。またおなじ台湾省南部の鯤鯓でも、郷村を守護する極上の統帥として天公を位置づけており［Diamond 1969: 92］、これらの地域では天公が、伝統的中華帝国における官僚組織の頂点に位する存在［cf. Yang 1961: 150］であることを、みな一様にみとめているようである。くわえてこれらの地域では、天公が複数の神格から構成されているというのではなく、単一神であるあることをみとめており、その比喩的表現として、かつての中華帝国の官僚組織に似て、万神殿の上下秩序の頂点に天公が位することを説明してみせるのである。たとえば台湾省中部にある

写真②　玉皇上帝像。衆神を従えて祀られている天公（台湾西勢、1980年）

新興では、神がみのハイアラキーは、ときの皇帝、閣僚、高官、将官などに比定さるべきものとして説明する［Gallin 1966: 235-236］。これら高位の諸神に対して、村など地方にいる低位の神がみもおり、人びとの目的に応じて願いをかなえるかたわら、低位の神がみは、人びとと高位諸神との媒介者として、特別な役割を果たしていると人びとは考えている。このような神観念は比喩が確立されていて、より具象的であり、天公から人びとに至る位階秩序のなかで、人びとは自分および諸神の相対を知ることができる。このように天公観の第一の特徴は、人びとあるいは下位衆神と天公とは結合した関係、すなわち連続した上下秩序を通じて、相対的に関係および位置を知ることができるという点にある（図①―ⓐ）。しかしながら、前述のように実体概念として天公の存在を認めても、天公と人びととの関係はきわめて遠く、かつては接触不可能であったか、ないしは天公の行状をつきとめることさえ不可能であるとされる福建省福州の例もあり［Doolittle 1966: I-257-258］、この観念のもとでは、人びとと天公との間に結合した関係はみられない。この例も比喩が生きていて、高位高官は皇帝に個人的に謁見することができ、慕うことも可能であったが、下級官吏は皇帝の居る場所にも立ち入ることができなかった例をあげて、分離した関係を強調するのである。このように福州の例では、皇帝としての天公は厳然として存在するが、天公と下位諸神あるいは人びととの関係は、連続することのない絶対隔絶的な関係であり、極端には実体概念さえ喪失して天公観そのものが消えうせてしまう例も福州にはあるようである（図①―ⓑ）。

さらに、このような分離関係が存在すると、天公観はかならずしも実体概念にもとづく必要もなく、天公は単にGodという一般的な崇拝対象であるとされたり（福州）、台湾省中部にある社頭郷における例のように、天の神がみ一般であるとされる［末成 一九七八：四〇］可能性を生む（図①—ⓒ）。似たような例であるが、天公というのは単なる職掌名、地位名称にすぎないと考える例も、先の溪南や社頭に存在する［Ahern 1973: 169; 末成 一九七八：四〇］。ただしⓒ例とその内容を異にするのは、天公を単なる概念集合とはするが、その内容（集合状態）はあくまでも上下秩序にもとづく結合関係あってのことだとする点である。すなわち溪南では、玉皇上帝はめったに人びとが接触することができない存在で、新年や長寿祝いのときにのみ富禄と長寿とを願って人びとがまみえることができ、しかも神像もないので、「天公」というのは特定の神を指すのではなく、神がみが交互に占める職掌だ、とする解釈である。したがってⓒ例とは性質を異にする（図①—ⓓ）。こうした天公観の相違があるのが現実であり、人びとの天公に対する願望や態度も、おなじ村落内にあっても異なり、かえって通説よりは天公観の幅広さがうかがえるのではなかろうか。

四　つぎは祭祀時刻の異同から

通説では、夜半子《ね》の刻（午後一一時〜午前一時）が誕生祭の開始時刻だとうたわれている。各地の例ではどうか。各地の例でも、こと家庭内祭祀においては、報告例・調査事例ともにすべては夜間の範疇にあって、日中に行なわれる例はみられない。ただし夜間の時間帯にあっても、開始時刻は二種あって、A＝子の刻／夜半、あるいはB＝未明／早朝である。概説書のなかには、誕生祭の祭祀時刻を、午前零時より同四時までの間としている書があるが［鈴木 一九三四：二八九］、丑の刻などの深夜に開始する例は、わたしの渉猟した範囲では存在していない。

台湾省南部の調査村、頭崙では、旧正月八日の午後一一時ごろから翌朝午前六時ごろまでを候補の時間として、各家庭では深夜を除く他の時刻を選んで祭儀を催した。この日の午後一一時以降はすでに正月九日の子の刻限であり、ほかに明けがたの寅〜卯の刻が、祭祀の実施可能な刻限であるとされる。他の地域でも若干のちがいはあれ、この客家村と似たような例をみる。たとえば台湾省台南では、午前一時から盛大に玉皇上帝の誕生を祝って各家庭で祭典を催す［朱 一九四二：二五］といい、同省北部の士林では子の時刻［潘 一九四一：八］、福建省章州では夜一二時すぎ［婁 一九六七：一二］であると報告されている。これらの例はAの類型に入るといえる。

ところがB類型の例も少なくないようで、先の頭崙のほか、鯤鯓では伝統的には午前四時三〇分から五時三〇分の間の早朝に、正庁祭壇にて礼拝が行なわれている［Diamond 1969: 93］。同様に社頭では天公生の祭祀時刻は未明［末成 一九七八：二四］であるといい、台湾省北西部の中壢台地にある湖口では、早朝［国分 一九六八：六四］であると伝えており、みなAかB、あるいは双方に属するものである。しかしこうした一律的な開始／祭祀時刻の特徴も、廟内祭祀にはあてはまらないように思われる。台南では正月九日の前日、天壇（天公廟）で盛大な行事があり、八日夜からすでに市内外の参詣者が雑踏し、賑やかな祭典を行なっている。晩方、供物を料理して境民が廟にてそれを食するといい、これを「食天公酒」というという［朱 一九四二：二五］。西勢では同様な行事は九日昼すぎからであり、四隣四周の参詣者が天公廟に参詣したあと、廟庭にテントを張りめぐらし、食卓百余卓を用意して、一勢に精進料理にあずかるのである。これを「食齋《スッツァイ》」と称する。祭祀時刻は神によるとも暦によるとも聞いたのであるが、家庭内祭祀の例のような一律的特徴、廟内祭祀における例のような廟宇ごとのちがいが、はたしてなにに由来するのか、いまのところよく理解できないでいる。しかし通説のような一律一様の祭祀時刻ではないことだけは、祭祀術における時間の問題に関してもいえそうである。

五　さらに祭祀場所の変差から

前述した概説書では「天公爐」の位置以外、祭祀場所が判然としないが、他書でも正庁に応設する〔朱 一九七五：五三、呉 一九七七：四、劉 一九七九：二五〕とか、正庁前〔鈴木 一九三四：二八九〕、戸屋前（『中央日報』一九八〇年二月二四日・三面）などと微妙に示唆が異なるか、判然としていない。しかし天公の祭祀場所というのはきわめて重要なことがらであって、あいまいなままにはしておけない。そこで宗教人類学者の説明をみるわけだが、一様に指摘されるのは、《屋外》であるということである〔Feuchtwang 1974: 110-114; 李 一九七八：一三〇―一三一、など〕。天公祭祀で他の神明や祖先への祭祀とは基本的に異なるのが、《屋外》祭祀である点だという。ただし、鬼魂祭祀もまた《屋外》祭祀が通例であり、その点天公祭祀と同様であるが、一般的に鬼魂祭祀は建物の壁面角や門外で行なわれるものであり、天公祭祀のように正庁前や正門で祀られることはないという。

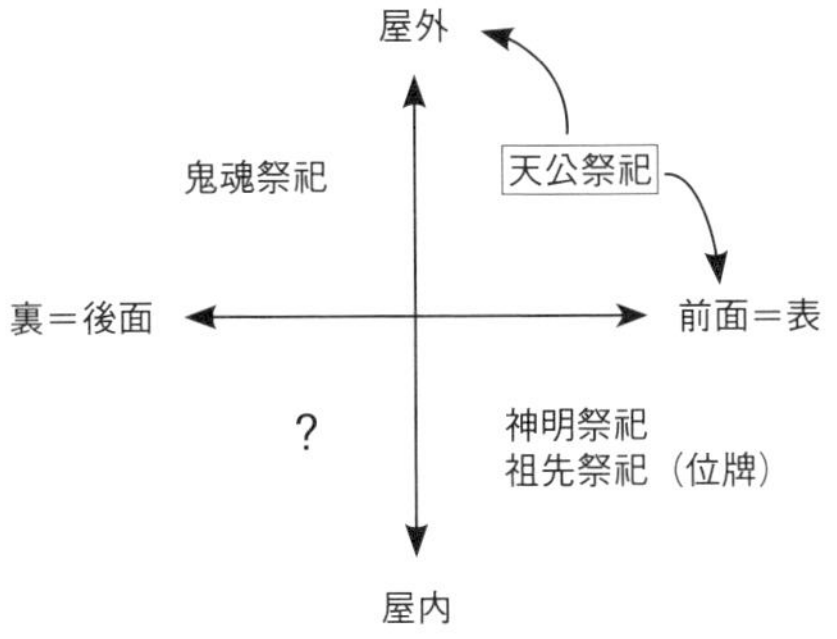

図②　神霊の祭祀場所

頭崙および社頭の例――データはこれだけであるが――のいずれも、右の傾向を支持するものとなっている。ただし《屋外》や《前面》《表》で天公祭祀が行なわれるといっても、正庁前やその付近に限定されるのではなく、正庁前はもとより、「天公爐」の前、「天公爐」の方向、門前、護龍間の通路でもよく、さらに門外道端でも可能なのである（頭崙調査例）［末成 一九七八：一四・二一・三〇］。その理由は、頭崙村の例でいえば、天公は天にいるからであり、祭壇を通じあるいは「天公爐」（頭崙では「天神柱《テンスンツン》」と称する）を通じて、在天の上帝を拝するからであって、天公とのコミュニケーションの場は、正庁内祭壇でも屋内の他の祭壇でもないからである。祭祀術を特徴づける祭祀場所についての通説の不明瞭な説明は、天公祭祀に関してはこれほど単純明快に説明できる部分が多くはないだけに、かえって不可思議である。

六　くわえて供物の種類から

通説では天公に供える供物として、清茶三碗、線麵三皿、素饌六種（六齋）、果物五種（五果）をあげて排列を示し、さらに五牲、酒、「紅龜粿」を供物にあげている。ただし五牲は天公に対する供物ではなく、他の神明に対するものだと断っている。代表例にあげた概説書以外でも、供物の説明に差はあるが、《五果》、《六齋》、茶、線麵、酒、《五牲》などは、ほぼ変わりなくあげており、「紅龜粿」をあげている例も多い。

はたして実際はどうであろう。各地の報告にはそれぞれ説明不足、とりわけ供物をささげる意味づけの不足がめだつが、それでも各地の例にみるかぎり、きわめて多彩な供物の整えかたが看取できる。

まず頭崙では、図③にあるように、「天神柱《テンスンツン》」には線香とろうそく左右一本ずつ、それに清茶一碗が供えられ、祭卓「祭臺《チィトィ》」には、「天神柱」に向かって上方に、米粒で満たされた線香たてを用意する。その左右両側にろうそくを一本ずつ、さらに祭卓の両端に生花を添えて、それぞれすべて奇数個、五碗五皿ずつにして供物を供える。おなじ頭崙でも、T家と他家とは、供物の数や種類が若干異なるが、T家の例に酒を加えれば、種類は変わりな

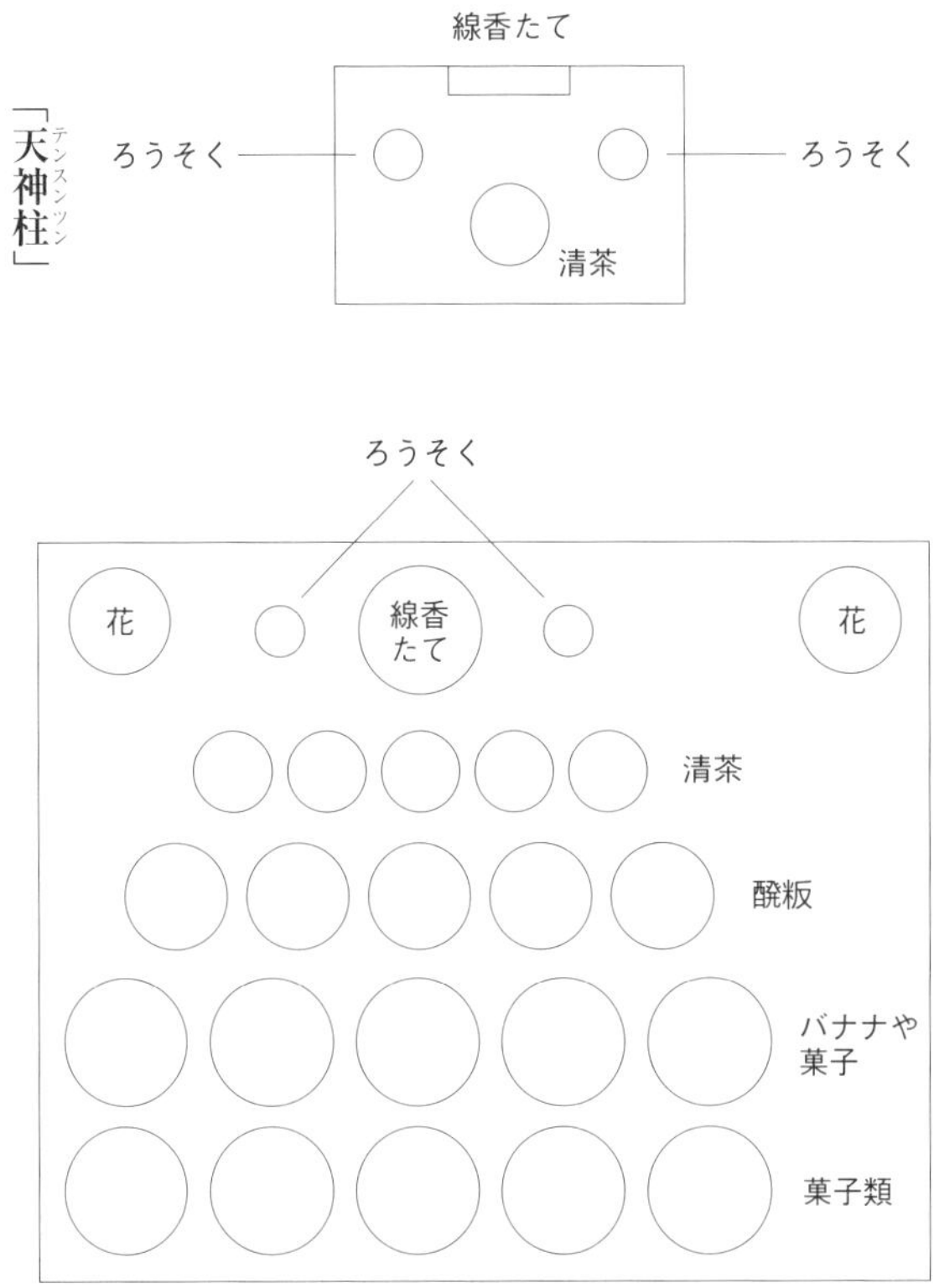

図③　頭崙T家の供物の例

写真③　「天神柱」と称する家庭内の天公に対する礼拝台（台湾頭崙、1980年）

くなる。がそれでも、数はまちまちである。頭崙では他の神明に対して三個供えるのなら天公には五個というように、供物の数は奇数が重要なのである。したがって、《五果》《六粛》の種類は通説と同様でも、数はあたらない。まして祭卓における「頂桌」と「下桌」の区別もない。供物の排列も通説どおりではない。線麵も《五牲》も供えないし、「紅龜粿」もない。反対に、通説には述べられていない「醱粄《ポパヌ》」と称する米粉製カステラが加わっている。

頭崙でこうであるから、他地域ではさらに、通説や頭崙の例ともかなり例の異なる供物に関する祭祀術をみることができる。おなじ客家村の湖口では、旧正月八日に供物を整え、地上の神がみとはちがって天公には肉類を供えないので斎果《ツァイコウ》を使用するが、祭りの必需品である酒《チュウ》、線香《ヒョン》、金紙《キムチイ》、銀紙《ギュヌチイ》は他神とかわりなく、天公にも捧げるという［国分 一九六八：六三］。ただし現在はその風もくずれて、肉類も供物に用いるようになったという。またこの日は甘餅もつくり、供物の必需品を買いもとめるほか、できるだけの馳走・菓子・果物を準備するという。ここでも頭崙に似て、はじめのうちは斎果、すなわち精進食物を供えていた。類例は台湾省北部の山路（Mountain street ＝意訳）にも及ぶ［Feuchtwang 1974: 111］。しかし湖口ではその後に変化があって、供物に肉類も使用されるようになっている。

肉類も使用する地域は、至って広いようである。福建省漳州では、この日の供物は果物、豚の頭、糕餅である［婁 一九六七：一二］といい、同省南部ではこの日になると犠牲を殺《あや》め、九牲、五果、六斎を排列して、香を焚き燈を灯し清茶清酒などをもって祭卓を飾るという［婁 一九六七：一六］。

これまでの事例のなかで判明することは、供物はもとより共食する食物まで精進食物を用いる地域（頭崙および西勢の例や以前の湖口）と、精進食物に加えて肉類をも供える地域（変化後の湖口、漳州、福建省南部）とがあるということである。精進食物を供えることは共通するが、犠牲を供えるか否かということは、きわめて重要な問題のように思われる。そしてその犠牲が、従来からの一般的な指摘のように［ie. Jordan 1972; Ahern 1973; Wolf 1974; Feuchtwang 1974; 李 一九七八、など］全体なのか部分なのか、生のものであるのか煮たものなのか、あるいは加工したものなのか、神霊によって供えかたが異なるという問題がある。それだけにこの問題をみのがすわけにはいかないが、わたしのデータ以外に、少なくとも《玉皇上帝誕生祭》において祭祀術を類比し対比しうる資料がないのが残念でならない。また天公祭祀の機会が異なれば、ささげる供物が異なることも念頭においておかなければならないであろう。

七　つづけて祭祀の過程から

通説では、誕生祭の準備段階から終了までの概略的な祭祀のプロセスが述べられている。前日全員が入浴更衣をして、祭祀時刻が来れば大小長幼を問わず（全員が）〝三跪九叩〟して礼拝するといい、礼拝後は特別の金紙を焼いて捧げ、「燈座」もあわせて焼いたあと、爆竹を放って儀礼を終えるという。なべて全員が沐浴更衣→三跪九叩→焼金紙→放爆竹というおさだまりの、祭祀のプロセスを踏む祭祀術があるというわけである。

ここでプロセスの分析に入るまえに、祭祀実修者をまず考えたい。通説では全員が参加して祭祀を行なうかのごとき表現になってはいるが、各地の例をみるかぎり、そうとはかぎらない。各家庭、各館内の人間関係にもよるが、全員で行なう例は、頭崙では館《やかた》（これを「狄房《フォオフォン》」という）の規模が夫婦家族であれば全員であったが、大規模になると必ずしもそうではなかった。たとえばT家では老婆と子供の二人、R家では夫婦と子供の三人、F

家では祖父と戸主夫婦と子供二人の計五人であって、いずれも全員ではなかった。頭崙では、祭祀執行中、就寝している者が意外に数多かったのである。鯤鯓では、最近三年間に結婚した世帯は、早朝正庁祭壇で天公に感謝することが期待されているといい、礼拝への参加者はしたがって結婚した夫婦とその両親であり、これらのメンバーに限定されているようである〔Diamond 1969: 93〕。結婚時に天公への祈願があるので、そのためここで改めて天公に感謝するため、若夫婦の参加が要請されるという〔2〕。鯤鯓の例は誕生祭の例ではないが、祭祀の実際はかならずしも通説のごときにあらず、の一例にはなりうるであろう。

つぎに祭祀のプロセスである。頭崙では通説同様、前日晩に全員が入浴し体を清める。更衣は定かに聞かなかった。

ここまではよいのであるが、実際の祭祀の手順は、観察すればそれだけ複雑になる。一例を頭崙R家の例でみよう。R家では午前零時前後、まず中庭に祭卓を用意して供え物をし、祈願を行ない線香をたて、正庁内祭壇などに礼拝したあと、祭卓にもどって四回間《ま》をおいて跪拝する。一般の神がみへの跪拝は三回間をおくという、すなわち「三跪九拝《サンキュイキウパイ》」であるが、天公に対しては四回であるといい、跪拝の数が問題なのである。跪拝をしたあとは、祭卓の前で大きな鉄鍋に「斗金《チウキム》」と称する天公祭祀用の金紙を入れて焼く。供えてあった酒・茶・果物・菓子などの供物はとりかたづけてしまうが、線香・ろうそく・香炉・鉄鍋などの祭具はそのままにしておく。焼かれたあとの金紙を天公がもっていくからというので、祭祀＝祈願はまだ続いているわけである。最後に鞭炮（爆竹）を放って儀礼は終了する。その他の家の例をみると、各家微妙に手順が異なるのであるが、それでも頭崙で共通している手順は、祈願（唱え言）→合掌礼拝→線香あげ→跪拝→焼金紙→放爆竹というプロセスであるといえようか。

湖口の例では、九日早朝、食卓机仔《ソックツー》を正庁の前にもちだし、まず線香台を食卓の向こう側に置くことから祭典を始めている。線香台の手前に盃を三個、その両端に燭火を設け、供物を並べる。つぎに盃に酒を注ぎ線香を立てる。線香をたてるとき、感謝と祈禱の詞を小声で唱える。そして線香が半分以上燃えつきない前に「聖教《シンカウ》」（原文のまま）を地面に投じてみる。つぎに金銀紙を焼却し、神霊への紙銭とする［国分 一九六八：六三―六四］。湖口と頭崙の例はほぼおなじであるが、きわだったちがいは、湖口では儀礼の最終場面に「聖教」と称する占い判断があり、放爆竹がないことである。「聖教」とは三日月型の占具で、平面が陽《ジョヌ》、曲面が陰《ジム》とされる。ちょうどバナナを半分に切ったような二対の占具であり、これを二個陽であわせ、祈禱、報告、感謝の詞を唱えつつ地面に投じて吉凶の判断を行なうものである［国分 一九六八：六四］。この占具は寺廟でよくみかけるものだが、頭崙にはこのような占い判断はない。こうした手順や祭具のちがいは、さらに各地に散見できる。ごく特徴的な例だけをあげてみると、漳州では、爆竹を放ち、果物、豚頭、糕餅などの食物を供物としてあげて祭祀を行なう家は多いが、また祀らない家も少なくない［婁 一九六七：一二］といい、それこそ祭式は一律一様ではないことを示している。福建省南部では、各家の長みなみな手に線麺を携えてささげ、玉皇の長寿万年を祝うといい［婁 一九六七：一六］、ささげ携える祭具が線香にかぎらない例として興味ぶかい。さらに〝三跪九叩〟の叩首礼拝は、頭崙ではより丁寧な形式で行なわれていたが、福州では多くの人びとがそのように正確な叩頭礼拝はしないといわれる［Dolittle 1966: I-258］。こうしていろいろと事例を比較してみると、浙江省湖州の例［婁 一九六七：八八］を含めて、おおかた祭祀の手順は頭崙の祭祀術と似ていることがわかるのである。ただこうした祭祀のプロセスは、その項目ごと、動作ごとに置換が可能であること、および同項目内の変形が可能であることは儀礼過程の特徴であり、事例のそれぞれが祭祀術の特徴を示しているといえるだろう。

八　さらにつづけて祭具から

通説には祭祀対象物までを含めて、線香、神位「燈座」、香炉、金紙（紙銭）、爆竹その他の祭具が掲げられていた。これら祭具（祭祀対象物や装飾も含めて）は、人間界をとりまく神霊に対する祭祀術を規定づける重要な道具である。線香の種類、爆竹の種類は、みな神霊の質的相違に対応している。しかしここでは比較の資料が限られていることでもあり、主として紙銭（冥紙）に絞って類例をあげることにしたい。

神霊に対する祭祀術を区別する記号の一つに紙銭があることは、幾人かの学者たちによって指摘されてきたことである［鈴木　一九三四：五五―五六、Wolf 1974: 179-180; 李　一九七八：一二九―一三〇、末成　一九七八：三九ほか］。諸神諸霊に、さまざまな目的で贈られる紙銭には、一般的な区別として《金紙》と《銀紙》とがあり、《金紙》は概して玉皇上帝や諸神明に、《銀紙》は祖先（墓）や鬼魂にささげるものとされている。しかし紙銭はこの二種にかぎられることなく、実際には一〇種にあまる種類があって、これを神霊界の序列に応じて使いわける習俗が中国各地にみとめられるのである。たとえば玉皇上帝への紙銭は、盆金、天金であるとされたり［李　一九七八：一二九］、さらに細かく、天金、銅紙、壽金、福金、割金があると［Wolf 1974: 179］主張されており、それらの紙銭をなぜ特定の祭神、諸霊に捧げるかの祭祀術の違いも、地域ごとに定まりがあるようである。

頭崙には、《金紙》の範疇に属するものとして大きな紙銭から順に、「斗金《チウキム》」「財子壽《ツォイツウスウ》」「天金《テンキム》」「尺金《ツァツキム》」「金《キム》」「九金《キウキム》」があり、そのうち天公に供することが可能なのは「斗金」「天金」「尺金」「金」であるとされ、ことに「斗金」は欠かせない。ただし正月九日の玉皇上帝誕生祭など、あきらかに天公を中心に祭祀を行なわねばならぬ際には、「斗金」だけで十分意を尽せるといい、ヴァリエーションとしてさらに家ごとに、他の金紙を用いているのが通例である。しかし天公祭祀には、頭崙ではいかなる行事でも《銀紙》を用いることはない。したがって台湾の湖口では、祭祀の必需品として「金紙《キムチイ》」のみならず「銀紙《ギュヌチイ》」もまた、他神とかわりなく用いるといわれているが、頭崙村民の感覚からすれば、おそらく信じがたい例であろう。ただし湖口のような例も、他地域においてみとめられるようで〔窪 一九七七：八〕、祭祀術の違いを閑却視することはできない。

さらに台湾省北部にある三峡の例では、先に例にあげた天公へ捧げる紙銭のうち、福金、割金は、従神に捧げるものであって、実際には天公そのものに供する紙銭ではないとしているが、〃銅銭〃は近年に逝去した先祖に捧げる紙銭であると同時に、天公に対しても捧げうるものだとしており〔Wolf 1974: 180〕、天公への紙銭がなにも《金紙》だけにかぎらないことを示している。これらがもし事実だとすると、金紙のみ、金紙＋銀紙、金紙＋銅銭の三類型をみることになる。

また、通説では祭卓に「燈座」を安置すると説いている。頭崙では類例はまったくみられないが、台湾省中西部の鹿港鎮では、玉皇のシンボルとして正庁に、紙製の神像を画いた筒ようの〃燈座〃を、この日安置して祀っているようである〔窪 一九七七：三九〕。さらに装飾や供え物として金紙に類する飾りを施す例もあり、士林では門に黄色の高銭《コオチイ》（紙銭の一種）をつるし、さらに大壽金《トウジュキム》と称する紙を船形につくり、他の金紙とともに並べて祀るという報告がある〔潘 一九四一：八〕。

その他祭具については形状、数量、彩色などの属性が、神霊界の存在に対応して分別されるはずであるが、比較検討する材料にこと欠いており、これ以上の比較検討を進めることができない。今後の研究の深化がまたれるところである。

九　おわりに類型分布から

最後に通説に説かれているように、天公信仰は果たして福建・台湾に厚いのかどうか、旧正月九日の玉皇上帝誕生祭がどの地域に信仰されているのか（あるいは近年まであったのか）ということに関し、この誕生祭および祭日に関連する他の例をも含めて、まずは祭祀術の類型を設定し、類型ごとの事例を比較検討してみようと思う。

これまで民歌にうたわれているといわれる、「初九天公生」の具体的な内容の異同について、比較検討を行なってきた。その結果、通説とはかなり相違して、どの項でもヴァリエーションのあることが判明した。ただし、いままでの例はみな、「初九天公生」（正月九日に天公を祀ること）ということでは同様であった。そこでこれら諸例を一括して第一類型ということにしてみたい。第一類型に属する地域は、したがっていままであげてきたように、台湾省南部・中部・北部のほぼ全域に及び、さらに福建省（福州・漳州・南部）、浙江省（湖州）にも及んでいる。廟内祭祀の例をも含めると、江蘇省（蘇州）、貴州省や東北各省にも及ぶことになる（註［2］参照）。

このように道教系寺廟での祭祀を除けば、通説どおり、ほぼ福建・台湾両省にかぎられる傾向のあることがわかる。したがって一説ではこのような分布傾向をつぎのように示唆している。すなわち「玉皇上帝誕生祭とは、そもそも中国古代の敬天思想の遺風であって、すでに中原北方の各省では廃たれており、わずかに、南方の福建・広東・台湾の各省に、いまだ存在しているにすぎないのである」［林 一九七五：一三七］と。中国古代の遺風であるのかどうかにわかには賛成しがたいが、ともかく南方各省に事例は偏重している。そのような分布傾向を、より確実に把握するため、第一類型と関連はするが、その内容の異なる他類型をここに設定してみる。

第二類型としては、この誕生祭を旧正月九日以外の祭日に実施している型、第三類型としては、旧正月九日は祭日や休日として何らかの意味はあるが、玉皇上帝誕生祭は実施していないという型、そして最後に第四類型として、旧正月九日は祭日でも祝日でもなく平日であり、また玉皇上帝誕生祭も実施していないという型の三つの類型を設けて、その実態を比較してみる。

第二類型の例としては、事例は少ないが、たとえば福建省厦門の「祀上帝」が、その好例であろう。この地域では正月六日から各郷で道士を招き、祭壇を設け、正月と同様にふたたび上帝を祀るといわれる。月日は郷ごとの従来からある習慣により定められていて、祭りでは牛・羊などの豊かな供物を陳《なら》べ、また演劇も三日間行なわれ、大へん賑やかなようである。正月六日は元来休日としてふさわしい日であり、この日以降毎日遊興の日が続き、元宵の日に至るという［婁 一九六七：九］。

第三類型の例はかなりの地域にみとめられる。広東省潮州では正月九日は天地の生日であるといい、この日の早朝天地父母を祀って家々で拝祝するという。なおこの日は地面に水を零《こぼ》してはならぬ日であるとされ、水を零すと金銭をかせげず水災にもみまわれるという［婁 一九六七：五〇］。安徽省壽春では、この日は「迎九娘」の日であり、婦人たちが集まって九娘神を迎え、作柄判断、運勢判断、財運判断を神にゆだねるという［婁 一九六七：一一〇］。四川省江津では、正月九日から一六日まで牛王を廟内で祀り、燈会をもよおすという。道士を招いて道場でも祭典を行ない、燈杆をたてる。一六日が近くなるにつれて龍燈祭が盛大になり、最後の三日間で頂点に達するという［婁 一九六七：一六〇］。貴州省貴陽では、この日を「上九」といい、この日から店舗はみな営業を再開し、仕事にもどるという［婁 一九六七：一七四］。四川省成都では、やはりこの日を「上九」といい、来たるべき元宵を祝うために、龍燈の遊びや龍燈をかけつらねる最初の日にあたっていて、街は賑わいをみせるという〔永尾　一九七一：Ⅱ―二七一〕。湖南省ではこの日、親戚どうし正月に年頭の挨拶に行けなかった人びとが往来して、年賀を述べる風があるといい、また湖北省では九日を「破九」といい、仕事再開の日にあてるという〔永尾　一九七一：Ⅱ―二七三〕。陝西省商州では、この日閾《しきい》のところで穀物に灸をすえると人は災難をまぬかれ、五穀は豊かに倉庫に満ちると称して、盛んに灸をすえる風があるといい、また東北地方ではモチアワを蒸して団子をつくり、夜間団子を穀倉に入れ、小碗に燈火を灯しておくと、一年中穀物がへらないという信仰があるという〔永尾　一九七一：Ⅱ―二七〇〕。

以上、このように第三類型の諸例をつぶさにみてみると、かなり地域差の顕著な行事内容が観察されるが、禁忌、将来の判断、道士による祭典と燈会、正月行事と元宵祭（一月一五日前後）の双方の接点としての行事内容、そして農耕儀礼に関する俗信など、第一類型の地域にも、旧正月九日とはかぎらないが、新春の一連の行事としてみられるような類例が看取できるのである。第三類型が第一類型とそのコンテクストにおいて、置換／変形が可能な意味成分を帯びていたとしたなら、祭祀術の比較研究はさらに興味深い行事の体系分析へと、進展してゆくことになるであろう。

しかし第四類型ともなると、資料の質が異なり、誕生祭の存在を否定するか、報告記載のない例をあげねばならない。まず北京周辺にはみられないようであり〔たとえば、郭　一九三六：一―一三、直江　一九六七：八六―八七〕、北方各省には報告がない〔永尾　一九七一〕。くわえて香港にもみられず〔OSgood 1975: II-873-874〕、また広東省その他の現代の大陸中国にはみられないようである〔Jan 1976: 103-104; Parish & White 1978: 278-279〕。といって台湾省内でも実施されていないところがあり、たとえば台湾東北部の亀山島には報告例がみられない〔王　一九六七：九七―一〇二〕。〝ない〟という例はおそらくさらにもっと各地に出てくるはずであるが、〝ない〟所以は代々昔からなかったか、社会変化によって消滅したかのいずれかであり、その程度の推測が成立すれば、それでよいであろう。意図をもった宗教体系の変革によるならば、この誕生祭はまず第一に消滅するであろうが、そのような理由を除けば、前述の指摘にもあったように、北方各省ではかなり以前から存在しなかったという推測も成り立つのではなかろうか。ただし、香港や台湾省内でも〝ない〟地域があることは、注目してよいであろう。それによって誕生祭および天公信仰は、漢土南方に濃厚ではあっても、全国津々浦々にも及ぶほど強力な行事や信仰ではないのではないか、という推測もまた成り立つからである。それは窪徳忠も指摘しているように、道教信仰の中心のひとつであるとされる天公信仰とそれにもとづく祭祀術はじつは、あくまでも〝道教〟なのではなく、漢民族の日常性に根ざした〝民間信仰（民俗宗教）〟である所以によっている［窪 一九七七：三八―四〇］。

一〇　民俗宗教の発露――結語として

馬淵東一教授は、かつて論文のなかで興味ある指摘をされておられた。それは琉球沖縄の近代化についての一節である。永年の間、琉球住民は、中国・日本本土双方の文化的影響のもとに生活してきたが、それでも、地域的差異に満ち満ちた琉球固有の文化は、かなり近年まで残存し、周章狼狽を生じながらも、近隣文化の伝播が結果的に（固有の文化との）文化的融合を招来することになったというのである。それは、琉球住民が驚異的な融通性をもって、外来の影響に対し適応することに成功したからであり、だからこそその結果として、こんにち琉球にみる近代化というのは、きわめて速やかで包括的であると同時に、また多元志向的なのだというのだ［馬淵 一九八〇：一七］。この指摘は琉球沖縄のみならず、また中国の民俗宗教、とりわけ漢民族の《玉皇上帝誕生祭》に、そのまま適用しうるであろう。

天公信仰の発生・成立・普及については、窪の指摘にしたがえば、玉皇大（上）帝の名は唐の元稹《げんしん》の詩のなかにみえているので、信仰の成立はおそくとも九世紀のはじめごろであるといい、玉皇の信仰が確立したのは、北宋の真宗のときであるとされる〔窪　一九七七：二四八〕。中国古代からあった神仙思想を多くの宗教者たちが創造・普及・確立してかたちをととのえ、歴代の王朝もまた教義をみとめて、道士その他の宗教的職掌者たちが、天公信仰を含む道教の布教につとめたであろうことは、この種の概説書の語るところから容易に想像できる。しかし永年の中国宗教史のなかで、民衆がこのような布教による道教を、あるいは宗教教義を、どのように受容したかの過去は瞭然としない。おそらく琉球沖縄とおなじように、国家的宗教の受容は、地域的差異に満ちた民衆の信仰生活を前提に行なわれなければならなかったであろう。そしてこの大伝統《グレート・トラディション》はまた、人びとの驚異的な融通性のもとに受容されたであろう。こんにち、この道教の極尊が道教のみに留まることなく、儒教はもとよりのこと仏教や斎教、あるいは地域や人びとによってはキリスト教やイスラム教を信仰するところでも、至上至高の神として君臨し、諸神諸宗教をゆるやかに統轄する統一神として存在している事実〔Doolittle 1966: I-257; Hsu 1948: 139-140; Yang 1961: 150; Jordan 1972: 40-41; Wolf 1974: 142-143〕をみても、それはあきらかである。あるいはまた逆に、道士その他の宗教者の布教活動の甲斐もなく、天公信仰は地域の寺廟にのみ留まった地域もあることであろう。

宗教にかぎらず、政治・法・経済その他の側面でも、表面では画一的な社会生活をおくっているかのごとき漢民族の伝統的な生活も、宮廷や政庁の側からではなく、民衆の側からうかがいみるとき、そこにはまさに多元志向的な生活体系が、厳然として存在しつづけていることを、われわれは発見することであろう。それは単に《玉皇上帝誕生祭》における民俗宗教のなかに瞭然として存在しているだけではなく、漢民族全体の民俗宗教の発露そのものにおいてもまた、白々たる事実だというべきではなかろうか。

［1］本節のもとになった原稿は、複写して数ある専門の諸先生にお読みいただいたり、直接疑問を質したりした。おかげにより参考とする書籍の価値や中国各地の類例やわたしの認識の誤りなどについて理解することができた。お礼を申しあげたいが、紙数の制限もあり、本書における謝辞は割愛し、別掲の論文にて御礼申しあげた［渡邊 一九八二］。なお本節の諸例は年代に百余年のバラつきがあることは、参考とする資料にかぎりあることにもよっており、あらかじめお許しを請う次第である。

［2］廟内祭祀の例は通説にはふれていないので、本文にはふれないが、かなりの地域差がみられる。福建省南部では、正月九日の天公生の日に道士や和尚を頼んで経を吟じてもらい、賑やかな祭典があるようである［婁 一九六七：一六］。道士の祭典としてよく例証されるのが江蘇省蘇州の正月九日の神誕祭である。当地ではこの日、玄妙観の道士たちが三清殿に道場を設けて経を誦むといい、これを「齋天」と称するという。願かけの参拝客は多くここに参詣して焼香し、あるいはまた穹窿山上の真観に赴いて進香する人もあるという。これを「焼天香」と称する。また三清殿での参拝は、自分の家族たちの生年干支にしたがって、それにみあう星像に焼香跪拝するようである［永尾 一九七一：Ⅱ―一六九ほか］。蘇州の例は、いずれの例よりも道士や参詣者の祭祀対象が多く、また特定の神像を拝む風も特異である。廟内祭祀は南方諸省ばかりではなくひろく中国国内にみられたようで、貴州省では、正月九日を「上九日」といって、玉皇上帝の誕生を祝い、どの寺廟でも玉皇会を営む［永尾 一九七一：Ⅱ―一七三］。また旧満州でも道教の寺廟では、この日玉皇上帝の誕生を祝って、壇前で黄表を焚いて礼拝し、玉皇の名を三呼し、三拝三叩の礼を行ない、国家安寧、五風十雨、五穀豊穣、災害消滅、罪障免除を祈って衆道士が読経する行事があり［永尾 一九七一：Ⅱ―一六九］、一般民衆はみな廟に詣でて香を焚き、礼拝したという［井岡 一九三九：七］。

第三節　餓鬼の変化《へんげ》とその対応術

一　鬼神莫測――民俗学の異文化研究

戦前において、いや戦後においてもなおしばらくの間は、日本民俗学が扱いうる異文化研究、より正確にいえば異民族文化の研究は、「比較民俗学」の名においてのみ行いうるものだった。桜井徳太郎の「比較民俗論」もまた、この分野の例外を提供するものではなかったし、あえていえば柳田国男の提起した「比較民俗学」を、慎重に踏襲したものだった〔桜井　一九七六：四〇九―四二四〕。「比較民俗学」はかつて主として人類学が提唱してきた「比較人類学」「比較民族学」「比較社会学」などとは異なり、桜井自身が表明しているように、「宗教・生活・世界観を著しく異にする隔絶した地域の異民族」間の比較ではなく、また「表面に現れた現象や要素のみを」性急に比較しようとする民俗学なのではない。「比較民俗学」は相互の民族生活の緻密な調査と検討により、誤まりなく究め尽したうえで比較すること、すなわちそのためには自国文化の十分な調査研究と、他国の民俗学者との交流や他国での相互の十分な調査研究があってはじめて成立する学である〔桜井 一九七六：四一一〕。もちろん桜井の唱えたような「比較民俗学」の方法論に、わたしはまったく異議はない。ただなぜ自国文化との比較にそれほど重要な意義をもたせようとするのかが、わたしにはよくわからない。「比較民俗学」を成立させるためには、比較の相手である異民族の十分な理解が必要であり、十分な理解を推しすすめていくと、たとえば桜井自身が認めているように、日本文化と異民族文化との間に共通あるいは類似した慣行が認められはするが、双方の文化内容のすべてが一致するわけではない〔桜井 一九八〇：四三九〕事実に、当然のこと直面せざるをえなくなる。だから一歩すすんで、かつてアメリカ文化人類学者のR・M・キージングが指摘したように、諸民族文化の「比較」を推しすすめていくと、諸民族文化のちがいよりも、民俗学者の視点のちがいのほうがはるかに大きいという事実に直面せざるをえなくなってくるであろう〔Keesing 1970: 765〕。一民族の民族生活の十分な理解なくしてはもちろん「比較民俗学」もありえないが、それが十分に果たせたとしても調査者の視点というものは無視できるものではない。加えて民俗学者の異文化研究というものも、文化人類学者の姿勢に比べれば、まだ目下のところ異民族理解が十分ではない。さらに加えて悲劇的なのは、〝比較民俗学者〟は、自文化研究と、自文化との比較のための異文化研究という二重の課題を負っており、自文化との比較のできないものは、異郷にあって調査を断念せざるをえないことになるはずである。これでは期待された「正確な」異民族理解が、とうてい果たされぬことになる。

異民族文化理解にあたっては、まず「比較民俗学」も「日本民俗学」も捨ててみよ、というのがわたしの年来の主張である〔渡邊 一九八五：五二六―五二七〕。わたしはここで「比較」のための民俗学が成立しないといっているのではない。比較するかしないかは異民族文化の理解ののちの課題に属することであって、桜井が唱えているように民俗学者が他国に行ってフィールドワークをすべきであるのなら、まずは他国の民俗学の視点から、あるいは異文化理解の視点から異郷生活を十分に理解吸収すべきであって、それが日本民俗学にとって無益な結論に至ろうとも、十分にその成果を容認しうる民俗学を認めるべきなのである。そこに何々民俗学という個別的な形容詞をつける必要はないし、かつて柳田国男が望んだような「世界民俗学」などという、日本人独特の枠組を設ける必要もない［渡邊・小田 一九八一：二〇―二三］。異文化は異文化から理解するのだということのために「民俗学」の名を用いることに、わたしは何のためらいもないし、わたしがたとえば直江広治のように、「中国民俗学」の研究者であることに、むしろ重要な意義を覚えている。中国では漢民族研究を行う者は、人類学者であるというより民俗学者である。わたしは自称「人類学者」で、中国国内に入ると他称「民俗学者」になる。しかし本節はこの〝他称〟のために民俗学の論文を公にするのではない。久しく民俗学の名において研究されてきた対象が、「民俗知識《フォークロア》」にあるがためである［林 一九六八：一］。すなわち、本節の目的は、比較研究のためではない、漢民族社会そのものの民俗知識の理解のてがかりを、〝鬼《き》〟の観念を対象として探ることにある。ここにいう「民俗知識」とは、日本民俗学が久しく研究対象の一項としてあげてきた「平民の旧知識」なのではなく、「話者一般の知識」である［渡邊 一九八六a：四―五］。ただし台湾漢民族社会の場合、話者がどのような立場の話者かによって知識の差が少なくはなく、R・P・ウェラーが議論の枠組に用いたように、民間大衆の知識、宗教的職能者の知識、知識人や官吏などのエリート層の知識に分けうるとすれば［Weller 1987: 14-21］、民間大衆の知識をして民俗知識の代表とするのが、民俗学の視点であり立場であろう。

異民族文化の民俗学研究は、中国の諺のごとく「鬼神莫測」、すなわち人智も神霊界の認知も及ばぬ奇怪な謀りごとでは決してない。世にこうした「民俗知識」のあるかぎり、民俗学をして唐・天竺までと、世界認識の垣根を設けることもまたないであろう。いまだ推量の多い文化伝播や文化受容の問題にこだわることは、異文化理解の目的ではないからである［桜井 一九七六：四〇九］。こうした自由な視点から、台湾の鬼に関する民俗を挙げて例とし、異文化理解の民俗学の一助とし、あわせて民俗学の立場から文化人類学の台湾に関する先駆的業績を俎上にのせて、少しく検討を加えてみたいと思う。

二　鬼有所帰即不為厲——鬼供養と民俗観念

台湾における鬼とは、いったいどのようなものであるのか。それを理解するための具体例として、ここでは台湾南部にある客家《ハッカ》系漢民族の村落の一つ、頭崙村の家庭行事の例をあげることにしよう。儀礼を通して台湾の人びとが鬼と交渉するいちばん代表的な例は、旧七月に台湾各地で実施されている「中元節」の行事であろう［渡邊 一九八六b］。この地ではこの行事のことを「七月半《チギャパヌ》」［1］とも「鬼節《クイツェ》」とも称して行なっているが、この行事の内容についてはいくつかの報告もあり［たとえば鈴木 一九七四：一九七—二四二、植松 一九八〇：六〇—八一など］、本節では鬼に対する対応術について考えるため鬼供養に関する儀礼、とくに「敬好兄《キインホウヒュン》」について簡単に紹介しておきたい［2］。ここに紹介する「敬好兄」の儀礼は、毎月旧二日と一六日に各家庭で実施しているもので、とくに工場経営者・商店経営者、あるいは養豚業者など、概して顧客相手の事業経営を行なっている家々が実施するものである。「中元節」のように、すべての家々が一勢に時期を定めて実施するような儀礼ではない。台湾北部の三峡では、月二回のこの日の儀礼には、おなじように事業経営者が家庭の神がみを礼拝するようであるが［Weller 1987: 30］、この村落では祖先への礼拝をふくめて家庭の神がみに対する拝みは、前日の旧一日と一五日に行なっている。

毎月二回の鬼供養、すなわち文字どおり〝施餓鬼〟の儀礼の基本的な内容は、毎度実施するどのような時期をとってみてもかわりはない。そのことを示すために、あえてここでは冬と夏のまったく季節のちがった時期に行われた「敬好兄」儀礼の例を掲げて、鬼に対する対応術の特徴をあきらかにしてみたい。

この儀礼で祀るべき対象はその〝実名〟を「餓鬼《ゴオクイ》」といい、あるいは「野鬼《ヤアクイ》」という。しかし生活のあらゆる機会に、会話のうえでこの〝実名〟を用いることを、人びとはつとめて避けようとする。人びとの説明では、乞食に対して「乞食」とは名指しして呼ぶことを避けるように、この〝実名〟は第一に呼称ではないからである。かつまた〝実名〟を用いないことのより重要な点は、〝実名〟を用いることによって鬼に報復されることを、人びとは最も懼れるからである［Wolf 1974: 170-171］。したがってあたかも〝敬称〟にも等しいかれらに対する呼称は、「好兄好弟好姉好妹《ホウヒュンホウティホウティホウモエ》」である。この長々しい呼称には略称があって、「好兄好弟《ホウヒュンホウティ》」とも「好兄弟《ホウヒュンティ》」とも唱えることが可能である。すなわち人びとの心理上の名実は相反していて、呼称に用いられるその意は「好い兄弟」となっている。〝好《よ》き仲間〟として鬼を定期的に祀っておれば、鬼はむやみに危害を加えまい、という慎重にして畏怖の念がこの対応術にある。しかし「好兄弟」と呼ばれるこの餓鬼は、特定の祀るべき人間をもたぬ霊で、死者の霊ではあるが墓に埋めるべき遺骨をもたないとされている。またこの霊は地下にある陰界にいるが、したがって人間界（陽界）に彷徨しやすく、彷徨しながら人間に危害を加えるものと考えられている。陰界のきわだった特徴として、陰界では絶えず人間界から食物をはじめとする〝生活〟資材の供給を受けねばならず、祖先のように子孫がいて定期的な祭祀を行なってもらえば、安定供給も易く霊は不足を感じないが、特定の供給者をもたなければ、霊は飢えに苦しむという受動的な性質がある［渡邊 一九八六c］。〝生活〟資材の供給は、陽界から陰界への一方的な流れに委ねられているので、陰界にいる鬼と陽界にいる人間との交渉は、鬼が人間の生活資材を強奪して飢えを満たすか、それとも人間が慈悲を感じて香奠を手向けるか、二つに一つということになる。ここに紹介しようとする「敬好兄」の儀礼は、後者の交渉手段に基づく鬼への対応術である。

たとえばある年の冬、この鬼供養が、ある家庭において実施された。午後四時すぎ、館内ではあるが房の門前で数メートルはなれた祖堂の壁面角に、祭卓一卓を用意し家の外に向かって祭品・供物を供えるのである。最前列中央には、米粒を満たした罐をすえ、その両端に紅いろうそく一本ずつを刺す。以下手前に向かって酒盃三盃、豚肉片・鶏肉・するめ・ソーセージ（香腸）、それに冬粉（細麵の一種）を入れた角盆一盆を供える。肉はいずれも火を通したものである。こうして供物を並べ終ると、線香を両手にはさみ、上下に振って三拝したあと、一発ずつ爆竹を鳴らしてはまた祈る拝みの作法をくりかえす。そして献酒。このような一応の拝みを終えると、銀紙を焼いてささげる儀礼に移る。銀紙とは鬼にささげるべき冥界の紙幣である。大鍋を祭卓まえにすえてこの銀紙と、鬼にささげるための衣服である「金衣紙銭《●キムイイツウチエン》」とを、鍋に山高に盛って火を放つのである。冥銭と冥衣を奉じて冥界に〝供給〟したあとは、連発式の爆竹を放って厄除けとし、この儀礼を終える。この鬼供養はまた、旧七月の「鬼節」行事とは異なり、家族全員で行うのではなく、夫婦のみで行ってもよい儀礼である。

ある年の夏、このおなじ家庭でまた鬼供養が行なわれた（写真①）。午後六時半ごろ、冬とおなじ場所に祭卓一卓をしつらえ、やはり家の外に向かって祭品と供物とが供えられた。最前列中央にはやはり香炉がわりの、米粒を満たした罐をすえ、その両端に紅いろうそく、手前に向かって茶杯一杯、中央に月餅、その左右両側にそれぞれ、りんご・ざぼん・なし・シャッキャの果物を一皿ずつ四皿が供えられた。米酒は供えていない。夫婦は祭卓をまえにしてそれぞれ線香を手に挟んで三拝したあと、大鍋を祭卓のまえに用意する。やはりこの鍋に銀紙と

「金衣紙銭」とを入れて山高に盛ったあと火を放って、冥界への贈物とする。この〝焼銀紙〟のあとは、やはりおなじく〝放爆竹〟である。

この二つの鬼供養には、供物や儀礼内容の若干の差こそあれ、共通した鬼への観念や儀礼のコードが宿っている。すなわち餓鬼は外界から家々に来訪する霊であり、したがって人びとは〝屋外〟で鬼に対応していること、餓鬼じたいは夜・暗・陰に属する他界の存在であり、したがって人びとは〝夕刻〟に鬼と交渉していること、餓

写真① 鬼除けの家庭儀礼（1980年）

写真② 中元節における鬼祭（1980年）

鬼じたいは個体識別しうる個別名称をもたず、そもそも無名のものでありまた無形のものであって、敬天祭祖に用いる香炉など通常の祭具を用いず、儀礼じたい人びとの観念からして〝無形式〟の祭祀であること、餓鬼じたいは絶えず不足ある存在であって、人びとの提供する祭品は冥銭・冥衣と、臨時的ではあるが「食することのできる」料理された供物や折々のあまりものであること、餓鬼じたいは陰界の存在なので〝銀紙〟を用いること、餓鬼じたいは害意をもつ存在であって、人びとの祭祀目的は〝攘災〟にあること、などの共通項としてのコードである。

台湾における「身近な」〝鬼〟といえば、たとえば以上のような餓鬼である。そもそも漢民族の古書には「鬼、帰する所あれば、即ち厲《れい》とは為さず」〔郭 一九八三：二二八〕とあるという。鬼の帰するところは、すなわち現在でも遺骨の納まるところであり、子孫によって祀られるところである。そのような死後の永住地のない鬼とは、すなわちここにいうところの〝厲《れい》〟、〝厲〟とは「害意のある鬼」のことで、かつて「中元節」をして「厲祭」と称したごとく、毎月供養すべき対象は〝厲〟であり〝厲鬼〟であった。「鬼といえば好兄弟（餓鬼）のことだ」、「有応公（無縁仏）も亡魂（無祀霊）もみな好兄弟（餓鬼）とおなじものだ」、「悪人はみな好兄弟（餓鬼）だ」など、こんにちの台湾社会では類似の性質をもつものをみな〝餓鬼〟と同一視する人びとがきわめて多いが、まさに現代台湾における厲鬼とは、ほぼすなわちこの〝餓鬼〟なのである。しかし無論のこと台湾の鬼は、この餓鬼ばかりではない〔片岡 一九二一：八五七―八六四、渡辺 一九八六c：一四一―一四二〕。餓鬼ばかりではないのだが、しかし餓鬼は他の鬼たちの特徴の多くを併せもっている。そこでこの餓鬼をこんにちの台湾の鬼の代表例としながら、漢民族の民俗宗教における鬼に対する解釈を、再検討してみることにしたい。台湾における鬼とは何であるのか、さらに問題とすべきは研究者側の解釈だからである。

三　鬼使神差——宇宙三界〔3〕の静と動

異民族研究としては先駆をなす文化人類学的な漢民族の民俗宗教研究において、ここ数十年多大な影響を与えてこんにちに議論のおよんでいる説といえば、A・P・ウルフの説であろう。かれは台湾北部にある三峡の小村での調査資料をもとにして、神霊界の特徴をこう指摘している［Wolf 1974: 175ほか］。

中国の神霊界は伝統中国の社会景観の反映である、と称することができる。この社会景観で顕著なのは、第一に皇帝や帝国を代表する官僚、第二は家族員や宗族員、第三は異人《ストレンジャー》・外人《アウトサイダー》であるが、そのなかでもとくに賊徒や乞食である。これらの社会的範疇が神霊界の範疇にもおよんで、官僚は神、宗族の年長者は祖先、異人・外人は危険で賤しき鬼と比定されているのである。神がみの世界は人間界の鏡像である。人間界に官僚機構の冠位あるがごとく、また天上界にも職掌を伴った神がみの官僚機構があり位階がある。神界と人界とはいわば、相互の両界を分かったパラレルな相補的体系をもつ世界なのである。ただし神がみは人間よりも強大な力量を保持しており、具体的には反乱を鎮め、流行病を阻ぎ、鬼や悪者を捕捉し、病いを癒して人びとに〝ご利益〟を与えることが、神がみの最大の能力であり役目である。祖先の世界は、現世では下位世代が上位世代を敬うがごとく、父系子孫とその妻によって祀られる死後の世界である。まさにこの世界は、したがって宗族たる父系一族の体系の鏡像である。子孫が定期的な祭祖をおこなえば、祖先は子孫の繁栄を保証する。ただしこのような宗族の体系に反する者、たとえば夭折者・未婚の女性・子供のない者・他の一族員（他人）・横死した者などはみな、原則上祖先ではなく鬼である。父系祖先とその妻以外の死者の霊は、祖先ではないので子孫に祀る義務はない。だからたとえば、自分の属さぬ他の宗族にとっての祖先は、みな鬼である。神がみの秩序に外れた存在が鬼であるがごとく、祖先の秩序にはない存在は、また鬼なのである。

神や祖先は、人間に利益や保護を与えてくれる尊敬さるべき存在だが、鬼は人間に不幸以外のなにものももたらさぬ、乞食のような賤しき存在である。人間のもつあらゆる病因・事故・不妊症・浪費癖・分裂気質・死因・賭けごとの敗因・事業の失敗・作物の不作などは、すべてが鬼のなせるわざである。このような悪の根源たる鬼界もまた、この世の鏡像であった。台湾開拓期から日本占領前までは、みずからの村を囲う竹垣の外には先住民（台湾では原住民族）がおり、漢民族のおなじ民系でも原籍地のことなる異人が生活していた。法が賊徒や亡命者の手に委ねられたいわば無政府状態のなかで、村外の世界は賊徒・乞食・暴漢らの世界で、かれら異人は村落や家庭に招き入れられるような安全な存在ではなかった。〝危険な存在〟といえばこうしたストレンジャーで、赤の他人であるアウトサイダーといえば〝悪の存在〟であった。鬼の民俗観念は、このような人びとの生活経験から生じたのである。

神：官僚、祖先：宗族員、鬼：アウトサイダーという、現代台湾の文化人類学的解釈の枠組は、こうしたウルフの議論に基づいたものである。神霊界のそれぞれの存在が宇宙三界を分担しあった存在であれば、人びとの儀礼行動も社会的世界における人倫の秩序を反映して、たとえば高位高官には丁重な贈物をおこない、親族どうしは招待しあってともに食卓を囲み、乞食には門扉の外で慈悲をほどこすように、神霊界にはそれぞれ態度をたがえて対応しようとする対応術がある。鬼に対する人びとの民俗観念や行為のコードの束も、こうした〝隠喩〟に帰因した対応術があるのである。

ウルフの指摘は人びとの観念や行為の具体例に対して広汎に適用できる点で、まことに示唆深い。しかしながら漢民族の民俗宗教的世界は、このような静態的モデルで理解できるとはかぎらない。すなわち鬼はときとして神や祖先に変化《へんげ》する。その逆もまた可なりである。祀る者のない霊として他界した死者はすなわち鬼となり、近親者に病いを起こさせて「童乩《○タンキー》」になるように誘導し、霊媒＝童乩を媒介させて崇めさせ、人びとに〝ご利益〟をもたらした台湾南西部の保安における「小神《○シオシヌ》」の例［Jordan 1972: 164-171］、祀る子孫がいないという意味で鬼だったが、生前に慈善をなしたというので遺骸を墓に納めず、屍をそのまま神像につくりたてて、「九天玄女」としてこれを祀っている台湾南部内埔の例［渡辺 一九八六b：一二］、その他鬼が神と崇められるようになった例は枚挙にいとまがない。鬼はまた祖先にも変化する。この例としてかなり知られているのは冥婚であろう。未婚女性の霊は祖先界の成員権の原則からして、生家では鬼であり霊位は暗い別室に安置されることになる。この女霊を人びとの祖先となすには婚家で祀られることが必要であり、したがって現存の婿と〝結婚〟することである。こうして女霊は死後、婿方宗族の秩序に編入され、夫の子孫に崇められることになる［呉 一九七七：一四三ほか］。このような冥婚の例ではないが、夭折した霊は易者や霊媒の判断によって、死因である祖先を探索して上位世代の祖先に〝帰り〟、祖先の霊にもどすという例［Wolf 1974: 148］などもある。

神や祖先が鬼となることも、もちろんのこと少なくはなく、このほうがかえってたやすいことである。人びとがさまざまな事情で、神や祖先を祀らなくなる、あるいは祀れなくなる場合のすべてがこの例にあたるからである。しかしそうではなくとも玉皇上帝に任命されず、天上界の神座に着けないで人間界を浮遊している台湾南部内埔の「野神《●ヤアスヌ》」の例［渡辺 一九八六c］、天上界にあっても位階秩序の底辺に位して、上位諸神への願事のとりなしをしてやるがため、人に賄賂をねだるような三峡および渓南の神がみの例［Weller 1987: 72-73; Ahern 1981: 39-40］など、落魄した鬼にも等しき神や祖先の例もまた枚挙にいとまがないであろう。その他、祀られている存在が神と鬼の両義性をもつ「土地公《トウティクン》」［Wolf 1974: 134］や、廟に祀られている戦役で討死した志士たちの霊もまた、神か鬼かをめぐって人びとの意見をたがえる存在となっている［Harrell 1974: 204-206］。くわえて「鬼節」という、人びとには最もなじみ深い旧七月の行事に祀られる「大士爺《タイスウヤア》」こそは、ここ頭崙村では観音仏祖にあやつられて〝鬼退治〟をしうる〝鬼〟であり、人びとがこの行事の折に〝神〟同様に崇めているのは、神鬼変化の卑近な例である。そしてこの類例こそは、中国国内を超えた漢民族居住地の各地にもおよんで認められるものである［可児 一九八五：一六八、瀬川 一九八五：二八―二九、渡辺 一九八七：一五九―一六四］。

鬼はこうして神や祖先に変化し、神や祖先もまた鬼に変化する。「鬼使神差」という中国の諺にあるように、このような神・祖・鬼三位《み》の変身は鬼の仕業か神のなせる業なのか、民俗宗教の静態的解釈にとっては、まとこに意外なことではあるまいか。ここで理解したい第一の点は、人びとの社会景観の枠組が決して固陋な不変の枠組ではないように、神霊界の諸存在は、宇宙三界を条件に応じて自由に変身しうる存在であることであり、第二の点は神や祖先の世界こそは、この世に秩序あることを前提として、はじめて存在しうるものだということ、いいかえれば静態的モデルを設定して解釈するだけでは、鬼の所在はただ暗箱《あんそう》に封じ込められて解釈されるに終わり、鬼の積極的解釈がえられない、ということである。ここに至れば鬼の解釈にとって必要なのは、むしろ動態的モデルだということになるはずである。

四　人死為鬼――未熟者としての鬼

頭崙村その他の事例からしても、またウルフの解釈からしても、鬼はきわめてネガティヴな存在とかんがえられている。鬼は人に祀られる特定の〝契約〟をもたない。祀るべき特定の人間がいない。陰界への不断の資材供給がない。人間に利益や福禄のなにものももたらさない。姿かたちがない、などなど。だから右の状態がポジティヴともなれば、鬼は神や祖先となることができるし、逆にこのようなポジティヴな存在であった神や祖先が、ポジティヴな条件を欠くのであれば鬼に変化しうることにもなる。

　それでは神や祖先のポジティヴな条件とはなにかといえば、それは時代時代に応じた人びとの生活の秩序そのものであり、望ましき社会体制であり、ルールきわだった社会構造であり、倫理・規範や道徳にうらうちされた位階体系そのものである。これらの条件こそは、鬼の存在を右記諸条件にはずれたものとして、すなわちアウトサイダーとして捉える静態的モデルの根拠となっているのである。社会の構造や秩序あることを前提として、かくして宇宙三界の関係は解釈しうるが、しかしこのような構造や秩序はモデルとしてはじめから設定さるべきものなのかどうなのか。人びとのもつ民俗知識は、このような柔軟性を欠いたものであったかどうか。神ははじめから神だったわけではない。祖先はもともとから祖先であったわけではない。たとえば神の多くは生前、功徳を積んだ人の霊であるといい［Jordan 1972: 169］、くわえて皇帝・天帝に勅封されて天上界に昇った霊であるという［鈴木　一九三四：二二二］。ならば逆に、生前功徳を積まず上帝にも勅封されなかった霊は、少くとも陰界にいるままの祖先か鬼のままだ、ということになる。すなわち神たる資格はあとで、とりわけ死後に与えられるものであって、その前段階では霊は潜在的に祖先か鬼でしかないのである。

　祖先もまた同様である。第三章第三節「死の条件と往生術」で詳しく述べたように、祖先は生前とおなじく死後も仕えるべき子孫をもった霊である［鈴木　一九三四：六ほか］。祖先が子孫をもつには、さまざまな条件がまた必要である。すなわち祖先は父系男子とその妻でなければならない。しかも陽寿をまっとうした者の霊でなければならない。しかしこのような条件が霊にそなわるのは、とりわけ生前の人生過程の後半期からであり、夭折・未婚・異姓・横死・無嗣子はみな逆に、鬼となるための条件に属している。徳のある高位高官に昇格していくことや、婚後正嫡の男児を得て、まっとうに子供が成長することが、社会的世界の人生過程の後半期や晩期であることを想起すれば、世の秩序や構造におけるインサイダーとなるのは、生前の初期に獲得された資格条件によっているのではないことが理解できると思われる。人生の前半期は人間の〝未熟期〟に属しており、未熟期にある生前の人間の霊はみな潜在的に〝鬼〟の資格しかもちあわせていないことになる。社会景観が神霊界の反映であり鏡像であるとすれば、生前の人生過程こそが神霊界の〝変化〟を解く鍵である。人間界に徘徊する鬼こそはなんの変化もなく死に至った霊であり、すなわち生前の〝未熟者〟の霊のことである。逆に神や祖先とは、用意された秩序や構造に、鬼から変化し編入された存在なのである。すなわち鬼とは秩序への編入資格を欠いているがために、どのような秩序にも編入されなかった霊で、人生過程同様に無構造から構造へ、無名性《アノニミティ》から記名性《ノーナリティ》へ、カオスからコスモスへの過程に乗り遅れた存在だったのである。秩序ある内的世界からみれば、すなわち神や祖先の世界と同定しうる人間の内的世界からみれば、あたかも鬼の世界は乞食や賊徒の世界同様に、無秩序かつ反秩序で外界に位置づけられるであろう（図①）。しかし鬼をこのようなアウトサイダーであるとするまえに、「人死すれば（みな）鬼となす」［郭 一九八三：一二八］という、中国古代のモデルを現代に応用してかんがえる必要があるのではなかろうか。現代の台湾の人びとは、自分が祀る神や祖先を鬼よばわりすることは決してない。しかし祖先一般や低位の神がみ一般が潜在的に鬼であり、かつては鬼

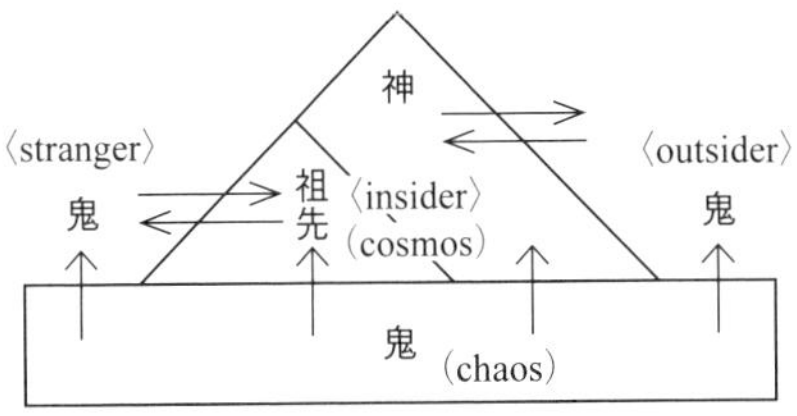

図①　鬼の変化の動態的モデル

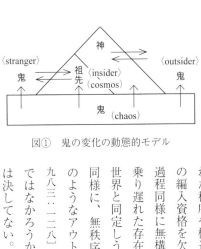

であったことを、知る者は知っていてこれを是認している。自分の祖先は鬼ではないが、祖先一般は（かつて）鬼だったという、一見して矛盾するような人びとの民俗知識こそ、図①のなかで人びとがどのような立場で鬼を看ているかの視点にかかわることでしかないのである。

五　看見鬼三年晦——民俗学における異文化研究へ向けて

わが国で鬼にかかわる「比較民俗学」的研究といえば、すでに鈴木満男［一九七四］や植松明石［一九八〇］の研究が公表されているし、国内においても鬼・妖怪・幽霊などの研究がぞくぞくと世に出ていて、「比較」のための素材に事欠くことはない。だから本節でも、「比較民俗学」とあえて銘うつまでもなく、日台両地域間の鬼の比較研究を行うことは、そう難しいことではない。しかし本節冒頭でわたしが唱えたように、異文化研究の民俗学はなにも「比較」のためにあるのではないこと、本節ではむしろその点を強調して論を結びたいのである。

鬼に対する台湾の人びとの民俗知識は、もとより本節のようなかぎられたスペースで述べつくされるようなものではない。しかしどのような鬼が台湾に棲息していようとも、おおかたわたしの提示した動態的モデルを用いて解釈しうるように思われる。すなわち、人びとの鬼に関する知識はウルフの解釈によるような静態的モデルをうちに含むのみならず、また鬼の動きをも十分に視野にいれた知識だからである。しかしこと鬼に関しては、先にも述べたように多くの人びとは、あまり口に出して語りたがらない。「怪力乱神を語らず」である。にもかかわらず文化人類学者、とりわけアメリカ文化人類学者は、漢民族の民俗宗教を理解せんとするがために、ことさらこの鬼を語りたがる傾向がある。民俗宗教の解釈のために鬼を焦点とすることは、止しいというより欠くべからざる題材であることは、わたしも十分容認したいと思う。しかしこと鬼に関する、話者の言説に委ねられたかれらの資料は、全体として断片的であることもいなめない。けだしそれは、鬼に対する話者の感慨と対応術を反映しているためであろう。人びとの脳裡に鬼のイメージは十分に備わっているだろうが、言説にあらわれた鬼は、断片を伝えるものにすぎないのである。すなわち鬼は調査対象としてそうたやすく理解できるものではないが、人びとの鬼に対する知識は生活のなかでも枢要な位置を占めており、断片的で矛盾の多い人びとの言説だけから得られる民俗知識より以上の内容をもった存在なのである。

鬼に関する人びとの民俗知識は、わたしが提起し［渡邊 一九八六a］、のちにウェラーが台湾にみいだしたように［Weller 1987］、知識の実用的性格、いいかえれば〝実用的知識〟に委ねられたものである。人びとの生活経験にうらうちされた知識は豊かで際限がないが、逆にこの知識には非経験的な神学上の終末観がない［Jordan 1972: 37］。人びとの実用的知識は、たとえば卑近な来訪する餓鬼に対しては豊かで、類例別種の村落近傍に潜む鬼の認識もまた人びとの異常経験にうらうちされたものだが、それら鬼たちへの認識には相互に矛盾もあるし、相異なった知識の併存が可能であるという特性をもつ。しかしそこには矛盾を統一し、個々の知識を統合するようないわば〝鬼の神学〟、わたしのことばで言いかえれば〝象徴的知識〟［渡邊 一九八六a］たるものがないのである。このような民俗知識の特性に対しては、多くの文化人類学者たちの調査研究に困難といらだちを与えるであろうが、民俗知識の研究に専心しようとする民俗学者たちには、それが所与の知識上の性質であって、この当然の状態に困難やいらだちを覚えることはないであろう。民俗学者こそは民俗知識の性質そのものを知ることなしに、たとえば台湾の鬼が語れないことを知っているからである。わたしが動態的モデルを示すことができたのも、たんに言説のみによらず容易には語りえない民俗知識の内容を知りえたからである。

たとえば鬼の条件を十分に備えた祭祀の対象を祀りあげてみたところ、家族の不幸が解消されるという〝ご利益〟を得れば、それは人びとにとってもはや神であった。鬼の民俗観念＝信仰と、鬼に対する祭祀行為＝対応術とは、台湾ではD・K・ジョーダンの指摘したようにズレがある［Jordan 1972: 171］。そもそも鬼が変化を予定されている存在であることを、人びとが無言のうちに示している証左である。観念と行為のズレ、言説の非体系性は、実用的知識の特性であって、決して台湾における民俗知識の例外を提供するものではない。異文化研究者に期待された、言説や民俗知識における釈義的意味を知ることが民俗学の中心的課題なのではなく、そもそも民俗知識とはどのようなものかということを、まずあきらかにしていくことが、異文化研究の民俗学にとって枢要な目的とならねばならない。すなわち世に〝民俗知識〟のあるかぎり、この種の民俗学研究は大いに奨励されねばならぬ所以である。

さてわたしは民俗学者として、かつまた人類学者として、なおまだ今後も異文化研究を推しすすめようという志をいだいている一人であるが、ようやくにして立ち至ったのは、本節にみるような台湾の鬼に関する民俗宗教研究であった。鬼の研究に陥ると、中国の俗諺にあるような「鬼を看たら、三年不運にみまわれる」［王 一九八六：二三九］という警句に、しばし黙考せざるをえない状態に陥ることであろう。わたしの漢民族研究もまたこの鬼の研究のために、三年といわずこれまでずっとその不可思議を考えて来ざるをえなかった。鬼を語らずして、たしかに漢民族の民俗宗教を語ることは難しい。こうしてこんにちまで暗鬱な世界に進入し、鬼界への疑懼《ぎく》を晴らさねばならなかったが、日本民俗との比較に惑わされず、宇宙三界の截然たる全貌を仰視してきたこと、これがわたしのこれまでの夢であり研究目的だったものである。

［1］ルビの語頭に●印をつけたのが客家語、○印は閩南語であることを示す。

［2］はじめは「台湾鬼魂考」と題し献呈論文用に考えていた。しかし本節は同種の目的で完全に稿を書き変えたものである。

［3］アメリカ文化人類学者たちが主として議論の枠組に用いてきたのは、本文中にもあるように〝神明《ゴッド》〟〝鬼魂《ゴースト》〟〝祖先《アンセスター》〟という宇宙三位の存在だった［i.e. Jordan 1972; Ahern 1973; Feuchtwang 1974; Wolf 1974; Weller 1987 ほか］。しかし本節にいう〝宇宙三界〟とは、人びとの認識している神・祖先・鬼および人間の〝生活〟する世界である。すなわち宇宙三界とは「天庭《●ティンティエン》」＝天上界＝神界、「陽間《●ヨンキャン》」＝地上界＝人間界、「陰間《●インキャン》」＝地下界＝祖先界・鬼界をいう［関 一九八一：一八〇、渡邊 一九八六c］。ただし本節ではとくに説明のない場合、陽界＝人間界、陰界＝主として鬼界、神霊界＝神界・祖先界・鬼界を表わしている。

第四節　神・祖先と人の交流　台湾客家人の正月

一　台湾の正月、すなわち「過年節」

日本で「正月」といえば、年が明けて以降の一カ月を意味し、新年の行事をも意味している。しかし台湾では、これに相当する語は一般に「過年」であり、その行事を「過年節」という。日本語に訳せば「越年祭」だろう。台湾では日本のように歳末と正月を大きな行事の単元として区別せず、それらを一つの行事の単元とし、全体を「過年節」と呼んで認識している。したがって本節では、第一に台湾の人びとの認識にあわせて、歳末の正月準備から大晦日の行事、そして新年の行事へと至る一連の活動を紹介しようとする。

第二に本節では、台湾の正月（過年節）を、台湾南部の客家人の例をあげて紹介する。一言で台湾の正月と言っても、漢民族には閩南人と客家人、それに後年大陸から渡来した外省人がいる。漢民族以外にもさまざまな先住民が生活していて、正月行事一つを取ってみても民族・民系ごとに、また同じ民族・民系でも地域ごとにじつに多様だ。しかし本節では台湾の正月の多様性を理解するより、台湾の正月の概括的特徴を時間を追って紹介することに努めた。だから用語の読みは、本節では記号をつけず、すべて客家語である。なお台湾では正月行事は「農暦」(旧暦)で行われており、文中の行事日はすべて日本で言う旧暦である。

第三に本章「宇宙三界との交渉術」の交渉例として、本節を設定したことである。前節までは宇宙三界の〝存在〟に焦点をあてて、神・鬼の例を紹介してきたが、本節では行事＝儀礼のプロセスに注目して宇宙三界それぞれの〝存在〟に対する交渉術や対応術のちがいを、時間を追って紹介してみたいと思う。

二 正月の準備

旧暦一二月二五日は客家人の間では「入年仮《ニムニェヌカア》」、すなわち過年節入りだとされる。この日の前後から正月準備を始めるという節目で、準備の目安とされている。

塩漬け食物の準備、供物の作成と歳末の買物

「入年仮」前後には、各家庭で正月料理に欠かせぬ「灌腸《コンツォン》」(豚の腸詰め)や「猪胆肝《ツウタヌコヌ》」(豚の塩漬けレバー)作りが始まっている(写真①)。これらの食物は旧一二月の別名「臘月」(塩漬け食物の月)に因んで、自家製が好まれる正月食品だ。だから人びとは、早くから豚肉を塩漬けしては干す作業を繰り返す。こうしてまずは各種の塩漬け食物が整えられる。

神や祖先への供物として重要なのは、「甜粄《ティアヌパヌ》」(甘餅)と「醱粄《ポパヌ》」(米粉製カステラ)だ。これらも家庭で作ら

写真①　塩漬けの食物の作成。豚の腸詰めを干す（1979年、本節は以下同じ）

写真②　行商人から正月用の豚肉を購入

れるが、塩漬け食物とは違い「入年仮」前には作らない。塩漬け食物が旧一二月の食材なのに対して、甘餅と米粉製カステラは正月の神・祖先用供物だからだ。甘餅は餅米に砂糖を加え鍋に入れて蒸した餅で、鍋の大きさに仕上がる。これをそのまま供えるが、正月三日以後、食べるには切って食べる。米粉製カステラは粳米《うるちまい》を機械で砕き水で練って酵母を混ぜ、小椀に入れ蒸して発酵させた供物だ。南方の漢民族に広汎な「年糕」（正月餅）はあまり作られず、間食用に用いられる。

正月用品の買物を「弁年貨《ペヌニェヌフォオ》」という。人びとは正月飾りや儀礼用品、供物や食品、新しい日常品を、街に出て買い求めようとする。品々を売り歩く行商の姿も見られる（写真②）。正月準備の時期に定めはないが、実際「入年仮」以後になると物価は急騰する。こうして、各家々では正月に必要な品物を買い終えておく。

正月用の飾り付け

最も重要な準備は正月用の飾り付けだろう。飾りは実にさまざまだが、その代表例が「対聯《トゥイリエヌ》」と「春聯《ツヌリェヌ》」だ。「対聯」とは細長い紅紙に年賀を表した対句で、門口左右に貼られる。また「春聯」とは「春」「福」「禄」「寿」などの一文字を菱形の紅紙に描き、各戸の扉に貼るものだ。ただし近年の「春聯」は紅地に文字を切り抜いた各種の装飾で、店頭に売られている。台湾では文字を逆さに貼って「倒＝到」（逆さ＝到る）、すなわち「春到」（春到る）、「福到」（福到る）の意味とする家があるが、これは閩南人の習慣だという。

写真③　正月飾りである「五福紅」を貼る

よく見られるのは「五福紅《ンフフン》」「五福符《ンフポウ》」と称する、金字吉語が書かれた紅い帷子《かたびら》だ。これを五枚、門口の上に貼るのである（写真③）。その他帷子を一枚ずつ、墓や位牌祭壇、農機具・自家用車や家畜小屋などに貼る。以前は三合院の集合住宅が多く、その中央に位牌を祀る祖堂があり、祖堂入口に「横屏《ワンピン》」と称する紅帛《こうはく》を飾っていた。家族単位の生活になった現在でも、位牌を安置する「老家」（実家）や各家庭の住宅門口に「横屏」を飾る家が多い。門口左右に「財子寿《ツォイツウスウ》」「門前紙《メヌチェヌツウ》」「長銭紙《チョンチェヌツウ》」などの家業繁盛の印を飾る家もある。

三　歳末の儀礼

大晦日を含めて歳末には、一年を締めくくる祀り納めの儀礼が多い。それだけに人びとが家庭や地域で行うべきかなりの儀礼活動が、歳末に認められる。儀礼対象を大別すれば、神（玉皇上帝と神がみ）、祖先（墓と位牌）、および鬼魂に対するそれぞれ異なった対応術になっている。

墓参ほか

「入年仮」前に行う儀礼に墓参がある。この墓参では、正月飾りを墓に飾るべく供物とともに用意する。また正月間近に葬式を出した場合、四九日分の供養は正月前に済ませ、越年をつとめて避けようとする。結婚式も、日の吉凶を気にせずに済む旧一二月二九日に行おうとする。地位未定のまま越年することを避けるためだという。

竈神の送礼

台所に「灶君爺《ツォウキュヌヤア》」と称する竈神が祀られており、旧一二月二四日がこの神の天への帰還日にあたる。そこでこの日の夕食後、「送灶君《スンツォウキュヌ》」と称して祭卓を用意し供物を供え、家族そろって線香を捧げ紙銭を焼き竈神を天に送るのである。送礼には現地に二様の説がある。一つはこの送礼は竈神の新旧交代の儀式だとする説で、この日旧神が昇天するので旧神に一年の守護を感謝し、大晦日に降臨する新しい神には来年の守護を祈るという。いまー一つは竈神は天の最高神たる玉皇上帝の女婿であり、この神が一年の家族の行状を玉皇上帝に報告し行状の善悪によって来年の禍福を定めるので、竈神の昇天はその報告のためであり、大晦日に同じ竈神が戻るという説だ。

天公の祀り納め

天の最高神＝玉皇上帝を俗称「天公《テヌクン》」という。旧一二月二六日に「還神《ワヌスヌ》」と称して天公への祀り納めがある。この儀礼はまた他の家庭内諸神の祀り納めでもある。儀礼には時間や祭場の定めがあり、旧二六日の午後一〇〜一二時ごろ、庭か路上で行われる。天公の祀りは、対象が最高神なので屋内ではなされない（写真④）。

写真④　深夜に行われる天公の祀り

庭の中央に祭卓を設え、神聖な方角である北に向けて供物や祭具を整える。香炉を中央に、左右に紅いろうそくと花、手前に米粉製カステラ・腸詰め・塩漬けレバーなど自家製の供物や酒盃・濃茶、さらに「三牲」と「五果六斎」を供える。「三牲」とは三種の犠牲で、家庭により豚肉・魚・鶏あるいは豚肉・鶏肉・鶏卵など、種類の異なる肉類を供える。「五果六斎」とは五種の果物と六種の野菜で、正月料理に欠かせぬ数々の食材からなる。儀礼は代表者が行う例が多い。北方拝から南方拝へ、そして天公用祭台＝「天《テヌ》神柱《スヌツン》」にも同じ供物を供えて拝む。終了後天公用の紙銭が焼かれ、爆竹が放たれる。

四　大晦日の儀礼

大晦日のことを「年三十《ニエヌサムスプ》」という。この日は一年最後の日にあたるので、新年正月より以上にさまざまな種類の儀礼が行われる。

地域諸神の祀り納め

大晦日にはまず地域内の諸神を巡拝して、一年間の加護に感謝する儀礼がある。これを「敬神《キインスヌ》」という。巡拝するのは地域内の土地神・廟神などに対してであり、地域によって違うが通常一〇カ所近くに及ぶ。家族の代表者が、三牲・米粉製カステラ・果物・酒などの供物や線香・紙銭・爆竹などの祭具を携え、各所の神前に設えられた祭台に、それらを並べて神を拝むのである（写真⑤）。

祖先の祀り納め

巡拝が済むと、各家では家族全員が祖堂に集まり、祖先への一斉拝礼が行われる。これを「敬祖《キインツウ》」という。このような機会は年に何度かあるが、この日は祖先への一年の感謝と報告を行う重要な機会となっている。それだけに外で生活している者は、この祭祀に合わせて帰省しようとする。祖堂に設えた祭卓には、世帯がもちよった果物・犠牲・米粉製カステラ・清茶・酒盃などが、ところ狭しと並べられる。位牌の周囲には、花や紅いろうそく、酒盃・清茶などが供えられる。こうして準備が整うと全員祖堂入口に並び、一人一人に線香が配られて一斉拝礼が行われる（写真⑥）。拝礼後線香は香炉に挿され、紙銭が燃やされて爆竹が放たれる。

施餓鬼

祖先祭祀が終わるとしばらくして、施餓鬼がある。これを「敬兄弟《キインホウヒュン》」という。施餓鬼も年に何度かあるが、おおかた祖先祭祀と対になっている。ただし時刻や場所は祖先祭祀と異なり、祖先祭祀が昼間に祖堂＝屋内で行われるのに対し、施餓鬼はおおかた夕刻に屋外で行われる。また供物は儀礼食物ではなく簡単な日常食であり、

写真⑤　地域の土地神を拝む

写真⑥　大晦日に家族員そろって祖先へ一斉拝礼

紙銭も銀紙で衣服を描いた紙銭がともなう。儀礼を行う者も代表者だけなどである。

最後の晩餐

日没になると、新年同様の禁忌が課せられる時刻となる。日没から夜明けまでは旧年が終わらず、新年も明けぬ新旧の交錯する時間帯だ。日没からは衣服を取り出してはならず洗濯も禁止、掃除もいけないので、大晦日の昼間に正月三日までの食材準備を済ませ、洗濯も終えて物干竿は壁に立てかけ、掃除も済ませて箒も逆さに立てておく。以前は入浴も昼間にして、新しい衣服に着替えたという。夕食前に日常的活動を終えるのは福を逃がさぬためだというが、こんにち入浴は夕暮れ以後でも許されている。

写真⑦　竈神の帰還を迎える儀礼

この大晦日の晩餐を、「団円飯《トヌイエヌファヌ》」「午夜飯《シャアファヌ》」などという。家族全員、同じ神聖な精進料理を食することが望まれる。料理は神や祖先に捧げた供物を材料としたもので、長寿や招福の意味がこめられている。また晩餐から元旦までの間、老人や子供に「圧歳銭《アプスイチェヌ》」「押歳銭《ヤアスイチェヌ》」と称するお年玉が配られる。老人には長寿を、子供には早く成長するようにとの願いをこめた贈物で、紅い袋にお札を偶数枚入れて与えられる。子供たちはこのお年玉を元手に、正月遊びに興ずるのである。現在でも歳は数え年なので、元旦にみな歳が加えられる。

竈神の還礼

大晦日の夜一〇時ごろ旧二四日に昇天した竈神が帰還する、ないし新しい竈神が降臨するのだといい、台所で竈神を迎える儀礼が行われる（写真⑦）。これを「迎灶君《ニャンツオキュヌ》」という。こうした竈神の迎えは、台湾では一般に正月四日が多いようだ。神前に祭卓を用意して供物や祭具を並べ、拝みを終えたあと紙銭が焼かれるが、火が昇り灰が巻き上がれば来年は大吉だといい、紙銭の焼け方で来年の吉凶を判断する家もある。こうして旧年最後の儀礼が終了すると、やがて新年最初の儀礼が行われる。

五　新年の儀礼

台湾では一般に、時間としての新年は「三更」（午後一一時〜午前一時）に明けるとされる。だから午後一一時に年が明けてよいはずだが、メディアのせいで最近は一般に深夜零時に年が明けると観念されているようだ。しかし新年の儀礼は、「開正」の時刻から始まるのが正式だ。そして「開正」の儀礼時刻は年々の干支によるのである。

新年の祖先祭祀

新年の儀礼は祖先祭祀から始まるが、何時が「開正」なのかは、寺廟の鐘・太鼓の合図によっている。おおかた午後一一時から午前七時ごろの範囲だ。儀礼開始時刻になると、代表者が「開門大吉《コイメヌタイキッ》」などと唱えて、祖堂の門を開ける。大晦日の祖先祭祀とほぼ同様だが、供物や祭具は世帯ごとに並べるのではなく、野菜類・果物類・

写真⑧　祖堂での門付け

菓子類を五列五皿ずつ、米粉製カステラ・三牲・酒盃に加えて、甘餅はそれぞれ奇数個供えるのである。このように供物の種類や並べ方など、通常の祖先祭祀とは違っている。位牌を安置した祭壇には、紅いろうそくや清茶が供えられ紅い電灯が灯される。こうして準備が整うと全員祖堂入口に並び、各人に線香が配られて一斉拝礼が行われる。拝礼後線香は香炉に挿され、紙銭が燃やされ爆竹が放たれるが、大晦日より紙銭の量は多くかつ爆竹も盛大で、まるで市街戦が始まったかのように一帯は爆竹の音で満たされる。

門付けと獅子舞

爆竹を放つころ、門付けや獅子舞が各家を訪れる。門付けは「吹新年笛《ツォイシヌニェヌタ》」などと呼ばれ、笛吹奏者・鉦打ち・胡弓演奏者からなる一団だ。かれらは祖堂内に入ると賑やかに音曲を奏で（写真⑧）、心付けをもらってはつぎの家へと向かう。今度は獅子舞が訪れ、大太鼓・小太鼓・鉦からなる楽隊の音色に合わせて、庭でひとしきり獅子を舞い厄払いを行う。獅子舞の集団は何組かあり、青獅子・黄獅子など色や大きさはさまざまだ。こうして門付けや獅子舞は、おおかた正月の三が日、各家庭をまわっては福を招き厄を払うのである。

屋敷内諸神の祭祀と寺廟参詣

屋敷内の諸神にも拝礼が行われるが、全員が一斉に拝むのではなく、それぞれ個人個人が行う。拝礼は朝・昼・晩の三回、正月三が日続けられる。供物は供えず、拝みと線香を供えてまわるだけだ。拝むのは、祖堂内の屋敷神・祖堂と各戸の門神・天公用祭台、倉庫・家畜小屋などである。また家族全員ではないが、正月期間中、信心にしたがって寺廟参詣が行われる。元旦は観音仏祖の祭日だと称して、朝から観音廟を参拝するなどである（写真⑨）。

写真⑨　ある廟の側殿に祀られている観音を拝む信者たち

年始まわりと妻家訪問

元旦から正月三が日は関係者の家に年始まわりが行われ、街頭に人びとが行き交うようになる。街頭で関係者に会えば、「大家恭禧《タイカアキュンヒイ》」（みなさん、おめでとうございます）、「新年恭禧《シヌニェヌキュンヒイ》」（新年、おめでとうございます）などと、挨拶を交わすのが恒例だった。しかし近年は以前に比べて、このような年賀は行われなくなったようだ。いまでも盛んなのは、正月二日、女婿と妻が子供同伴で、妻の実家に年頭の挨拶に赴く妻家訪問だろう。妻家訪問のことを、女婿は「転外家《ツォヌゴイカア》」「転妹家《ツォヌモイカア》」、妻は「回娘家《フイニョンカア》」などという。姻戚関係はとくに重要で、元旦が地域や父系親族関係者への年始まわりの日なら、二日は婚家への訪問にあてるのである。女婿はこの日のため、前もって「送年《スンニェヌ》」と称して妻方に贈物をしておく。当日は妻方の家で新年の共食が行われる。また返礼に正月三日、今度は妻の両親が女婿の家に年頭の挨拶に赴くこともある。

正月の禁忌

正月三が日は「善行至福、謹慎除厄」（善行に福あり、謹慎は厄除け）などといい、さまざまな禁忌が課せられる。謹慎は大晦日から続いているが、正月三が日が最も厳しい。炊事・洗濯・掃除・着替え・入浴をしてはならず、喧嘩や叱責・悪口雑言・器物の損壊なども謹まれた。しかしこんにちかなり緩和されていて、掃除をするなら内に向かって掃く、つまり普段とは逆に掃くことで済まされる。元旦の食事はとくに神聖で、肉類や動物性食用油を用いず精進料理を共食するのである。

写真⑩　正月に路上に開設される臨時のゲーム店

正月の遊び

禁忌があるのに対し、逆に普段できないが正月の期間中だけは許される行いもある。賭博など金銭を賭しての遊びだ。ゲームへの参加は老若男女を問わず、賭博場や遊び場もまた家の内外を問わず、至る所で行われる（写真⑩）。しかし日本で行われているような、正月の独特の遊びというようなものはないようだ。

後片付けと正月の終了

正月三日から後片付けが始まる。とはいえ正月三日は簡単な後片付けだけで、本格的な後片付けは正月五日頃からだ。正月五日は「出年仮《ツウニェヌカア》」といい、正月期間の終了を意味している。この日祖堂のテーブルクロスを外すほか、供えたままの供物を下げる。「対聯」「春聯」「五福紅」などは、一年中門口に貼っておく。したがって正月三日か五日が正月終了の目安になっていて、この時期から人びとはしだいに平常生活に復帰する。しかし、ほどなくして旧九日の玉皇上帝の誕生祭や旧一五日の元宵祭などがあり、「出年仮」以後はむしろ束の間の平常生活になりやすい。

六　結語——台湾の正月の特徴

以上、南部客家人の過年節を代表例として、台湾の正月行事と神・祖・鬼に対する時期ごとの対応・交渉のちがいを紹介してきた。「入年仮」から「出年仮」までのほぼ一〇日間が、まさに「過年節」なのだ。この期間中の活動はほぼ連続しているが、活動内容を大別するなら、まずは歳末と大晦日に実施される一年の終了の生活と儀礼、および歳末と正月期間中の新年を迎える準備と儀礼に分けられるだろう。一年の終了の生活と儀礼は、さらに日常生活の終了と宗教生活の終了とに分けられる。日常生活の終了で最も重要な活動は生業活動だが、本節の目的から外れるのでここには紹介しなかった。

宗教生活の終了は、対象によって神がみ・祖先・鬼魂・人に四大別できる。神がみに対する儀礼は竈神の送礼に始まり天公・諸神への儀礼と、順を踏むかのように時期を違えて行われ、大晦日に最高潮に達していた。また祖先に対する儀礼は墓参に始まり、位牌の祖先への祭祀に終わる。鬼魂に対する儀礼は位牌の祖先祭祀と対になって、施餓鬼が行われた。そして人に対する儀礼も結婚式から葬式に至るまで、地位未定のままで越年することを避けるため、歳末に儀礼の機会があった。

新年を迎えるための準備と儀礼は、「入年仮」前後から着々と進められるが、その代表例が塩漬け食物の準備、供物の作成や歳末の買物であり、正月用の飾り付けだった。新年の儀礼は、すでに大晦日の晩餐から始まっている。この時間帯こそ、旧年の終了と新年の開始とが交錯した時間帯だからだ。この日、竈神は帰還ないし交替し、人びとにはさまざまな禁忌が課せられて新年に及んでいた。お年玉も多くは大晦日に与えられ、共食物も大晦日の晩餐と元旦は同じ精進料理だった。

新年の儀礼対象は、鬼魂を除く神がみ・祖先、そして人だった。「開正」の時刻から開始される祖先祭祀、祖先と子孫たちを言祝ぐ門付けや獅子舞、そして屋敷内諸神や地域の寺廟の神がみへの参拝など、大晦日から続く謹慎生活のなかで人びとは、改めて神がみや祖先に接するのである。人びとの交際も盛んで、元旦は主として地域や父系親族関係者に、二日目は妻方親族との交際をと、子孫＝人間界のなかでも重要な関係者たちの交際が新年の期間中に集中して認められた。

このように台湾の正月は、一年で天地人三界の交流や宇宙三界との交渉が最も盛んな時期に相当している。「一年之計、在於春」（一年の計は正月にあり）。歳末を含む正月期間は、まさに一年の儀礼の集約期間なのである。

第五章　市場経済化する漢文化と風水術

第一節　中国政治経済下の風水師

一　中国の「表裏」の政治経済と人びとの生活

社会人類学の分野のみならず、最近は国家や民族の政治経済体制と、その影響下にある人びとの日常生活を描く研究が注目されている。自称「数千年の歴史」をもつ中国は、どの時代を描く研究でも、ときの政治や経済が人びとの日常生活に影響を与えてきたことは、なにも近年の研究にかぎって指摘されたことではない。しかしこと中国研究では、むしろときの政治経済体制からアプリオリに民衆文化を描いてきたこと、それが中国研究の伝統であり、いまもって「中国学 Sinology」の多数派を占めている。

しかしときの政府や政府の視点に近い「表」の政治経済学だけで中国が理解できるかというと、これまで中国学は「中国に『風水』あり」という〈発見〉一つできなかったことでわかるように、とかく中国研究は政府の公式見解（すなわち「表」）に左右されやすかった。「上有政策、下有対策」（政府は政策を施し、人民は対策を講ずる）

という中国の諺に示されるように、中国には政治や経済にも歴史や文化にも表裏二様の相異なる側面があるのである。

たとえば「風水」に関しては、中央政府の見解ではいまだ「迷信」で、巷間、そんな活動はないはずだが〈「表」の政治〉、人びとの日常生活のなかでは「堂々と」、かつ人民にとって苛酷な時代だった「文化大革命」の時期においてさえ、風水判断は密かに実施されていた〈「裏」の経済〉。つまりは「表」だけでは、中国の理解にはとうてい至らなかったこと、そこに中国の「裏」をも理解しようとする風水研究があったといえる。むろん国家としての歴史が長い中国の政治経済を知らずして、人民の生活に影響を及ぼしてきた歴史は理解できないが、同時に、ときの政策に対する人民の対策を知らないで、人民の日常生活は理解できないということである。これから紹介する人びとの現代生活は、「表」の政治経済政策の影響を色濃く受けながら、なおかつ「社会主義市場経済体制」の〈裏面〉を利用した、人びとの対策ともいえる日常生活なのである。

二　風水師の活動と市場経済

一九七〇年代晩期、「改革開放政策」が打ち出されて以来、政府の統制経済に従う「計画経済」から、国内外の人びとの需要に従う完全な「市場経済化」に移行したのは、おおよそ一九九〇年代早期からである。以来中国は経済的に急成長を遂げ、しだいに日本経済をもしのいできたことは、日本の日常生活における「made in China」製品の氾濫でもよく理解できるだろう。中国の人びとの日常生活もまた、外資の積極的導入や海外の需要に支えられて急速に収入が増大し、年々購買力が増している。人びとの収入の増大は、自家用車や家電製品の普及をもたらし、住居の改築・購入から墳墓の増改築といった家族的な願望の達成だけでなく、一族の祖先を共同で祀る祖堂（家廟・祠堂・宗祠などともいう）や、地域の寺廟の建設・改修にまで至っている。むろんダム建設、飛行場の拡張、道路・鉄道の建設や改修など、公共事業による社会資本の整備が、いま活発化していることはいうまでもない。

右上がりの経済成長にともなって建設・整備される対象の多くが、また風水師の風水判断対象にもなっていること、それは風水師の行う風水術そのものが、あらゆる建設空間の環境アセスメントになっているからである。中国の風水判断は、むろん「近代」に始まったわけではない。そんな古来の「伝統」技術が「市場経済化」の政策環境の下、形を変えてさらに需要を増しているにすぎない。風水師は個々人のインテリアの改装や住宅建築にともなって、あちこちから判断を依頼され、かつまた地方政府や民間団体による公共・共同事業からも依頼を受けていて、風水判断や鑑定に応じてじつに忙しい。

さて、ここが中国社会の裏面である。地方政府が「迷信」だとして排斥したい風水判断が、なぜ地方政府の「公共事業」にまで及んでいるのか。前者を「表」、後者を「裏」の政治経済学と考えて、理解すればよいのではなかろうか。中国の社会や文化は、だから「表裏」とその「一体」（表裏の一体化）を知ることによって、初めて理解できる対象だと言える。「社会主義（表）市場経済（裏）」という、中国政府のスローガンそのものもまた「表裏一体」なのである。換言するなら、本書の中国（漢民族）理解のキイワードにあたる「陰陽一元論」の現代版こそ、現代中国の国家管理術の特徴だとも言えるわけである。

公には認められていないはずの風水判断の活動。それを「裏」から具体例を知ることにしよう。中国のある地方に、風水師の村がある。かれらの生活は、どんな生業（生活経済）に支えられているのだろうか。

三　風水師の村

ところは江西省南部の僻村。そこに風水師の村、風水村がある。かれらの語る歴史によると、この村は晩唐から五代十国時代にかけて活躍した名望風水師、楊筠松《ようきんしょう》が移り住んで以来の村だという。当時、楊師の弟子に廖・曾二人の弟子がいたが、師匠だった楊一族はいまは絶え、弟子だった廖・曾の子孫である一族が生活している。村の人口はおよそ五〇〇〇人だが主な生業は風水判断で、だから風水師になっている者は三〇〇〜四〇〇人もいるという。その他出稼ぎによる収入が、多数を占めているのである。風水師もまた地元での活動のほか、主として福建省や広東省に出稼ぎに行き、依頼に応じて風水判断をして回っている。外地での仕事が忙しいので、故郷に帰るのは年に一度がせいぜいである。中国では経済成長著しい沿海部への出稼ぎが、ここ二〇年とくに盛んだが、出稼ぎ者が必ず帰る正月にも、風水師は仕事が忙しくて帰れないという。いまはしだいに、風水判断の依頼の需要が多くなってきている時期だからである。

たとえば、ここ出身の風水師で不動産会社の顧問になっている者もいれば、年に一〇〇〇万元（およそ一億五〇〇〇万円）も稼いだ風水師もいるし、株式投資を行っている者もいる。一カ月で一万元（およそ一五万円）を稼ぐ風水師も決して珍しくないという。地方政府からの依頼は公にはないが、非公式には鑑定の依頼があると聞いている。省道・県道などの建設では、必ず非公式に風水判断を依頼されるからである。共産党員からも風水判断の依頼があるという。民間の企業や個人なら、公式の依頼としてそれこそ応対に忙しいのである。

ここ一〇年は、この風水村も華やかな観光地になってきた。しかしここが中国各地によくある「風水宝地」

写真①　風水村の楊公廟（風水師の神）（2003年）

（風水上の景勝地）だからなのではなく、中国でも珍しい風水師の村だからである。だから一般の観光客とは違って、中国大陸や香港・台湾・海外の風水師たちが観光客として、よく訪問している。かれら観光客は、廖・曾一族がそれぞれ楊筠松を神として祀る「楊公祠」（廟）を、参拝するために訪れているのである（写真①）。

　なかには風水を学ぶために訪れる者もあるという。しかし廖・曾それぞれの一族にとって風水術は秘伝だから、他人に伝授することは可能だが秘伝の部分だけは教えられない。風水術は、だから原則として同じ一族だけに教えることが許されたもので、たとえ村が同じでも廖・曾は互いに秘伝を漏らすことはないとされる。また風水師という職業は、代々男子が携わる仕事だった。だから女性に教えることはないし、いまでも風水師のタブーというべきものがある。女性には風水判断の知識を伝授することはもとより、風水判断で大切な羅盤や風水書は触れさせないほどである。それらを入れたバッグさえ、持たせてはならないとされている。

　秘伝を学ぶには、少なくとも三年はかかるという。初め風水の教師は、学生志願者を見習い生として処遇して風水判断の基礎を教え、その間、見習い生の意志や能力や性格などを判断しながら、徐々に一人前になるまで段階を追って教えるのである。しかし正式な弟子になるには、風水師の神＝楊公を祀る廟での儀式が不可欠である。その儀式を経て、晴れて一人前の風水師になることができるのだという。

四　政治経済学ではわからぬ風水術の普及

風水師の活動が、現代中国の「裏」の政治経済状況に支配されていて、いま急速に増えていることは、これで理解ができるであろう。政府の市場経済化政策によってもたらされた人びとの収入増、人びとの収入増によって増大した社会資本や需要、需要対象である数々の建設計画や事業と、それにともなう環境アセスメント=風水判断依頼の増大。しかしそのような「現況」が理解できたところで、われわれにとって相変わらず理解不明のままなのは、「中国ではなぜ風水術のような〈占い〉に、そんな需要があるのか」ということだろう。この点は最近の権力論や資本論、グローバリズムの動きから、移民・難民の研究に至るまでの人類学その他の理論では、決して明らかにはできない永遠の問いなのである。

こんな異文化の理解を、そして他者の知識理解を、促してきたのが現地の思考理解を特徴とする社会人類学だった。万物は「気」からなっており、大地には「地気」が、人には「人気」、そして天候には「天気」があるという発想が、中国には古くから存在した。これらの「気」は、同質とされるモノどうしに対して、人生の吉凶をともなうような影響を与える。住む土地の「地気」が良ければ、人の持つ「人気」にその良い気を受けることができる。だから良い土地に家を建てて、良い気を受け続けることができる家に住んでみたいという願望。こんな発想があるとすれば、良い気を探すことができる「判断技術」が必要になってくる。その専門技術士こそが風水師で、その技術が風水術なのである。

「風水」はもはや中国だけの、あるいは東アジアだけの知識や実践ではなくなっている。東南アジアや南アジアでも風水判断が行われており、はるか欧米でもいま流行している。だから「風水」は、現在グローバルなサービス商品の一種になっている。しかし現代に「風水」のグローバリズムがあるといえるほど、また世界各地で「風水」のもたらす知識や商品価値が、世界の画一化を促すほど普及しているかというと、決してそうではない。すなわち、中国の風水村に住む風水師を日本に招いて、墓地風水を判断してもらうほど、中国風水の市場経済化が、なおまだ日本に及ばないのは、世界各地の「風水」がそれぞれの地域で個性化（価値の多様化）しているからである。だからここは原点に立ち返って、中国における「風水」そのものの個性的な知識を、われわれはまず理解したいところである。

五　事例研究――風水村での学習

ここでは、ある人物の例を追うことによって、風水師の誕生から現在の地位を得て、風水師として活躍するまでになった「現代中国」の例を紹介することにしたい。すなわち、江西省の僻村、通称「風水村」に生まれ育ち、風水師としての学習・訓練を受けたある風水師が、母村を出てから風水市場でどのような活躍をしているか、その後を追った事例である。

すでに述べたように〔渡邊 二〇〇六〕、現代中国の「表」の政治経済体制からでは、風水師の活動はおろか、風水師の活動が中国の市場経済に与える少なからぬ影響について、十分に述べることはできないことは理解できたと思われる。風水判断は、いまもって中央地方を問わず、政府の認可できない活動であり、言い換えるなら「存在」しない経済活動だからである。

しかし実際には、風水師の活動は歴史の流れを絶やすことなく、連綿として続けられてきた。たとえ「文化大革命期」（文革期）といえどもである。最近の中国だけでなく、歴代中国では「表」の政治経済は「裏」の政治経済によって支えられてきたとも言えるのである。この「表裏一体」のシステムこそ中国の歴史のシステムともいえるし、また翻って我が国を見直しても、決して中国だけの特徴にすべきではない歴史的な過去がある。日本では明治初期、「淫祠邪教」の一つとされ禁止された「家相判断」が、その後百年以上にわたって判断され続け、こんにち「風水」の名で、形を変えて再流行している。戦前の日本植民地下にあった朝鮮・台湾でも、風水判断は数々の監視の目を逃れて、連綿と続けられてきた。

本節は、しかし政府の禁令を「破って」活動する数々の「迷信行為」の現実を公開して、東アジア各地の実態を暴こうとするのが目的なのではなく、こと東アジアの政治経済を語ろうとするとき、われわれはかならず、そこに「表裏一体」の現実があることを知るべきだということを、事例をもって示そうとすることにあるし、またその理論と実例の一つを紹介するにすぎない。ただしこの事例では、人権に配慮して必要事項は、すべて記号や仮名で表現することにした。以下の事例は、ＳＫというある風水師の体験にもとづくものである。一人の体験事例を示すことによって、とくに「裏」の市場経済が、公表しうる「表」の政治経済をどのように支えているか、政府統計にも出ていない人民の活力こそが、ときの政治経済をいかに支えているか、読者に紹介することを目的としている。

六　風水術の学習と伝承

SK（当時七二歳）は、現在、名だたる風水村生まれの専業風水師である。彼は一九歳のときから、この村で風水術について学んだが、この村では一般的だと言いうるほど、父もおじも息子もみな風水師であった。風水術は風水師だった父から学習したという。兄弟は二人だが、しかし弟は風水判断ができなかったし、その実力もなかった。この村では、長男がかならず風水師になるというのではなく、風水判断は相当な知識を必要とするので、風水判断が実践できるかどうかで、上位世代の知識を受け継げるかどうかが決まるのである。したがってここには知識の「長子相続」というルールがあるのではなく、風水知識は男子の誰でも受け継げるという意味での、「男子相続」になっているということである。したがって他人や娘に教えないことは、昔からの習慣によっていることになる。

SKには息子が四〜五人いるが、これまた長男が風水判断をすることができ、いま広東省で活躍している。三男も風水知識は習得しているが、あまり風水判断の出来が良くないという。その他の息子は判断できないという。

このように風水知識は、息子に教えることが第一になっている。知識の「男子相続」というルールがあるので、すでに触れたように他人や娘には教えないのが原則である。逆に風水知識は、男子家族員にだけ教えるべきものだというわけではなく、同じ宗族内の男子には教えることができるが、その際、人柄や性質の良さを判断したうえで、少しずつ教えることになる。人柄や性格をみながら、良い人格者だと判断されると、やがて風水知識の全てを教えることになるわけである。

風水知識を学習して、どれくらいで一人前になるかについては個人差がある。風水知識の基本そのものの学習は、あまり難しいものではない。しかし実際に風水判断するとき、たとえば山脈《やまなみ》をどのように見立てるかなどの判断は、なかなか難しいものだという。結局、風水術をくり返しこなしても完全にマスターできたわけではなく、実践しつつ一生をかけて学ばなければならない、ということになる。

七　風水師になるまで

ＳＫは一九四九年の解放後、風水を父に習ったわけだが、風水師は当時もいまも読み書きの出来る知識人でなければならず、当時はそのような知識人が周囲に少なかったので、まずＳＫは学校の教員になることにしたという。そしてやがて人民公社の職員になった。そうこうするうち、文革期になった。ＳＫが三五歳のときのことである。ＳＫの家はもともと地主だったので、文革中さまざまな差別を受け、迫害を受けてきた。そのことが原因で、やがて、この村を逃げ出すことになるのである。村を逃げ出して、その後Ｎ県でレンガ造りのアルバイトをすることにした。まだ文革中だったが風水判断を知っていたので、人が求めれば家屋の風水を見てやったりもした。そのような活動が、やがて村の評判になってしまったのである。

一九七六年、なおまだ文革の時期だったとき、Ｃ県からの行商人がこの村に来ていて、その者の好意でＦ省Ｃ県に連れていってくれた。Ｃ県でもひそかに風水を見ることになった。しばらく秘密裏に風水判断を行っていたが、やがて県政府の役人でＫ地区の出身者Ｄが、もうそろそろ風水を見ても、時期として大丈夫なのではないかとの助言を与えてくれたので、ＳＫはそのままＣ県に定着することにしたという。

八　旅先での風水判断の依頼

ＳＫがＣ県に滞在して初期のころは、月一回、風水判断の依頼があるかないかであった。なおまだ評判が行き渡らなかったからである。やがて風水判断が評判になるにつれ、しだいに依頼者が多くなり、一九九五年頃からはほぼ毎日依頼があるようになった。しかし風水判断にはかなりの時間がかかるので、一日一件の割合でしか見られなかった（写真②）。

風水判断の依頼は、これまで商売人によることが多かった。風水判断は、商売の行き先に深く関わるからである。一方、農村からの依頼は、当時、農村がたいへん貧しかったせいもあり、かなり少なかった。一九九〇年代になり、つまりは改革開放後になって、政府の政策がしだいに柔軟になり始めると、高位の高官からの依頼が増え始めていった。高官ほど事務室のテーブルの位置など、細かな風水を気にする者が多かったからである。ただし個人的に高官から依頼を受ける場合、直接本人からではなく、そのお雇い運転手などを通じて依頼されることが多かった。

また政府の公共事業であっても、最近は風水判断を依頼されることがきわめて多い。これまでに財務局・消防局・建設局・学校・工場などからの依頼があり、橋の建設にあたっても風水判断の依頼を受けて判断してきたが、それよりも建物の門の位置や方向の判断の依頼が多いという。たとえばＳ村の学校の門は、ＳＫが風水判断したものであり、Ｙ館の風水もＳＫみずからが判断したものである。ただし公共機関からの公共事業に対する風水判断の依頼は、自分に直接の依頼ではなく、しばしば建設会社を通して依頼され、また報酬も建設会社を通じて、工賃の一部として支払われている。

公共事業に関しては、こんなこともあるという。ある地域にいま高速道路建設の計画が持ち上がっているが、その事業により山を削って道路を作る計画になっている。そこで県政府は、暗に都市の風水が悪くなることを警戒して、いま建設に反対しているという。ただしすでに敷設されている鉄道に関しては、山にトンネルを掘って作ったので、周辺に影響の及ぶ地形や景観を改変せずに済み、風水は悪くならずに済んだ。だからこれから行われる高速道路建設が、周囲の地形や景観を破壊するほどであれば問題だというのである。

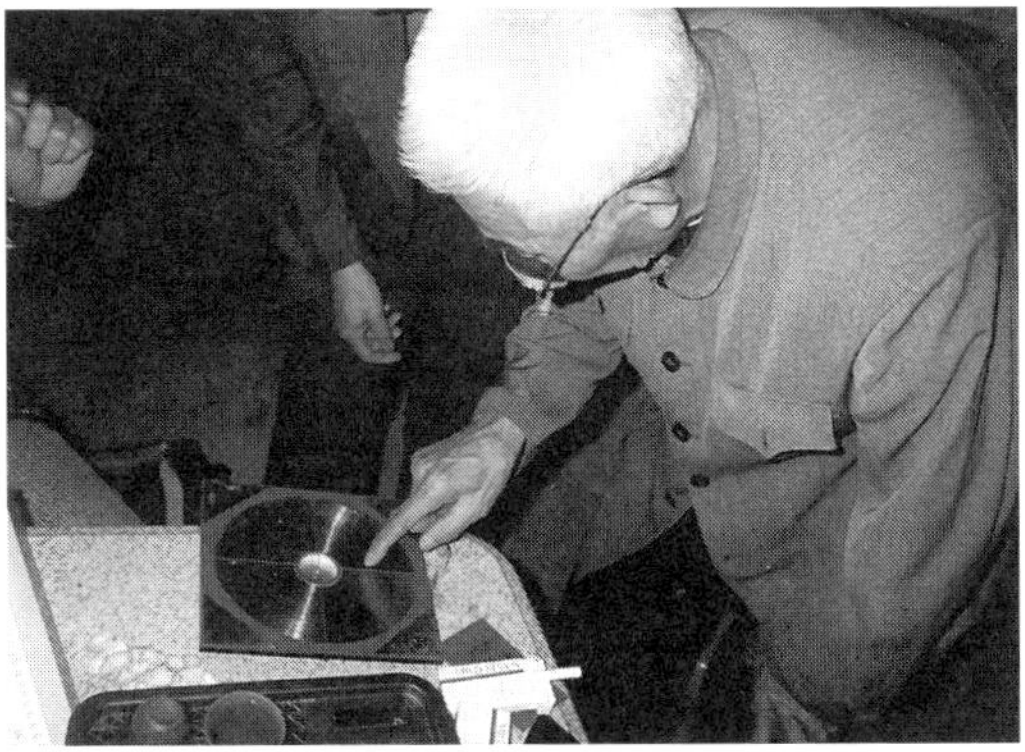
写真② 顧客のために風水判断中の風水師（2000年）

寺廟からの依頼は、公共機関よりももっと数多いという。たとえばN寺の場所や位置も、SKが判断したものである。その他、不動産屋に関しては、風水師を依頼することがそれこそ常になっている。そうしなければ、物件そのものが売れなくなるからである。
またC県出身者で、遠くアモイや福州に転出している者からも、依頼を受けることがしばしばあるという。そしてC県とは関係のない現地の人びとからも、また依頼されることがある。こうして人のつながりによって、しだいに評判を得て、客層を広げているのが現状である。地域的には、福建省より広東省のほうが風水を信ずる顧客が多いので、だからその地域で判断活動を行っているSKの息子のほうが、よりよい報酬を受けているだろうという。

九　風水師の報酬

さて風水師の報酬であるが、二〇〇五年当時で、墓地風水判断の場合、ただ見るだけなら五〇～六〇元（約七五〇～九〇〇円）程度でよいが、墓を作ることまでの判断料を含めるとなると、微細にわたる判断によって、その位置や方向を決めるため一五〇〇～一六〇〇元（約二万二五〇〇～二万四〇〇〇円）はかかるという。

家屋の風水判断は、それより少し高額になる。家屋の建設工程はより長期にわたるので、二〇〇〇元（約三万円）前後が相場であるが、それは相手次第である。相手によっては一〇〇〇元以下のこともある。経済的取引には、道徳や人間関係が左右するからである。また農村では家屋の場所や位置まで決めるので、判断料はさらに高額になってしまう。都市部では土地区画が決まっているので、門・台所・水道の入り口・間取りなどを見るだけで済むので、判断料としては、だいたい数百元程度であるという。

風水師の収入は一つの仕事に対して、一般に大工の一・三倍くらいになるのが相場である。つまり風水師のほうが高度な知識を必要とするので、そのことが原因して報酬の単価が高いということである。

一〇　おわりに――政治経済の動機と動因

ときの政治経済体制は、ときの社会現象の動因となり、広義の宗教文化はときの政治経済に動機を提供する。このような発想はマルクス主義古典からの発想でありながら、それを改変して自分の理論を打ち立てた石田英一郎の理論であり、かれの「文化構造の理論」に、そう謳われている〔石田 一九六六〕。ときの生産力・生産関係によっている経済は、上部構造である政治や宗教をやがて改変してしまうのではなく、政治や宗教、とくに人びとの価値観を支える「広義の宗教」こそ、経済のような下部構造に左右されない特徴を持っているというのである。「広義の宗教」それ自体が、独立変数として存在しているというわけである。したがって世界史上、「宗教」はときの政府によって数々の弾圧や禁令の対象になってきたが、にもかかわらず弾圧期を生き抜き、何度も蘇生してきたことは、どのような「宗教」の事例をあげても枚挙にいとまがない。文革期の中国においても、ＳＫの例のようにＳＫにとって逆風の政治経済状況下にありながら、かれは決して風水判断を止めなかったし、顧客もまたひそかにＳＫに風水判断を依頼してきた。

風水術はヨーロッパ科学の普及以前、東アジアでは時代の「科学」であり、あるいは現代の「科学」に匹敵するほどの地位を得た知識であった。それがその後、ヨーロッパ科学の正統性を東アジアでも知識として受け入れることになり、風水知識はこんにち、われわれもまた「広義の宗教」のカテゴリーに組み入れて理解している。風水術はそれ自体きわめて体系的論理をもちながら、しかし万人に共通して理解できるような因果の知識体系を持っていない。しかしそのような理解は、われわれのような他者としての別の知識体系を持つ知識人が唱える理解であり理由であって、一般の人びとの理解や、風水師のような現地の知識人の理解の仕方とはまったく異なっている。われわれもこんにちの科学を信奉しているが、同様にして、人びとは風水の因果説明を信奉しているのである。

その飽くなき「現象の因果」の信心が、多くの人びとの風水知識を支えており、風水知識の市場経済における市場取引をも可能にしている。こんにちの政府の政策や科学に照らして、風水術は明らかに「不合理な」市場経済の知的製品であるにもかかわらず、「経済を支え発展させているのは風水術である」という市場の価値観に支えられて、いまもなお流通しているのである。風水術はしたがって、こんにちの中国の市場経済活動の動機を提供し続けていることになる。人びとが風水師に報酬としての金銭を提供して、風水師の風水判断の成果に満足するかぎり、経済的な取引は今後も維持され続け、動因としての「表」の政治経済を支え発展させ続けることだろう。風水師は人びとが求めている「幸福の獲得」という「非科学的な」動機がなくならないかぎり、こんにちの「職業」として、その地位を奪われることはありえないというべきである。

第二節　拡がる風水術と知識の普及

一　中国風水理論講習会で講演して

出発前の不安

一九九三年四月二〇日、北京市からの招待状がようやく届いて、わたしは「交換研究員」（中国では「交流研究員」という）として、この日北京に赴くことができた。この点については第一章第三節の「中国研修紀行」で詳しく触れた。「交換研究員」とは、東京都立大学と北京市所轄の諸大学との国際交流協定にもとづいて、日中相互の文化理解を深めるため、毎年相互に研究者を派遣しあう研究の交換・交流のための研究員をいう。わたしは九三年度の研究員として北京滞在することになったわけだが、北京市を中心として研究活動を行うその目的の一つが、風水の研究であった。

風水研究を行うために北京に赴くのは、のるかそるかのかけだと、出発前まではそう思っていた。大陸中国では、なおまだ一般に風水は迷信視されており、したがって迷信の研究は歓迎されないといううわさを、久しく耳にしていたからだ。しかしわたしが一九九二年に大陸中国の農村で調査したときには、風水調査を拒まれることはまったくなく、むしろある農村で「風水先生」(風水師)に会えたほど、うわさと実際とに大きな落差のあることは知っていた。ただし農村はともかく、大陸中国でも最近ようやく出はじめるようになった風水研究書には、おおかた「迷信」の文字は削除されておらず、研究する側として風水研究が実際に自由に研究できるのかどうか、日本を発つ前、わたしには一抹の不安があったことはかくせない。

中国風水研究者との邂逅

北京首都空港にわたしを出迎えてくれたのは、北京諸大学の関係者のほか、華中師範大学副教授の王玉徳氏だった。彼とは以前から、風水研究に関して意見交換してきた仲だった。この日初めて彼と会うことができたのである。以来、北京の友人より以上に、王氏にお世話を受けることになる。王氏に会えたことが縁で、滞在中ずっと中国各地の風水名勝地を視察できたのだが、わたしの中国滞在中のいちばんの〈事件〉といえば、なんといっても中国国家建設部主催の風水理論講習会に、一般参加者としてではなく外国人講師として参加できたことだった。これも王氏が中国側研究者や諸機関に、わたしを紹介してくれたことによっている。

北京に着いて旅装を解く暇もなく、国家建設部の関係者や風水研究に意義を認めている諸大学の関係者と、日中双方の研究現況や今後の国際共同研究の可能性などについて、慌ただしく意見交換を行った。沖縄を中心にわれわれが国内で共同研究を行ってきたこと、すなわち日本には「全国風水研究者会議」という全国組織があることに、話題は集中した。中国にはこのような組織はなく、わたしの来訪を機に中国側研究者は、ここで初めて会合し、全国組織を持とうとしていることを知って、わたしは驚いた。その後幾度となく、かれらはわたしの寄宿先である首都師範大学を訪れて、研究の組織化に向けての意見交換が、かなり進展したようだった。

突然の講師依頼

五月から六月にかけて、わたしは王氏の世話により、中国南方各地の風水視察をすることができた。風水視察を終えて戻るやしばらくして、国家建設部の高友謙氏が来訪して、七月下旬から八月にかけて「中国建築風水理論研修班」（風水理論講習会）の開催を企画しているのだが、わたしに協力してほしいという突然の依頼を受けた。講演すべき項目は風水理論に沿ってすでに決められており、わたしには「国際風水理論研究動態」について、三時間話してくれという。できるだけ努力すると返答したものの、自信はまったくなかった。わたしの来中目的には、このような講演予定はなく、準備さえできていなかったからである。

講演準備のためその後高氏とやりとりしているうちに、講演時間の要求が倍にふくれあがってしまった。講演六時間！　日本でもこんな経験はしたことがない。悩んだあげく、通訳つきで、もう一つのテーマ「日本的風水研究現況」を加えて実施することが決まった。わたしは、主として沖縄の風水およびその研究について紹介したかったからである。

国家建設部といえば、日本の建設省に相当する中国の中枢機関の一つである。実際はその部内の「城郷（コミュニティー）建設経済研究所」が主催したのだが、いずれにせよ国家機関が全国に向けて風水理論講習会を企画するということは、中国の国情変化が背景にある。つまり、現代中国がいま盛んに実行しようとしている「改革開放政策」の、一つの実践例にあたるからである。

わたしはそう思って、中国史上おそらく初めてになるだろうこの歴史的〈事件〉に、一人の日本人として積極的に参加してみることにしたのである。

講習会の目的

中国史上おそらくは初であろう「国際的」な風水理論講習会は、七月下旬よりおよそ一週間、北京の中国共産党中央組織部招待所で実施された。講習会の主旨は、パンフレットによればおおかたつぎのようなものだった。

風水は古来より、中国建築の環境選択・改造のための専門的な学問だった。伝統建築の設計・建造には風水判断は不可欠で、中国の建築文化に深い影響を与えてきた。近代になるや中国の学術研究は、西洋理論をまねるようになり、西洋の科学技術と矛盾をきたすような伝統学問は、この間封建的迷信だとされ、蔑視と廃棄の憂き目にあってきた。ために風水理論も、こんにち大きな空白を残したままである。近年、国内外の学問環境が重大な変化をとげるにしたがい、風水理論は海外の多くの地域で研究者に再興を促しており、すでに少なからぬ研究成果があがっている。だからこんにち、われわれが科学的姿勢でこれを批判的に検討しつつ、わが国の伝統建築理論を究明することは、有益このうえもないであろう。

講習会参加への呼びかけは、おおかたこのようにうたい、西洋理論偏重からの脱脚と、海外における研究同様に伝統理論の再興を促している。奇しくもこの呼びかけは、わたしの風水研究の目的と原則はまったく同じである。同時に右の文面には、「海外研究に学べ」という姿勢がありありとしている。わたしはその海外研究の動向紹介を、国家建設部から依頼されたわけである。

受講者と講師

当日は六十数人の受講者が、中国各地から集まった。受講者は市町村の建設委員会、設計士、建築士、不動産業者など、首長級レベルの役員だった。参加費は六〇〇元（約九〇〇〇円）で、とうてい個人で払える額ではなく、各地の公的機関の代表が公費で参加したのである。日本における市民講座に雰囲気はよく似ていたが、講師も受講者もおおかた公務員なので、何か気まじめな講習会だった。

講師はすべて、風水研究書を著している研究者だった。『中国風水』の著者で国家建設部の高友謙氏が、主として中国の風水理論を、『風水理論研究』の編者で天津大学の王其亨氏が、主として中国建築の調査成果を、そして『神秘的風水』の著者で華中師範大学の王玉徳氏が、主として中国の風水文献史を講じたのである。講習会期の一日を利用して、北京北郊の明代王陵「十三陵」の風水見学もあった。そしてしんがりはわたしだった。ちなみにわたしも『風水思想と東アジア』（人文書院）という拙著があった。わたしは要請のあった「国際風水理論研究動態」のほか、「日本的風水研究現況」についても話すことになった。

沖縄に学べ

わたしが午前中話をしたのは、英・米・独・仏・韓国・日本・台湾・香港の国別・地域別の研究動向だった。研究動向については、あまり日本で話したことはなく、頭のなかを整理してみるのに良い機会であった。資料はまったくもって来なかったので、そのコピーをわざわざ日本から取りよせた。風水思想そのものは、もとより中国が長大な歴史を誇っているが、風水研究は一九世紀前半からイギリスを中心としてヨーロッパですでに盛んに行われていた。東アジアで風水研究が始まるのは、ヨーロッパに遅れること一〇〇年、日本からだった。中国伝統のこの思想研究は、欧米に一〇〇年も先を越されていたこと、わたしの紹介を中国の受講者たちはどう感じたであろうか。

わたしの講演の主目的は、むしろ午後の日本紹介にあった。日本の風水研究は、植民地研究とともに始まる。この研究姿勢は決して好ましいものではなかった。植民地を失うとともに、研究も衰退したからである。風水研究が真に学問目的に適うようになって、質量ともに増大したのは一九八〇年代末からで、沖縄を中心とした共同研究がその動機になっている。風水研究は高度な学際性を必要とするが、それが成功しているのは現在世界で沖縄地域だけだと称しても決して過言ではない。それに沖縄では、大陸中国にあったはずの風水図面まで発見されている。亀甲墓風水図といい宅地風水図といい、あるいは村落風水図といい、みな沖縄が大陸中国から学んだものばかりである。

受講者たちはわたしが配布したそれらの図と、模造紙に赤々と記した中国東方洋上の沖縄地図とを凝視していた。講演の最後に「風水研究は沖縄に学んでほしい」と、わたしはつけ加えた。風水研究の中心点が、いまようやくヨーロッパから、沖縄を基軸とする東アジアに移り、大陸中国という巨大な龍も、いま長い眠りからさめようとしているようだ。

二　東アジアの行政と風水

一九九〇年以前、表題に「風水」と名のつく書物は、たとえこんにち流行をみている占い書のようなものでも、書店で見かけることはなかった。

一九三一年には総督府の嘱託だった村山智順が『朝鮮の風水』という分厚い報告書を出していたが、それは日本の朝鮮統治のための報告書であり市販される類いの書物ではなかった。戦前にはその他の書物にも、東アジアの風水民俗、すなわち風水に関する風俗習慣について報告した内容が載っているが、出版目的から報告内容まで、そのほとんどは日本の植民地統治を抜きにして理解することはできないだろう。

戦後もしばらくのあいだは、日本の学術報告に散発的に記述が認められるが、われわれの主要な関心事となり組織的に研究課題とするようになったのは、ようやく一九九〇年になってからのことである。風水の占い書や占い知識書は、研究機関が注目するようになってから爆発的な流行をみるようになったもので、その内容はこんにち東アジアに広く見られる風水民俗とは、まったく異なるから皮肉なものである。

われわれが風水に注目したのは、風水判断が日本を含むかつての東アジアで国策に用いられた知識だったからであり、これまでの東アジアの国造りが風水というキイワード抜きには理解が難しいことを知ったからである。と同時に、こんにちでは通常、国策知識というより民間の生活知識の一つとして活用されており、風水を起源や由来とする東アジアの風俗習慣が少なくないことを知ったからである。日本で「家相」「墓相」などと称してきた風俗習慣だが、これまた日本の風水占いと同様、他の東アジアと内容を異にしている。

東アジアの「風水」観念、すなわち日本でイメージされる「家相」「墓相」と内容がおそらくかなり異なる観念だが、こんにちでも行政のうえで陰に陽にそのような風水観念が、以下に述べるように、ことばの端々に登場する。

たとえば一九九八年一一月二七日付けの『読売新聞』夕刊には、中国の江沢民主席が来日して日本各地を訪問したとして、こんな記事が載っていた。内容を簡略にまとめてみよう。

来日中の江沢民主席は二七日午前、都内の衆院議長公邸で開かれた朝食会に出席。朝食会の冒頭、江出席は「中日両国が幅広い接触を通じて両国の平和、安定に寄与し、次の若い世代に引き継ぎたい」とあいさつ。ついで「産業革命は三〇〇年前に欧州で起きたが、風水によれば良い運は循環する。だからアジアにも良い風が吹く」と述べ、今後のアジアの発展に期待感を表明した。

右のような江主席のあいさつを理解できた日本人は、あまり多くはなかったろう。「風水」とあるところを「景気の原則」と読み替えれば、日本人にも納得できそうだ。しかし「景気」ということばもおかしなもので、日本では経済活動の好不況を意味している。「景気」とは「景（ひかり）」の気のことで、本来は経済活動そのものを指すのではない。この用語が風水に由来すると断定はできないが、けだし景観の気＝環境の気と不可分ではなかろう。「景気」とはすなわち、自然・社会環境全体の好し悪しをいうのである。

江主席の日本訪問と同じ年、沖縄では普天間基地移転問題で揺れていた。基地移転に賛否両論が巻き起こった結果、結局、名護東海岸の海上へリポート案に決められたが、当初は読谷飛行場への移転案が検討されていた。そのおり読谷村村長は同飛行場に役場移転を企て、普天間基地移転を拒否していた。さてこれも現地紙『沖縄タイムス』（一九九八年二月一日）に、詳しいいきさつが載っている。要約すれば次のようになる。

普天間基地移転候補地に、読谷飛行場をあてるのを村長は反対した。なぜならいま役場の新庁舎を飛行場に建設しているからであり、なぜ役場移転が飛行場でなければならないかといえば、その場所の『風水』が良く新庁舎にとって最適地だからだというのである。

風水が首長の発言に認められた二例をここに紹介したが、行政と風水判断が深く結び付いている例は現代の韓国にいたってもっと豊富なこと、それはカン・ヨンスウ（姜泳琇）氏の『青瓦台の風水師』（一九九四年刊）その他で、すでに日本に紹介されている。

このような紹介をしてわたしは、風水が実際に行政に役立つなどと唱えようとしているのではない。自国の歴史を含む隣国理解のために、「風水」理解が欠かせないということを主張したいのである。東アジアは近いようでいて遠い。まだまだ相互理解が十分ではないのだ。

三　風水術をどう理解したらよいか

わたしが風水研究を始めたのは、公式的には一九九〇年の拙著『風水思想と東アジア』が出て以降である。以後、拙著出版の三年後に、ここに紹介したように一年間中国での研修が認められて北京に赴き、中国城郷研究所主催の「風水理論講習会」で、日本でも経験したことのないほどの六時間にも及ぶ「東アジアの風水」に関する講演を経験することができた。聴衆は中国の国家建設の担い手である、多くは公務員である。中国で中国発祥の風水術に関する知識が、なぜ国家公務員にとって重要なのか？

またなぜ「風水」が来日した江沢民元主席によって東京で語られ、そして沖縄でも行政上の理由から「風水」が語られて、いまだに沖縄に駐留している米軍にもそれが十分に理解できたのか？

たぶん現段階でも、このような「風水」をめぐる東アジアの、そして世界に普及した風水術やその知識について、いちばん知らないのが日本（本土）人なのだろうと思う。何度も言うように風水術を現代に活用する、言い換えるなら「占い」として活用するにどどまっていたならば、なぜわたしが中国の国家公務員を前にして風水に関する講演を行い、江沢民元主席や山内元村長が、この日本で「風水」について説いたのかが、まったく理解できないだろうと思われる。

「風水術」はまずもって、東アジア国家のどこと言わず「国策」の知識だった。「国策」ならば中国の国家公務員の講習会での受講や、日本に対する中国国家主席のあいさつ、沖縄の村長の発言に出てきて当然のことばであり内容だ。ではいま「風水」は国策として活用できるのか？　責任ある答えとしては「もはや国家として活用はできない」というべきだろう。しかしなぜ「現代」東アジアで、「国家的に」風水が語られているのか？　東アジアで風水はなお民間で主として「占い」の理由により、活用されている。東アジア各国の人民の生活の理解のためには、「風水」は欠かせないだろう。しかし、公務員の「風水知識の必要性」はそのためだけではない。

まずは東アジア各国の歴史の理解のためである。風水の知識なくして東アジアのどの国といえども国家建設はありえなかった。その歴史を引き継いで現代都市としての北京があり、ソウルがあり、京都がある。風水知識なくして、都市建設当時の都市の立地の理由は理解不可能である。第二に、日本を除いて「風水」は現代でも、環境との調和を図るべく中国や韓国で「環境デザイン」として知識が活用されている。そこに沖縄を加えてよいかもしれない。屋敷としての庭や都市としての公園をどこに造るか、道路をどこに通すか、上下水道はどこに通すか、道路の形はどうするか、橋や門をどこに架けるか、家屋やビルの高さはどうするのか、河川をどう改修するのかなどなどについて、これらの課題を「環境デザイン」として考えるなら、科学的根拠だけでなく環境との調和を旨としてきた「風水知識」にも出番があるのである。

本書では、こうした風水術の現代的背景について述べ尽くせないが、日本に住むわれわれにとって大事なのは、やはりまずは「風水」術そのものを、まず知ることだろう。それこそは国際理解の要だからである。

第三節　市場経済化する漢文化

一　はじめに――問題の所在

近年、「グローバリゼーション」の問題は、人文社会系、あるいは自然科学も含めて最も盛んに議論の対象となった関心事である。わたしも大きな関心を寄せてきた者の一人であり、これまで研究を進めてきたのは中国の漢民族を中心としたグローバル化であった。中国の長い歴史の過程を見ると、かつて中国が生み出した知識が、現在の科学技術の知識として世界中で共有されていることは、きわめて興味深かった。このように西欧を中心とするグローバル化とは、異なるグローバル化の内容に関心を持ってきたのである。

しかし本節は、その逆のテーマというべき内容になっている。すなわち「グローバル化のなかの中国（漢民族）」についてである。イギリスのサッチャー政権に端を発するネオリベラリズムの台頭は、程度の差はあれ地球規模でそれぞれの国民国家に大きな影響を及ぼしてきた。たとえば、ネオリベラリズムによる政策を推し進めた結果、アメリカで金融危機が起こり、それが同時並行的に世界中に及んだという例はその典型だろう。

本節はネオリベラリズムを背景として加速した世界的な市場経済化のなかで、漢民族地域を中心に中国の文化がいかなる影響を受けているかについて論じるものである。その方法としてはフィールドワークによって得られたデータ、とくに写真を提示することによって中国各地の漢民族の生活を概観し、グローバルな市場経済化の影響について考えようとする。まずは写真①を通して、本節の目的を説明しておきたい。

西暦二〇〇〇年代当初から、中国では新たなコミュニティづくりが行われている。一九四九年の人民中国成立以後、人びとが所属する基本的な社会の単位は、「単位《タンウェイ》」と称された生産（労働）＝消費＝居住が同じ区画の社会主義にもとづく社会だった。それとは別に地域を管理する委員会として「居民委員会」があったが、この委員会は「単位」よりも住民管理の権限が弱く、また「胡同《フートン》」（横町）により管轄する明確な境界がなかった地域もあった。中央政府による市場経済化政策が進展し、それにつれて人びとの職業・職場選択の自由が認められつつある社会環境下、二〇〇〇年から中国政府による二三号政令により、従来の「単位」と「居民委員会」に代わって、「社区居民委員会」が創られることになった。この「社区居民委員会」こそは「社区」と称するコミュニティの地区住民による運営委員会であり、一定の自治が認められた自治会であり町内会だった。「社区」およびその運営委員会の発足により、「居民委員会」は廃止され「単位」もまた主要な地域組織ではなくなっていった。

「社区」は「街道」といういわば役場の支所の管理下にあること、以前より規模の大きな地域区分によること、住民のアイデンティティのある範囲とすること、地域の資源を活用する活動であることなどを目標に、北京市内を二四〇〇社区とし、だいたい一〇〇〇～三〇〇〇戸（世帯）ごとに「社区」の組織化を計ることで創られたものだった。いわば上からの町内会づくりに相当するものだが、「社区建設」は現在、中国政府が積極的に行っている政策の一つである。わたしは二〇〇三〜〇八年に調査を実施した。二〇〇八年、北京でオリンピックが開催された。わたしが調査を行ったのは、オリンピック開催直前の時期だった。写真①は、当時、北京の首都空港に掲げられた看板である。首都空港といえば日本の成田空港に相当する国際空港だが、そのスローガンの内容に驚嘆せずにはいられなかった。看板には「文明北京、走進奥運」と書かれていたからである。これを直訳するなら、「北京を文明化し、オリンピックに向けて歩もう」ということだろう。ここにいう「文明《ウェヌミン》」とは、わたしたちが習ってきたような「中華文明」のことではもちろんない。「文明」という語は、マナーあるいは、モラルと訳すことができる中国語であり、現在、中国国内で盛んに用いられている言葉の一つである。

写真① 北京首都空港の看板「文明北京、走進奥運」(2005年)

結論を先取りすれば、本節で指摘したいことは、このスローガンが示しているように、中国では市場経済化により、いま市民のマナーやモラルが問題になっているのである。そのことをオリンピック委員会および中国政府は意識していて、オリンピックを誘致したと思われる。すなわちオリンピック誘致は、市場のモラルを伴う市場経済化の効果を狙って実施されたものだが、実際には株価や経済振興、あるいは観光客の誘致などの点で、それほど大きな効果は得られなかったと言われている。中国にとって、これは大きな誤算だったと思われるが、これが本節の結論にもなり議論の入口にもなっている。

二　市場経済化のなかの北京

中国の市場経済化は、一九九二年から始まったといわれている。その結果、北京では市内の地理的な区画を設定して、どの区画で市場経済化を推し進め、反対にどの区画で市場経済化を規制するかについて都市計画が立案された。すなわち、市場経済化する対象地域の限定である。

写真②は、オリンピックの開催に合わせて作成された、北京の都市計画図である。⑴国レベル・市レベル・区レベルの文物保護区、⑵一級・二級の文物保護区、⑶緑地・公園などの環境保護区、⑷その他は開発区、と色分けされている。計画の際、いくつかの区画が保護区として選定された。保護区に認定された区画は保護のレベルに応じて行政の管理下に置かれ、またレベルに応じて開発が制限されるようになった。保護レベルは開発許可を必要とするレベルから、全ての開発を禁止するというレベルまで幾段階もある。現在、北京全体の四割がこうした保護区となっている。他方、保護区以外の残りの六割の区画は、開発区となり開発推進地域となった。この都市計画から見えてくるのは、都市計画が市場経済化することを前提として作成されてい

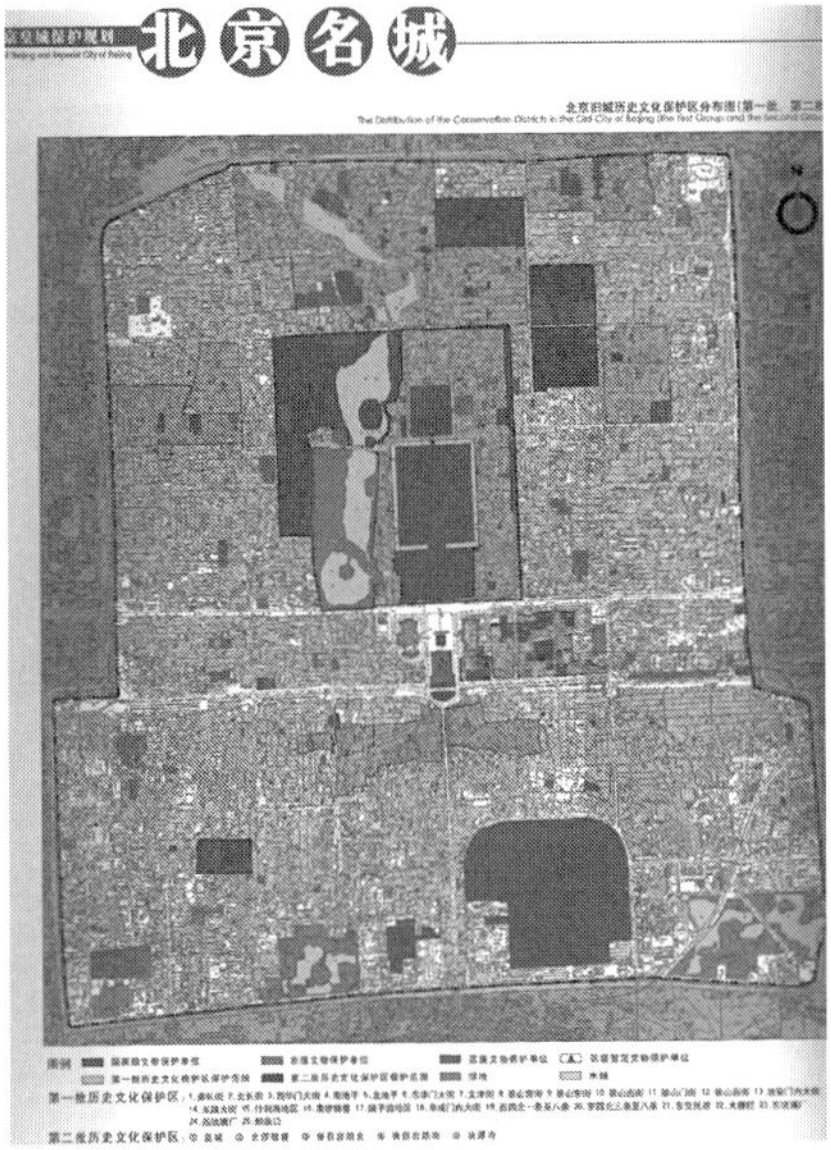

写真②　北京の保護区と開発区

写真③　開発区の風景（2005年）

るということである。逆にいえば、中国政府が市場経済化政策をしなければ、このような計画は不必要だったということになる。

　では、開発区ではいかなる生活の変化が生じているであろうか。まず、人びとの住居形態が変化していることが挙げられる。北京といえば「四合院」住宅が有名である。「四合院《しごういん》」とは、ロの字型に庭を家屋で囲った中国の伝統的な民家形式であり平屋建て住居である。清王朝の時代には、北京の住居といえば四合院であった。しかし現代の北京において、四合院はもはや生活環境に適応しなくなっている。清朝当時一〇〇万の都市であった北京が、いまや一〇〇〇万を超えるような都市へと変貌を遂げたからである。すなわち開発しなければ生活ができない、経済活動ができないという状況に直面してきたのである。

　写真②から指摘できるのは、市場経済化とは一つの都市内部において、開発を積極的に推し進める地域と開発を規制する地域という区分を作り出し、かつその時代に合った近代化を達成するための政策手段だということである。

　写真③は、北京の開発区の現在の様子の一例である。過去には四合院が並ぶ地域であったが、現在では高層マンション群となっている。写真からもわかるように、日本の例以上に、高層マンションが林立している。

　ここで注目しておきたいのは、この開発区がなお「胡同《フートン》」と呼ばれていることである。「胡同」を、わたしは「横町」と訳している。北京はその大半が大きな道路により碁盤の目に区画された計画都市になっているが、庶民が居住するような地域には、くねくねと曲がりくねった裏通りがある。それが「胡同」(横町)である。すなわちこの高層ビル群の名称に、かつて庶民の暮らす横町を意味していた地名が、そのまま現在でも使われているのである。このような開発区の横町もあるとすると、その逆の保護区にある横町もある。

写真④は、保護区に指定された区画の胡同である。しかしこのような保護区の胡同も、かつてはこれほどきれいな通りではなかった。写真④の胡同は、景観が整備された後の様子である。現在でも、自転車を連ねて酒を売ったり、ゴミを回収するような車が往来することもある。かつてはここで普段の日常生活が営まれており、たくさんの物売りが行き交う場所であった。すなわち保護区になった結果、逆に胡同の景観が観光化のために美化されたのである。

写真④　保護区における胡同の例(2004年)

保護区とは、端的にいえば四合院を壊してはいけない地区のことである。しかし四合院がじじつ昔のままであれば、住民たちは現代に合った生活の利便性を追求することができない。かえって生活に不便を来すことになる。結果、生活の利便性を確保したまま、観光に利用されるようになった。この胡同では自転車遊覧が行われており、ガイドが運転する人力車に乗って、観光客が行き来する場所の一つとなっている。保護区であっても、観光に利用するようなかたちで、市場経済化に適応できたのである。

写真⑤は、四合院の庭が観光に活用されている例である。四合院住宅とはすでに述べたように口の字型に庭を囲った民家であり、したがってその中央が庭となる形式をとっている。政府は四合院を、北京の典型的な伝統家屋として保護して

写真⑤　保護区にある四合院の庭（じつはホテル）（2004年）

写真⑥　北京胡同の公衆トイレ（2004年）

いる。そしてそれを、この例ではホテルとして利用し観光客を泊まらせている。北京にある四合院すべてが、このように利用されているわけではないが、他にレストランとして利用している例もある。いずれにせよ現在、開発区では高層マンション化し、保護区では伝統住居をこのように保護して観光客を集めるというような政策をとっているわけである。

　こうした政策の結果、街や庶民生活それ自体が変貌を遂げている。たとえば写真⑥は公衆トイレである。わたしの経験では、かつての公衆トイレは非常に不衛生で汚いものだった。しかし現在では写真のように整備され、清潔なトイレとして維持されている。公衆トイレにこのような変化が生じたのは、トイレを区政府が管理し、毎日清掃する専門の清掃職員を雇用するようになったからである。興味深いことに清掃職員は、この公衆トイレで暮らし、生活しながら清掃を行っている。

　この背景には、中国の出稼ぎ離村や雇用情勢が関係している。変更できない戸籍の問題はあるが、中国では市場経済化によって農村から都市への出稼ぎが容認されるようになり、農村から職を求めて北京に来る人たちが増加している。その結果、住居を得られない出稼ぎ労働者が北京の街にあふれるようになった。そこで外から来る出稼ぎ労働者に対し、区政府が職と住居の提供に乗り出したのである。公衆トイレの清掃とそこでの居住は、区政府によるその職住提供の一例である。聞いたところによれば、公衆トイレの清掃職は月給五〇〇元（約七五〇〇円）であり、トイレ内の住居は無償で提供されている。これは、北京における最低レベルの給料である。こうして市場経済化にかかわる一連の政策によって新しい公衆トイレが誕生し、その維持を可能にしているのである。

また写真⑦は、四合院住宅の一室が売り出された広告である。こんにちのわたしたちにとって部屋を売買の対象とすることは当たり前だが、もともと北京においては住居は市場に流通するものではなかった。こうした現象も、以前にはなかった北京の市場経済化の一例といえよう。売り出している部屋は「銭粮胡同」という横町にあり、平屋造りの北向きの約一五平米ワンルームである。広告にある「装修」とは水道やガス・あるいは電気などの設備のことであり、それが「无」、すなわちこの部屋は、そういった設備が完備されていない、また台所もない、家賃は月六〇〇元（約九〇〇〇円）だという部屋である。

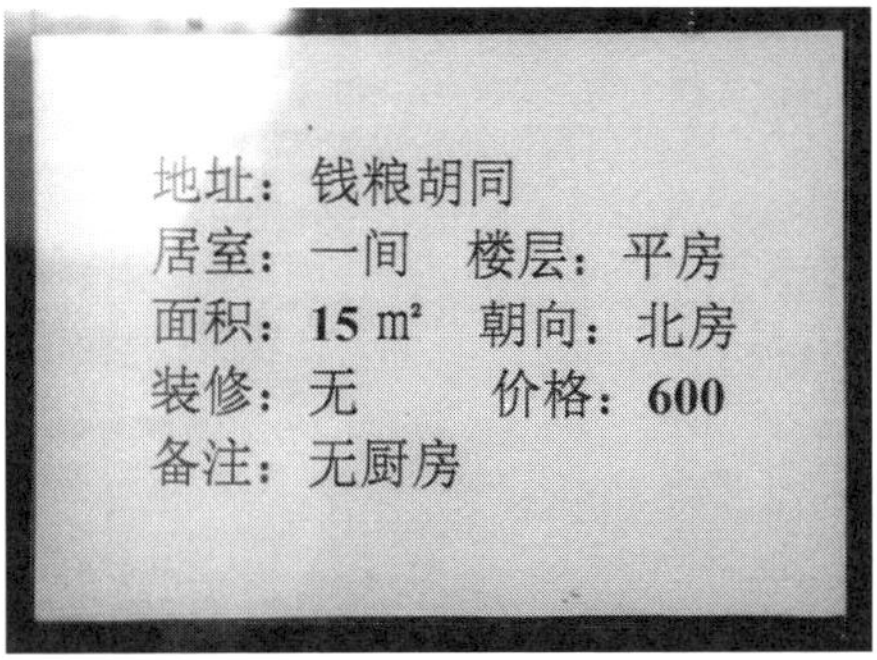

写真⑦　売買される居室の例（2004年）

二〇〇五年ごろの、北京に暮らす一般市民の平均月収は約二〇〇〇元であった。日本円で月三万円程度である。広告の部屋の家賃は日本円で九〇〇〇円程度であり、平均月収に比して非常に高価であることがわかる。すなわち一般市民であっても、北京で住居を得ることは非常に困難であることがうかがえる。

市場経済化の影響を受け北京の街が変貌していくなかで、人びとの暮らしはどのように変化しただろうか。写真⑧は、北京の町内会（社区）の役員の

右：写真⑧　当選した社区役員
上：写真⑨　社区で行われている自主的な講習会の例（いずれも2004年）

写真である。すでに述べたように、北京では「社区」とよばれる日本の町内会に相当する、コミュニティづくりを推進する政策が行われ、住民たちによる社区づくりが進められている。この社区づくりを進めているのは、選挙によって選出された役員である。立候補者たちは選挙演説も行う。その立候補者の中には住民のほかに社区運営の資格を持つ専門家も含まれており、かれらも同じように選挙によって当選してはじめて、社区運営の役員になることができる仕組みである。すなわち中国では、いまや選挙がさまざまなレベルで実施されている。

中国の選挙制度から、選挙という民主主義の方法が市場経済システムときわめて親和性をもつことが見えてくる。つまり選挙によって人を選ぶという方法自体が、「競争」原理という市場経済システムによっているからである。わたしはこうした中国における選挙制度の復活も、中国の市場経済化として捉えられると考えている。

「社区」建設以前、地域を管理するのは「居民委員会」という、政府が直接地域を管理するように作られた末端の委員会だった。ところが社区の誕生により政府の末端組織というより、住民の参加による自主的な活動が可能となり、その結果、社区の個性化が見られるようになった。すなわち中国における社区の誕生は、原則として住民を主体とする自治会制度の誕生として捉えることができる。写真⑨は、健康器具販売を目的とした講習会を行っているところである。こうした活動は、社区建設以前の中国ではみることができなかった。すなわち中国では人民中国始まって以来、居民委員会時代になかったような住民主体の活動が増加しているのである。

三　市場経済化から取り残された村、市場経済化により変貌した村——湖南省、福建省の例

次に、漢民族の農村に目を転じてみよう。現代中国における農村の、市場経済化がもたらした極端な二つの例を紹介したい。

都市計画による開発区と保護区の区分の結果、北京ではまったく異なる都市景観が誕生したように、市場経済化の影響は地域や諸個人の暮らしごとに、受けた影響が異なっている。市場経済化を推し進める改革開放政策が開始されてすでに三〇年以上経過しているが、北京市のように中国全土に開発先進地域と開発後進地域との差異が生じ、農村にも極端な差異を生み出しているのである。

写真⑩は、福建省のある農村である。写真からもわかるように、五階建て以上の家が立ち並んでいる。この家の多くは農業従事者の家、すなわち農家である。福建省のある地域では、このように伝統家屋をどんどん壊してビル建てにしてしまっており、地域性のあまりない農村景観が誕生している。こうした状況を生み出したのは農業そのものではなく、都市や海外への出稼ぎによる各家の富の形成だった。

写真⑪は、中国内陸部の湖南省奥地の農村である。「昔と変わらない生活をしている」という現地の情報にもとづいて、わたしはこの奥地の村にやってきたのだが、実際に村に行ってみて電灯・水道すらない状態であるこ

写真⑩　福建省の出稼ぎ農村の風景（1993年）

写真⑪　湖南省の「伝統」農村の例（1993年）

とがわかった。すなわち市場経済化からまったく取り残されたこの地域では、旧態依然たる昔ながらの生活が維持されていたのである。

かつて人類学者は、湖南省のような村を調査対象地域として好んで選んできた。それは人類学者が、市場経済化されていない地域にこそ、その地域の「伝統」が残されていると期待していたからである。ところが湖南省での聞き取り調査によって明らかとなったのは、そこで暮らす人びとにとって伝統生活とは不本意な生活に他ならないということだった。つまり人類学者が「伝統」と呼ぶことのできるような文化は確かにあるのだが、かれらは自身が望んで「伝統」たるものを保持しようとしているのではなく、経済的理由でやむなく「伝統生活らしさ」を維持せざるをえなかったのである。かれらだって近代的な生活をしたいという強い希望があった。だから人類学者からすれば貴重な「伝統生活」を維持している地域に見えても、現地の人びとにとってはそんな目で見られるのはまことに不本意で、早々に不便な生活から脱却したいという希望があった。

いまは中国において、「出稼ぎ＝脱伝統」の農村と「伝統維持＝貧困」の農村との著しい差が、市場経済化の進展に伴って生まれている。しかしやがて北京に見られたような「開発区」と「保護区」という差異化、すなわち目的を伴ったインテンショナルな（意図的な）地域的差異が、このような農村にも政策的に出現することが予想される。すなわち「開発の村」対「伝統の村」という、コミュニティの創り方における差異である。むろんいまこの時代、こうしたコミュニティ（社区）の意図的な差異化を成し遂げた例は、探せば決して少なくはないと思われる。

四　市場経済化する寺廟の宗教活動——福建省の例

次に、中国の宗教施設である寺廟の市場経済化について考えることにしたい。福建省のある廟では、写真⑫に見るような看板が貼られている。ここには、「琉球長官閣下、ぜひ硯風洋古蹟将軍廟に来て下さい。歓迎しま

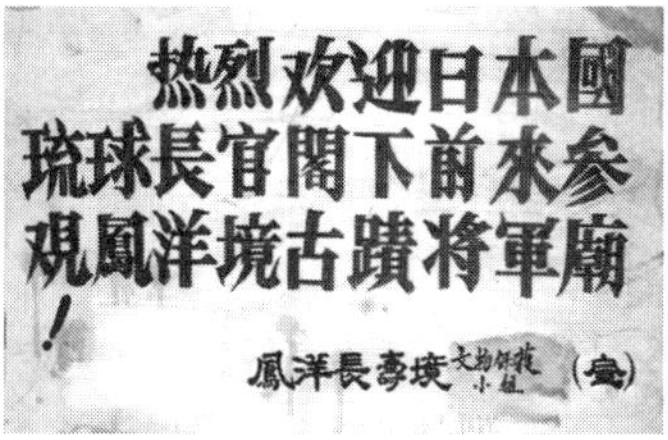

写真⑫　日本（沖縄）の観光客を歓迎するという標語（福建省、1996年）

写真⑬　琉球金将軍廟（1996年）

上：写真⑭　仏寺の施餓鬼会に参集した信徒（1996年）
左：写真⑮　寺廟に献金した人びとの名を刻んだ碑（1998年）

す」と書かれている。驚くことに、この将軍廟は琉球に由来する神を祀った廟なのである。つまり日本人が、古来、鍾馗や観音などの中国由来の神がみを祀ってきたように、中国でも琉球に由来する神を崇拝しているという例である。この「将軍廟」は「琉球金将軍」という神を祀った廟である（写真⑬）。廟とは、本来なら神を祀る施設である。しかし看板に「観光客歓迎」と書いてあることからもわかるように、市場経済化によって宗教施設もまた宗教施設そのものではなく、観光名所の一つとして資源化されるようになっているということである。

写真⑭は、福建省泉州のある仏教寺院である。ここも近年、法要をはじめとする宗教活動が盛んに行われるようになっている。仏教寺院の宗教活動というものは、多くの場合、人びとの寄付や献金によって成り立っているが、写真⑮の碑に刻まれた寄付者一覧を見ると、「アラガキトモヒデ」などと読める沖縄出身者と思われる人物が寄付をしていることがわかる。琉球国時代（とくに一三九二年以降）、専門職として中国から渡来した人びとのことを、沖縄では「唐栄人《とうえいじん》」という。その唐栄人の子孫である沖縄人が祖先の故郷である中国を訪れ、寺廟に寄付しているのである。

現在、寺廟活動は中国各地で盛んに行われるようになっているが、その活動を支えているのが、日本や台湾・香港、そして東南アジアに暮らす華僑・華人たちである。とりわけ市場経済政策を背景として、盛んになった東南アジアの華僑を中心とする中国への投資は、中国社会にさまざまな影響を与えている。なかでも中国の宗教活動に対する寄付・献金が多く、寺廟にとっては莫大な収入になっていると思われる。

　写真⑯の一連の行為は医療の神として知られる保生大帝の廟内で行われるのだが、その信仰の特徴の一つは神がクジにその意志を託して診療を行う点にある。その過程を説明すると、病気あるいはその不安を抱えた人が、保生大帝に診療してもらうために廟を訪れるところから始まる。写真⑯－ⓐは保生大帝の像に腕を差し出して、患者＝信者が保生大帝に脈を取って

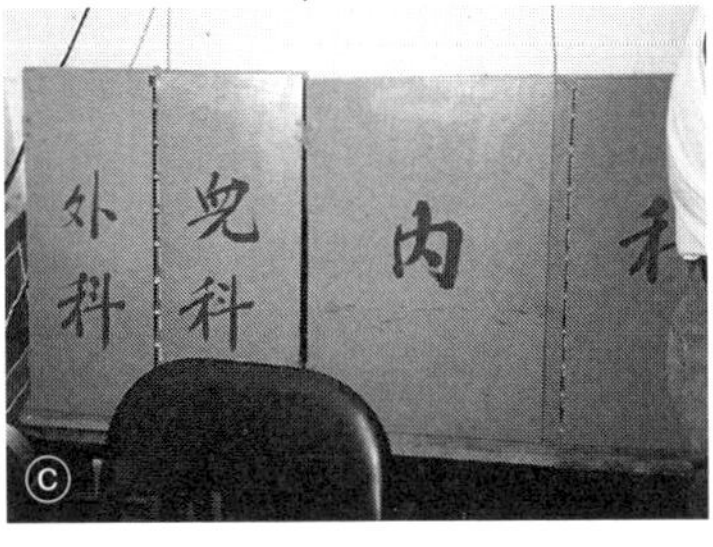

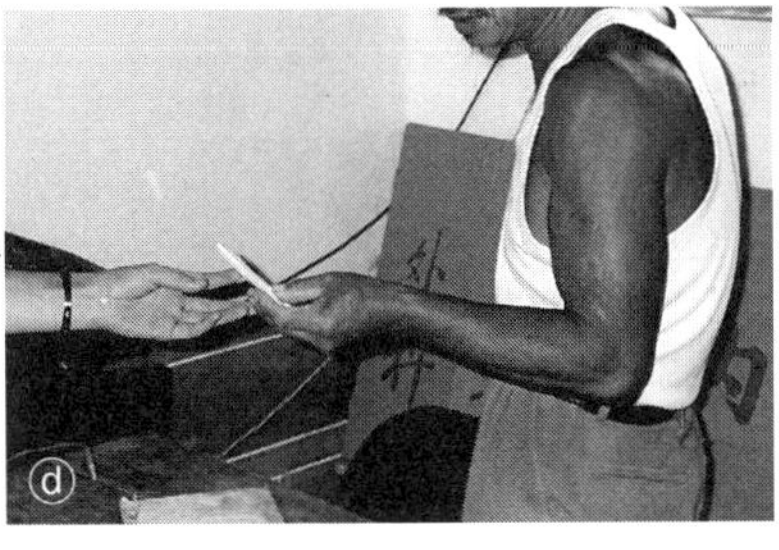

写真⑯　ⓐ神の脈診→ⓑクジ（神の意志）を引く→ⓒクジに従い処方箋を選ぶ→ⓓ処方箋を与えて、そこに指定された薬局に赴く（1996年）

もらっているところである。次に写真⑯—ⓑのように、自分が治療したい病に関連する科目——たとえば内科や外科、小児科など——の名前が書かれている箱の中からクジを引く。引いたクジには番号が付いており、その番号をもとに寺廟の係員が、その患者に保生大帝の神の意志が書かれた紙（処方箋）を手渡すという過程を経る（写真⑯—ⓒⓓ）。

紙は病気を治す処方箋となっている。驚くべき点は、処方箋に具体的な薬剤名と購入すべき薬局が記載されていることである。こうした保生大帝による治病占いが受け入れられているのは、人びとが薬で病を治すという漢方の考え方に慣れ親しんでいること、そして歴史的には寺廟が漢方薬を調合する専門施設だったことに由来する。宗教活動として医療診断というサービスを受け、実際に薬局で薬を購入するという過程は、まさに市場経済がそ

写真⑰　文物保護の対象になった家廟正面（福建省、1998年）

写真⑱　「文物保護単位」になったいきさつが書かれた碑（1998年）

こに成り立っていることを示している。すなわち市場経済とは、宗教と医療という異質な回路において、サービス（診断、処方箋、施薬）と金銭（賽銭、献金、薬物購入）とが交換されるというシステムだからである。

さて話題は変わって、写真⑰は文化財化されることによって献金を生むようになった「家廟」である。「家廟」とは、一族の祖先の位牌を祀ってある廟のことである。しかしこの家廟は一族の祖先を祀る施設でありながら、「文物保護単位」という文化財保護対象の施設となっている。写真⑱はこの廟が「文物保護単位」（文化財保護対象施設）であることを説明したパネルであり、「革命の汀州における劉氏家廟」について書かれている。この廟が「文物保護単位」に認定されたのは、共産党が国民党を倒すために、ここを拠点として会議を開いたことによる。そのため現在では、文化財保護のための資金援助もなされている。文化財としての指定は一九九七年であり、中国が市場経済化政策を行って以降のことである。

写真⑲　献金の金額により祖先名が格付けされた位牌（1998年）

写真⑲はこの家廟の位牌であるが、位牌の祀り方も非常に特徴的であり、市場経済化と不可分であることがより鮮明になっている。この家廟では位牌に名前を記載するその位置によって、異なる献金の値段が設定されている。もともと中国の位牌祭祀には一定の規則があり、始祖から数えて偶数世代は右に、奇数世代は左に名を刻むという「昭穆《しょうぼく》」という秩序によっていることが一般的である。すなわち、夫の世代と性別によって祖先名を記載する位置が決まっており、系譜関係が一望できるのが伝統的な位牌祭祀の形式である。

ところがこの位牌の祖先名記載のルールは、市場経済化を受入れたために「昭穆」の規則をまったく踏襲していないのである。位牌の上部に名前を記載する場合には、何千元という莫大な寄付を行わなければならず、逆に位牌の隅に書く場合は何十元程度の寄付で済むというような、位牌序列の市場経済化が認められるのである。また他の中国東南部地方と似て、この家廟もまた祖先の御利益に感謝するという意味をこめて献金する人びとが多く、一族の位牌を祀る宗教施設そのものもまた、かなり市場経済化が進行している。

こうした市場経済至上主義的な家廟の管理・運営は、近年に始まったわけではないことに注意する必要がある。この家廟を所有する一族の歴史を辿ってみると、民国の時代にも同様のことが行われていた。民国時代は「族田」と称する父系一族が経営する田畑があり、一族の共有財産として廟の維持管理に費用を充てていた。その共有財の余剰を、奨学金のようなかたちで子弟に分配するという制度が存在した。共有財の余剰を計画的に蓄積し、それを「資本」として若年世代の将来に投資するというやり方は、現代の資本主義の考え方と相通じるものがあると、わたしは考えている。そういう意味での市場経済化が、すでに明の時代から中国には存在していた。こうした事実は、一六世紀にヨーロッパから資本主義が始まったという西欧中心主義的な資本主義の起源論に対し、一石を投じることができるのではないかと、いま思っている。

五　拡大・変容する宗教の市場経済化——福建省・江西省・江蘇省の例

次に、漢民族に広く認められる、あの世の市場経済化について議論を進めたい。

中国では人が亡くなると、第四章第三節ほかで述べてきたように、死後の世界で流通しているとされる紙銭をあの世へと送る習慣がある。日本にも地域によっては三途の川を渡るために六文銭を棺に納めるという慣習があるが、中国では祖先に送金される金額は日本よりはるかに高額であり、あの世へと送金するために大量の紙銭が燃やされている。

写真⑳の「寿衣花圈」とは、仏具店のことである。この店では葬儀の道具のほかに、紙銭や写真㉑のような、あの世の住宅（冥宅）を売っている。さらに仏具店では、祖先に送るためのパソコン、自動車、背広、携帯電話なども販売されている。あの世の暮らしというのは、現世で実現できなかった理想生活がイメージされているのである。

また風水判断の大衆化からも、宗教活動の市場経済化の現状をうかがい知ることができる。中国では墓は、風

写真⑳　仏具店（江西省、2003年）

写真㉑　仏具店で売られている冥宅（江西省、2003年）

写真㉒　風水師による墓の風水判断（福建省、1994年）

写真㉓　風水判断を経て完成した墓（1997年）

水師に風水を見てもらってから造られるものだが、昔は金銭的に裕福な家だけが風水師に墓を見てもらっていた。しかし本章第一節で見たように市場経済の進展により、私財にゆとりができた人びとがしだいに増加し、近年、風水師を利用する人びとが急増しているのである。

　わたしが話を聞いた風水師の場合、朝から晩まで休む間もなく風水を見てほしいという依頼者があって奔走していた。そのためかれは自宅にほとんどおらず、風水を見るその依頼現場で、ようやく話を聞くことができたほどである（写真㉒）。かれの墓の風水鑑定料は非常に高額だが、依頼者は後を絶たない。写真㉓が風水判断の結果、完成した墓の例である。この墓は、現地で「亀殻墓」とよばれる巨大な個人墓である。現代の中国では、一人の死者のためにこのような巨大な墓を建築しうる高所得者が登場しているのである。

　写真㉔は、羅盤を販売している店舗である。「羅盤」とは、風水の羅針盤のことである。江蘇省には手細工で羅盤を作り、販売し生計を立てている農村が存在する。こんな商売も風景も日本には見られないだろう。中国では風水占いは伝統文化の一部であり、むろん風水商品の売買が市場経済として成立している。

写真㉔　農村で売られている羅盤
（江蘇省、宮崎順子撮影）

写真㉕　占い商品の看板（福建省、1997年）

写真㉖　占い師（卜卦先生）による占い風景（福建省、1997年）

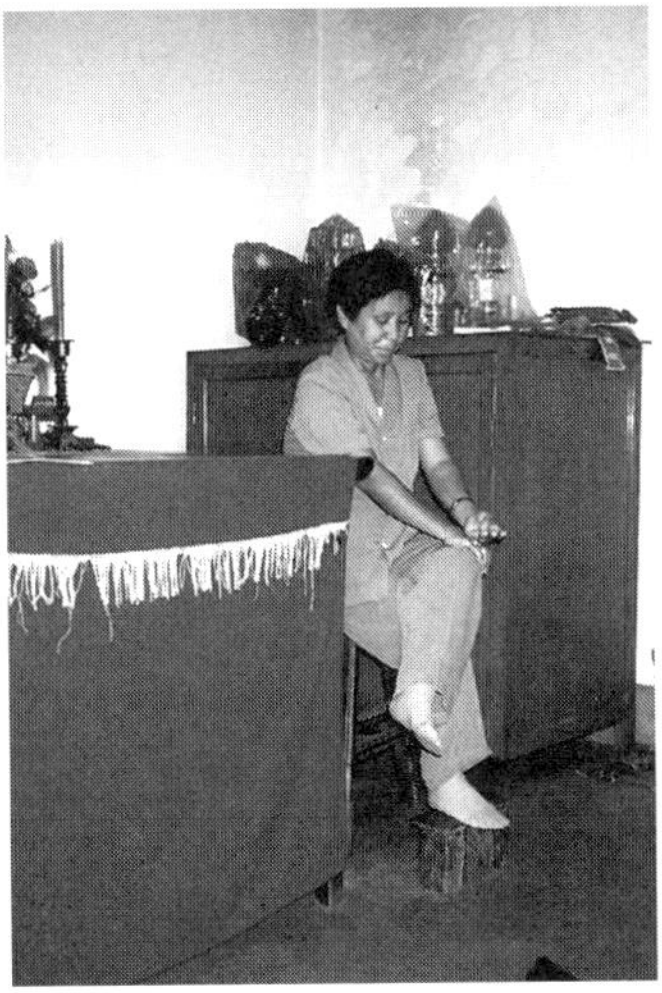

写真㉗　シャーマン（巫婆）の神がかり商売（福建省、1997年）

また近年、写真㉕のような占いの看板が出るようになった。さらに写真㉖は、さまざまな占いの道具を使って占いを行っている占い師である。この占い師の男性は、「卜卦先生」と呼ばれているが視力障害者である。写真㉗の女性も同様に占い師だが、神の託宣を仰いで神がかりするシャーマンである。巫婆《ウーポー》と呼ばれる彼女は、祖先あるいは神の意志を聞き、神や祖先の声を依頼者に伝える占いを行っている。これらの占い料金は、二〇元（約三〇〇円）から三〇元（約四五〇円）と比較的安価である。このような占い業を通して、市場経済に参入する農村も存在するようになった。

写真㉘は、二〇〇二年から二〇〇三年頃に建設された、客家人の家廟である。この家廟の驚くべき点は、もろもろの家廟を統合したことにある。祖先を祀る場合、本来なら一族ごとに家廟を設け、それぞれの家廟に位牌を安置するものである。ところがこの廟は、すべての客家人の祖先となる始祖を祀るための宗廟になっている。

個々の一族レベルの祖先祭祀を超えてエスニシティ・レベル、すなわち「客家人」というレベルで、このような祖先を祀る廟が建設された背景には、市場経済化が進展し高所得者層が増加したことに関わりがある。高所得者層の寄付献金により、他の漢民族とは差異化された「客家人」というエスニック・アイデンティティを再確認する活動が可能になり、国を超えての集会の大規模化が可能になった。中国における近年の「世界客家大会」の開催は、その最たる例であろう。こうしたエスニック・アイデンティティの高まりの中で、「客家人」の祖先を統一して合祀する宗廟が誕生したのである。

この廟には何万という客家人が、世界各地から参拝に訪れている。廟は「客家宗祠」とよばれており、一族それぞれの始祖の位牌が安置されている。そのため「客家宗祠」は、一族がもともと祀っていた祖先よりもさらに上位世代の始祖を祀るという施設になっている。一つのエスニック・グループを一つの単位として祖先祭祀を行うという活動は、これまでの中国には例がない。この「客家宗祠」には、客家人の始祖のさらに上位に「黄帝」と「炎帝」という漢民族の元祖が祀られている（写真㉘―ⓑ）。「炎帝」と「黄帝」はまさに漢民族の神話上の始祖であり、暗黙裏に「客家人こそ代表的な漢民族である」という、内外に強調したいかれらのここ数十年の願いやスローガンが、この宗祠に象徴的に表現されている。

　エスニック・グループを単位とする家廟の誕生は、客家文化の観光化とも不可分である。すなわち、家廟とともに客家人たちの聖地や施設が、いまや観光施設となっている。写真㉙は、江西省にある「江西客家文化展示館」である。ここでは、客家人の「伝統的な」衣装を着た案内役の

写真㉘　客家人の家廟（江西省、2004年）
ⓐ由来の書かれた客家宗祠の碑文
ⓑ漢民族の始祖（黄帝と炎帝）
ⓒ客家宗祠に雲集する客家漢民族
ⓓ客家人の各始祖の位牌

右上：写真㉙　円楼になっている江西客家文化展示館（江西省、2004年）
上：写真㉚　客家の伝統衣服をまとった展示館の案内嬢
右下：写真㉛　観光化した客家円楼（福建省、2000年）

女性（写真㉚）が、外からやってくる華僑、華人や外国人観光客を出迎えてくれている。

江西省にあるこの「江西客家文化展示館」は、「客家円楼」とよばれる伝統住居を復元したものである。「客家円楼」とは、中庭を中心として住民の部屋が円形に取り囲むという形式の伝統民家である。実は江西省にはもともと「客家円楼」は存在せず、「客家円楼」は福建省西部の民家の一形態にすぎなかった。しかし「客家宗祠」の建設の機会に合わせて世界各地の客家人を呼び集めるために、「客家らしい象徴的な有形文化財」として新たに作られたものである。

客家文化のなかでもとりわけ「円楼」がグローズアップされたのは、客家円楼が世界遺産に登録されたことがその背景にある。もちろん世界遺産登録以前から、「客家円楼」は客家を代表する文化の一つとして表象されていたが、登録後は客家人だけでなく世界中の観光客が「客家円楼」を訪れるようになった（写真㉛）。

六　市場経済化と公共福祉のはざまで——市場経済化に対する政府の対応

以上のように、現在、中国は急速な市場経済化の渦中にある。中国における市場経済化の波及・浸透は、中国政府の予想をはるかに超えるものだった。ではたとえば北京市政府は、この急速な市場経済化にどのように対応しているであろうか。わたしは政府の対応を理解するために「北京市社区工作処」（北京市コミュニティ事業課）にて、社区活動に関する話を伺った。「北京市社区工作処」とは端的にいえば、政策としてのミュニティ事業を推進する市政府の機関である。本項では、ここで得られた政府の見解を足掛かりとして、市場経済化と公共福祉について見ていくことにしたい。

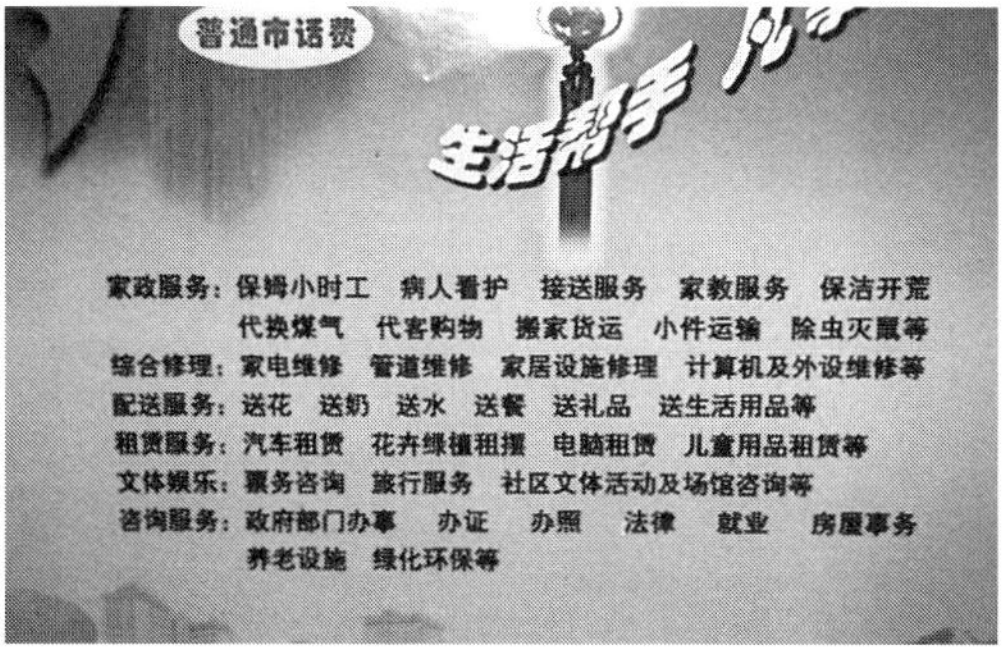

写真㉜　社区活動の目標の書かれた張り紙
（北京、2004年）

「社区工作処」の活動方針によれば、「社区」とは住民奉仕の機関であるとされている（写真㉜）。例えば老人介護や障害者の保護、地域の緑化など政府の指導援助を必要とする、完全には市場経済化できない事業に対して、福利厚生などを目的とした活動を推進している。すなわち政府にとって、「社区」とは中国の市場経済化において、どちらかというと住民サービスの中でも市場経済化しえない活動を補う役割を果たす機関や支援の単位として存在している。住民の社会活動の中で、市場経済化できる領域とできない領域の区別は、第二項「市場経済化のなかの北京」で紹介した北京の都市計画の開発区と保護区との区別と同様である。すなわち政府は、今度は市民を対象として、誰が市場経済化を担い、誰を福祉の対象として保護するかという問題にあたっているのである。その結果、現在、その線引きをめぐって、せめぎ合いが生じている。

写真㉝　参観費無料者と半額対象者との差異化（北京、2004年）

一例として、北京の雍和宮の例をみてみよう。この寺院は、多くの観光客が訪れる宗教施設である。入場料を見てみると、退職者、身体障害者、身長一二〇センチメートル以下の児童は、無料とされている。また小学生、中学生、大学生は在学証明書を提示すれば半額であり、老人も老人証明書を提示すれば同様に半額となっている（写真㉝）。

すなわち市場経済化を推し進めていくと、すべての人びとを市場経済の下で平等に扱えないことが、この資格の分類でわかってくる。市場経済下では平等な競争と対等な経済負担とを市民に強いるわけにはいかない。入場料における支払い対象者の区別は、まさに誰を市場経済政策対象者として競争させ、逆に誰を過酷な競争から保護するかという、政府の方針が反映されているのである。

すなわち政治経済（ポリティカル・エコノミー）による政策を推進することによって、市場経済化が人びとの生活の全面にわたって進んでしまうと、競争に勝てない人びとが絶えず生み出されてしまう。市場経済化は人びとの生活の経済的格差を生んで、富める者と貧困者とを作り出すだけでなく、もともと市場経済化に適している者

（生産者、労働者、納税者など）と適していない者（退職者、高齢者、身障者、失業者、児童生徒など）の差が生じ、またこうした区別を必要としているということである。つまり市場経済化によって、政府は市場経済政策対象外の者をいかに選定するかという課題に応えなければならない。換言すれば市場経済化とは、実は高齢者政策を始めとする公共福祉の問題を解決せねばならぬ現象だとも言えるのである。

本節では、都市計画、宗教活動、文化の観光化それぞれの例から、漢民族地域における中国文化の市場経済化について紹介してきた。市場経済化は均質に進展するのではなく、どこを・なにを・だれを市場経済化し、推し進められているのかということが明らかになったと思われる。これらの市場経済化は主として国や人びとによるポリティカルな経済活動によっている、しかし市場経済化諸般に関する問題は、ポリティカル・エコノミー（政治経済学）だけで理解できる現象や問題ではない。とりわけ文化に与える市場経済化の問題は、「モラル・エコノミー」（道徳経済学）の考え方にもとづいて解決が迫られていると考えられる。

すなわち市場経済などの経済現象（エコノミー）は、「モラル」なくしては維持されないということである。ポリティカル・エコノミーによる市場経済化の進展は、同時にモラル・エコノミーの問題の進展でもある。市場経済原理には、その運用に「モラル（道徳）」が必要であり、道徳こそが経済現象のルールを支えているのである。ヒト・モノ・カネ・情報のグローバリゼーションがポリティカル・エコノミーの原則により世界中に普及しているだけでなく、同時にモラル・エコノミーの原則にもとづいて維持・拡大しているともいえる。

近年日本で問題視された中国からの輸入食品の安全性の問題は、まさに世界がモラル・エコノミーを中国に要求したという顕著な例であろう。安くて栄養のあるものすべてが食品として輸出入できるものなのではなく、安全や品質、衛生管理などの貿易上のモラルが、そこに深く関わっている。モラルなくして貿易経済や市場経済は、成り立たないのである。

貿易だけではない。オリンピックをはじめとしたスポーツのグローバリゼーションにかかわる「モラル」の問題は、冒頭で紹介したように中国政府や北京市政府、オリンピック委員会が意識していた問題だった。北京オリンピックの開催に際して、やがて世界中から北京に訪れる外国人に、市民のモラル（公共道徳）なき対応はありえない。しかしオリンピック開催前の北京では多くの市民が整列乗車・信号遵守ほかの交通道徳を守らず、街や職場での環境汚染や衛生管理には意識が低く、日頃の挨拶から人への接客態度まで公共道徳が大いに不足していた。これらを是正すべく「文明北京」（北京市民の道徳化）を第一のスローガンに掲げて、オリンピック招致に向かっていたのである。

わたしが挙げてきた事例のように、単に経済的な「モラル」だけでなく生活現象全体の「モラル」について、より幅広く理解されなければならないだろう。グローバル・エコノミーのなかで、「世界（公共）道徳」は確かに確立されようとしている。しかし、そのモラルとは何なのか、そのグローバルな規準についても検討せねばならないだろう。もし西欧中心主義的なモラル・スタンダードに依拠しているのであれば、それこそは「オリエンタリズム」（欧米によるアジア蔑視）を疑ってかかる歴史がすでにあるということである。

付章　フィールドワーク徒然草

一　つれづれなるままに

以上、台湾、香港を含む中国地域の「術」という概念をキイワードにして、漢民族の生活や宗教の営みの特徴について述べてきた。最後に本書執筆の動機となったフィールドワーク、言い換えるなら現地体験をここに紹介したいのだが、何年にもわたる調査体験を体系的に述べることが、本書の目的ではない。本書各章各節の執筆動機になった調査経験の一部を、断片的に紹介したいのである。これまで述べてきた内容が「漢民族の生活術・宗教交渉術」であるなら、本章はいわばわたしの「調査術」であり、調査経験を論文やエッセイにする前の発想術の紹介というべきだろうか。

ただしわたしの調査経験は、日本本土や沖縄、あるいはマレーシア、ベトナムなどをも含むので、中国地域に限ったことではない。本章全体は二二項目からなるが、共通するであろうテーマで諸項目をまとめ、より読みやすいように編んだつもりである。文化人類学や民俗学のようなフィールドワークにもとづく学問以外の読者には、フィールド科学とはどんなものか紹介することに役立つかもしれない。

二　異文化横断

1　赤信号横断

一九八一年のこと。台湾に出張して五日も経たぬうちに、不覚にもわたしは交通事故に遭ったことがある（第三章第一節「治療法と病院文化」参照）。春の夕べであった。その日、台湾の友人に久しぶりで会うことができ、近くの喫茶店で旧交をあたためようとした。やっとみつけた喫茶店は、車がしきりなしに高速で走りぬける、大河ならぬメイン・ストリートの向こう側にあった。どうやって渡ろうかと横断歩道で待つうち、やがて信号が青に変わった。そこでとっさにわたしは、一人で横断歩道を足早に渡ってしまった。路上で撥ねられ意識不明……。

大きなまちがいだった。横断歩道を渡るときには、信号が青だろうが赤だろうが、この国では集団で渡らねばならなかったのだ。台湾は交通方式が右側通行で、日本とは逆だとはいえ、交通法規そのものは日本と同じだ。しかし、日常生活の交通習慣はちがうのだ。

「赤信号、みんなで渡ればこわくない」。日本では冗談めいていうあの文句が、外国では交通習慣として実際にあったわけだ。普段の生活習慣が、日本と同じだろうと考えていると、外国はこわい。だからどんな些細なことでも、疑うべきは身についた自分の母国の習慣だ。外国では郷に入っては郷に従え、これが鉄則である。

2　病んで文化を知る

わたしは台湾で交通事故に遭って、重傷を負った。西洋系病院に入院すること一カ月半。生まれてはじめて入院を経験した。手術を受けても治らず、やむなく治療中の身のまま日本に帰国した。日本でさらに通院・入院すること一年あまり。全治するまでに、一年半を費やした。

つらい入院生活だったが、同時に多くのことを学んだ。「病んで医を知る」。知ったのは、日中両国の治療や看護のちがいだった。台湾ではなるべく患部を開刀せず、患者の回復力に頼る「非観血手術」を受けたが、日本では骨を移植し、骨折部位に特殊鋼をあててネジで止めるという、物理的な外科手術（観血手術）を受けた。

看護も治療法のちがいに対応していた。台湾では怪我人は内臓疾患の患者と区別され、栄養補給に重点が置かれた。ところが日本では、内臓疾患者とさほど変わらず、毎日低カロリー食が給された。

両者どちらが正しいのか、と言うのではない。同じ西洋医学の知識をもちながら、どうして治療法や看護の方法が両国でこうもちがうか。これが疑問なのだ。いまわかることは、どんな医療でも実際はその国、その民族の文化によってその現実がちがってくる、ということである。

3　日本食

台湾で交通事故に遭い入院したとき、つらい治療生活のなかで興味深い体験をした。病院は外国人たるわたしを手厚く看病してくれた。台湾料理づくめで食事が進まなかったわたしに、ある日病院は日本食を作ってくれた。日本人が好むはずだと、朝から焼いた鯛《たい》やエビが出され、中華風の野菜も出た。そして白米食。台湾では一般に焼き魚類は食べない。そこが日本食なのだ。しかし日本食なら出てよい味噌汁はなかった。代わりにコーヒーが出たのには驚いた。病院側の考えた、心づくしの日本食だった。

考えてみると、台湾をはじめ海外の日本料理屋では、日本ではめったに味わえない食事が食べられる。にぎり寿司におでん、そばとカレーライス、ラーメンとうな重などが同じ店で供される。日本料理屋は、さしずめ日本料理のデパートやスーパーマーケットだ。しかし日本に帰ると、日本料理は「和食」と呼ばれて、専門別に店が別れてしまう。鯛料理にコーヒー付きの店はない。逆の現象もある。日本の「中華料理」や「西洋料理」など、外国人から見ると、それらは日本にしかない料理。料理は言葉と同じだ。「ワンルーム・マンション」「ファミリー・カー」など、それぞれの単語は英語にあるが、合成語にすると英語ではなくなる。食事の国際理解もまたたいへんだ。

4　黒米

われわれの生活は、むかしよりずっと米食に依存しなくなったとはいえ、なおまだ米は主食の地位にある。前項で特殊な日本料理に触れたので、今度は食材についてだ。主食の地位にある米とは、いうまでもなく「白米」である。白米だけが日本でなぜ生き残ったのかわからないが、かつて日本には「赤米」もあった。弥生時代には、米といえばそれは赤米を指していたかもしれないと言われている。赤米はやがて祝いのときにのみ用いられ、さらにそれが白米にとって代わられた。紅で色づけした「赤飯」は、その名残だとされる。

そんな学説を最近まで気にもしなかったが、中国で改めて米の色について、考えさせられるはめになった。中国では、白米はむろんのこと、いまでも赤米（紅米）が栽培されて、さらに「黄米」「緑米」「黒米」までが栽培されているという。こんなに米が、多種の色にわたっているとは知らなかった。疑問に思ったので、そのうちの一つ、黒米を炊いてもらって味わった。黒米はわれわれの知る白米よりも粒が小さく、粟に似ていた。ただし色はまさに黒か紫。砂糖をまぶしていたので、みかけも味も、黒あんで包んだ「おはぎ」に似ていた。そういえばもう一つの「おはぎ」は、きなこでまぶしたもの。色は黄色だ。「おはぎ」もまた、かつての日本では米そのもので作っていたかもしれない。

三　文字と言葉の文化往来

5　輸出語

わが国は外国との交流を経験して以来現在まで、多くの外来語を日本語に取り入れてきた。現在ではカタカナ語が氾濫しすぎていて、日本語の乱れが指摘される一方、外来語まがいの和製カタカナ語が問題になっている。それは国内問題。国外では日本語からの「外来語」が増えつつある。日本からみれば、「輸出語」というわけだ。有名なのは「カラオケ」。国によって表記はちがうが発音は同じ。日本語が「輸出語」として広まったのは、まずは東アジアだった。多くは英語その他の翻訳語として考案された言葉が輸出されたが、なかには日本語の語法そのままのものが輸出されたりもした。

「取消」「手続」など。それらは日本語法の特徴である、二つの語の合成による。つまり「取消」は「取る」と「消す」の合成語だ。そういえば「カラオケ」もまた、「空（カラ）」と「オーケ（ストラ）」の合成語。このような合成語ではない、大和言葉としての「輸出語」ももちろん数多い。「キモノ（着物）」「サクラ（桜）」「ハラキリ（腹切り）」「リクショー（人力車→力車《りきしゃ》の転）」「ロウムシャ（労務者）」などは、東南アジアその他で通用している。

台湾では「タタミ（畳）」「サシミ（刺し身）」「オジサン」「オバサン」なども俗語として通用している。乱れた日本語、外国語を乱さないように注意したい。

6　神楽

日本各地でいまなお盛んに行われている「神楽《かぐら》」の神事。ここにいう「神楽」とは、がんらい神を祀るときに奏でる音楽演奏のことをいう。転じて神前で舞う踊りをも意味している。ただし「神楽」を「かぐら」と読むのは、神前で人びとが神事のための「神座（かみくら）」を組んだことに由来している。この「かみくら」が転じて、「かぐら」と称するようになった。そうであるかぎり、神の前で人間が祭りに参加していることが、「神楽」の必要条件でさえある。中国にも似たような風俗習慣がある。折々に大祭があるとき、にわか仕立ての舞台で「神々の劇」が演じられることが多い。祭場には「神楽」などと書かれていて、踊りの専門家（劇団）が舞を舞うのである。

しかし日本の神楽とは、どうも趣がちがう。「神楽」とは文字どおり、神が人間の踊りをみて楽しむことだ。言い換えれば、人間がみて楽しむものではない。だから神楽を舞っている祭場で、人びとが「神座」を組むなどということもないし、一般の観客もいないことがある。むろん観客が鑑賞する劇もあるのだが、人間が鑑賞する劇の前に、かならず神だけに対して奉納することを目的とした、奉納劇を演じている。同じ漢字圏の国々における意味のちがい。考えなおしてみる必要があろう。

7　頭家

マレーシアのマレーシア国籍をもつ中国人、その「華人」社会を訪問中、いくつかの祭りを見学することができた。祭りの進行中、ひときわ印象に残ったのが、「頭家《タウケ》」（閩南語）と称する祭主の選定行事だった。祭りは神と人とが交わりあえる絶好の機会で、その際人びとは祭神からさまざまな「御利益」を得ることを期待している。いちばん御利益に預かれる者、それが「頭家」で、神前で行う一種の神籤によって決められる。「杯《ポエ》」と称する籤具を何回も投ずることにより神意をうかがい、神意にかなう吉兆の数が多く出た者が「頭家」に選ばれる。「頭家」になれれば、その後の一年間はなにをやっても家内安全・商売繁盛などまちがいなしで、神の加護が保証されるのである。

この「頭家」に似た観念がわが国にもある。古くは「頭家《とうや》」と書き、いまでは地方により「頭屋」「当屋」、あるいは単に「頭《とう》」とも称されている、祭りの世話人である。日本の「頭家」は、持ち回りによる祭りの負担当番だと考えられていることが多いが、いまでもその当番を神籤によって決め、御利益の得られる最高の地位だと考えている地方がある。こんな海外の行事の一コマに、再び日本文化を考え直してみる、有力なヒントがありそうだ。

8　親族名称

外国の文化を知って日本に帰ってくると、逆に日本人の習慣が不思議に思えることがある。外国にも似たような習慣があれば安心だが、類例がなかなか見つからないと首をかしげてしまう。たとえば自分の親族を他人に紹介する際の、親族の呼び名。共通語（標準語というのはおかしい）では父親を「チチ」、父母の兄弟を「オジ」、父母の姉妹を「オバ」と呼ぶ。日本のこのような呼び名の区別は、直系親と傍系親とを区別する原則にもとづいていて、類例が英語圏にもあることはよく知られている。日本最西端の与那国島その他では、直系と傍系の区別はないが、父親と父母の兄弟を「イヤ」、母親と父母の姉妹を「アブタ」と呼び、子供を「アガミ」と呼んで、世代で呼び名を区別する。このような例もハワイその他にみられる。

不思議だと思うのは、市川市内で聞いた例だ。市川市は、江戸川を挟んで東京都とは目と鼻の先。ここでは父親は「チャン」、父母の兄弟を「オジー」と呼ぶ。ところがこの「オジー」、自分の子供の次男にも使うし、自分の祖父にも用いることができる。直系・傍系の区別は下の世代にも及び、祖父の代では世代上の区別しかない。だれか市川市のような例を、世界で聞いたことはないだろうか。なければ、世界初の発見者はわたしである。

9　文字の呪力

中国大陸でも台湾でも香港でも、街の風景でひときわめだつのが看板。工場にも学校にも、その壁には文字また文字。公共的な建物には、理想を謳った内容のものが多い。「自力更生」「保護環境」「節約土地」など、われわれも読んでよくわかる。ただし、こんなこと書く必要がないじゃないか、と思うような標語ばかり。しかしそこは漢字の国、文字の国。標語より以上に、漢字そのものに呪力があって、一度書かれると社会に無限の影響力を行使する。

台湾の農村を歩くと、寺廟の境内に「焚字炉」と称する炉が置かれているのを見ることがある。それは文字どおり、字を焚《や》く炉のこと。往時は毎朝、字が書かれたゴミを、ここで焼く風景があった。清書に失敗した字、要らなくなった字の書かれた紙を、ここで焼いたのである。字の書かれたゴミは、いまどきの分別ゴミ同様に他のゴミとは区別されて、この炉で焼くことになっていた。文字による悪影響が懸念されるからだ。失敗した字や要らなくなった字は、人間の意志を越えて思いもよらぬ悪影響を及ぼすが、意図あって正しく書かれた文字は魔よけにもなった。そう理解できると、中国の街に氾濫している看板文字。どんな呪力を期待しているのか、よくわかるようになる。

四　社会生活再考

10　世帯

「世帯」はもはや日常語だ。大学で聴講すれば、世帯とは生計と起居をともにする人びとの社会単位だと、社会学の先生が教えてくれる。世帯は日常生活の単位だから、単身赴任で留守の家族は入らないかわりに、血縁関係がなくても同居人は世帯員だ。しかし大学の知識は、世の中にはそう簡単に通用しない。鹿児島県南部を訪問したおり、役場の職員から、役場で調べてもわからないから、この地域の世帯を調べてほしいと依頼されたことがある。そんなに難しいものかとはじめは思ったが、調べるうちになるほどと納得した。

この地域は親の隠居が早く、しかも長男から分家してしまう地域だった。親は隠居し長男は分家すると、家に残るのは次三男。かれらの間でどのような生活があるかというと、起居をともにしなくても生計を同じくすることが多かった。いや起居とはいうが、食事はいっしょにする。生計を独立させる時期と、起居、つまり屋根を別にする時期がちがうのだ。世帯をどう数えたらよいのか迷うはずだ。中国農村でも、同じ経験をしたことがある。ここでも起居は、結婚後早い時期に別になるが、生計は親が握っていてなかなか分けないのである。地域から大学の先生に、現実の知識を提供する必要がある。

11　香港水上居民

香港政府の政策で、しだいにみられなくなりつつある香港の船上生活者。やがてなくなるだろうかれらの生活は、それだけで記録に値する。そう思って調べたことがある（第二章第二節「香港水上居民の家族生活」）。かれらの生活の舞台は船上だから、船上で生活できるように生活空間はコンパクトにできあがっている。六畳ほどの居間は、食事の場であり寝室であり客間であり、祖先の祭場だ。船の大小によって異なるが、おおかた台所は左前方の甲板、便所は右後方にある。家財道具は船板を外して降りる船底にしまってある。風呂はないが、甲板で水浴びすればよい。生業はもっぱら漁業。夜に沖に出ては魚を獲り、早朝母港に寄港して、魚問屋や魚市場などに魚を売っている。広東料理の本場香港が控えているだけに、年間収入は少なくない。だから小さな船に、家族二一人が乗り組んでいるケースもあった。

大家族を養えるほど収入は豊かだが、かれらの悩みは年によって漁獲量に差があり、収入が一定しないこと。それに子供の教育が不便なこと。就学年齢に達した子供は、陸上で教育を受けるため、就学期間中「寄宿舎船」で生活して学校に通う。また就学前の幼児は、船から落ちないようにと綱で体を縛りつけて暮らしている。陸上生活者にはわからぬ苦労が、さまざまあるようだ。

12　喪中の挨拶状

毎年、喪中の挨拶状が着く時期は年の暮。その年家族に不幸があったので、喪に服して年賀のあいさつを控えるという。古くからつづいてきた日本の習慣だから、あまり疑問にも思わなかったが、なかには母方祖母の不幸に際しても喪に服するという連絡がきて驚いた。喪に服する親族の範囲は、親族関係によってちがうし、だいいち母方祖母まで喪に服するという習慣は日本にはなかったはずだからだ。

わが国では飛鳥時代の「大宝令」から服喪が定められたというが、がんらいそれは中国の服喪制をまねたものだ。古代中国では死者との親族関係によって、喪に服する期間が五段階に分けられていた。父母の死は二七カ月という時代もあったが、以後最も長期で一年と定められた。当時は、父の父たる祖父でも九カ月だ。母方祖母は、喪に服する対象ではなかった。

わが国でも同じこと。明治以来、父母の一三カ月を例外として、他の親族の死に際しては服喪の期間が短縮された。なのに現代日本では、こと年賀を控えるにあたっては、服喪の範囲が拡大しているのだ。服喪にあたっては、食事も服装も制限され、神社参拝や公式行事を控えるという謹慎行動をも伴っていた。現代日本には、それがほとんど伴わない。新しい服喪の習慣が生まれようとしている。

五　パンテオン（宗教分類）から漏れた神がみ

13　宗教意識

東アジア社会は、古くからおおかた「国教」というものがなく、複数の宗教の併存を認めてきた。だから「日本の宗教は何か」などと問われると非常にこまる。海外からみると「神道」が特徴的だが、神道を信仰しているという日本人は、NHKの調査によると三％しかいない。この数字は、日本では数少ないとされるキリスト教信仰（二％）とさして変わらない。日本では仏教信仰が宗教意識のうえできわだっていて、二七％を占めている。過半を占めるのが、「無信仰」。しかしそれではなぜ、大晦日や正月に、神社・仏閣に何千万人もの人びとが参詣するのか、疑問が生ずる。

台湾もまたそうだ。台湾に支配的な漢民族の宗教といえば「道教」だとされる。しかし宗教意識のなかでは、道教を信仰する人びとは六%にも満たない。日本とは逆に、キリスト教信仰(七%強)にも及ばないのだ。宗教意識のうえで最も多いのが仏教で、ほぼ五〇%に達している。さらに日本とはちがい「無信仰」は一三%程度である。つまり台湾では、外からみるほど道教は人びとの信仰対象ではない、ということになる。日本の「神道」も台湾の「道教」も、ステレオタイプ化された認識で、国際理解を深めるには、生活上の宗教意識をもっと深く知る必要がある。

14 他神教

マレーシアは、マレー系住民が四七%、中国系住民が三四%、そしてインド系その他が一九%を占める、文字どおりの複合民族国家だ。だから風俗習慣もまた、隣接して居住する民族の影響を受けて、複合化しているようだ。大ざっぱな分類だが、マレー人の宗教といえばイスラム教、中国系つまり「華人」の宗教は、道教をはじめとする中国的民俗宗教、そしてインド系住民の宗教はヒンドゥー教だ。

華人街を歩いていると、不思議なことに気づく。寺院にいってみると、阿弥陀如来を祀っている。如来は、どうみても中国系の姿かたちをしていない。われわれにも馴染みの髪形=螺髪《らほつ》は、あきらかにインド系だ。なのにインド系住民の祀る神がみには、螺髪の髪形をした神像は見当たらない。また華人社会で「拿督公《ナトコン》」と称して祀っている土地神は、もともと「ダトゥー」つまりマレーゆかりの神だ。しかしマレー人自身はイスラム教だから、むろんこの神を祀っていない。くわえて華人のシャーマンは、ハジ帽にマレー剣を身につけて神がかる。華人の宗教は多神教。しかし民族を超えて他民族の神を祀っているとなると、「他神教」と呼ぶにふさわしい。漢民族の「他神教」の影響が、わが国にも及んでいることが、マレーシアにいるとよくわかる。

15　海外の日本神仏

先に述べたように、香港で船上生活者（水上居民）の生活について調べたことがあるが、そのなかでひときわ印象に残ったのが、仏壇を兼ねた神棚に祀った神（仏）だった。祖先をかたどった人形についで多かったのは、航海安全の神として知られる「媽祖」である。それはわれわれにも予想できたが、かなり多かったのが、かれらが「日本仏《ヤッポンフ》」と称して祀っている神（仏）だった。むろんそれは日本由来の神（仏）なのだが、かれらの話では、「媽祖」よりも霊験あらたかだという。だから道士（道教の司祭者）の勧めもあって「媽祖」を祀るのをやめ、わざわざ「日本仏」を勧請した船が少なくない。

マレーシア・ペナンの華人（中国系マレーシア人）社会では、各所に土地の神を祀っている。多くはマレーシア由来の土地の神「ダトゥ」を祀っているのだが、なかに日本の土地神を祀った地域があった。これまた霊験あらたかで、祀る際には日本語で祝詞《のりと》を唱えて、祀らねばならないという。いずれも戦後に登場した日本系の神々だが、かの大戦中、神社を建設して占領地区の住民に強制的に拝ませた日本の神とはちがう。かれらの日本イメージにしたがって祀るようになった神だから、日本人のまったく知らない日本神仏だというところがおもしろい。

16　菩薩

中国浙江省の農村を調査中、宗教について聞くことができた。中国農民はどのような神々を信仰してきたのか、そのような質問をしてみたのである。行った農村の先々で、よく聞けた神は「菩薩」だった。「地蔵菩薩」「観音菩薩」は、日本人にもわかりやすい。それらはおおかた、付近の寺廟に祀られている。同様の廟神は、「聖帝菩薩」や「韋駄天菩薩」だった。

しかし卑近な生活宗教上の神もまた、「菩薩」だったのには驚いた。日本の竈神にあたる神は「灶君菩薩」、屋敷や村の土地神にあたる神は「土地菩薩」、家の門には「門神菩薩」が祀られていた。田に出れば「田菩薩」（田の神）を祀るが、田植えどきに雨が降らないと「龍王菩薩」（降雨の神）を祀って龍の帰還を祈るといい、稲の豊作感謝には「天神菩薩」（稲の神）を祀るという。その他、橋には「橋神菩薩」がいて交通安全を祈願し、船乗りは航海安全の神として、「水神菩薩」を祀るという。これらの「菩薩」を、大乗の求道者としての菩薩と考えると理解は困難だ。生きとし生ける者を救済するため化身して、この世に現れるという菩薩観。これも仏教によるが、それも当たらない。日本人が神を「神様」と呼び仏を「仏様」と呼ぶように、中国人にとって「菩薩」とは、仏教にかかわらず神々に対する尊称にすぎなかったようだ。

六　他界からの人類再考

17　神の治療

マレーシアで「徳教」の寺院を訪問したことがある。徳教とは中国系マレーシア人たる華人社会で、「五教」、つまり儒教・仏教・道教・キリスト教・イスラム教の五つの宗教を統一した教義をもつ混交宗教の一宗派である。宗旨のちがうこれだけの宗教を統合した教義をもつことも珍しいが、この寺院の特徴はそれだけではない。神のお告げを手段として、病気治療や診断を行っているのである。だから寺院でありながら、ここは信者（患者）にとって病院でもある。

神のお告げをどのように受けるかというと、シャーマンに神が憑《つ》いて、シャーマンが神のお告げを砂の上に杖で描き、描かれた「文字」を傍らの助手が漢字に写しとって、その神意を知るのである。写し取られたお告げは、漢詩のごとく定形文になっていて、患者がどう診断さるべきか、どう治療さるべきかを、神が教えてくれる。患者はそれによって、同じ寺院のなかの診察室にいって治療を受け、あるいは薬房で薬をもらう。わが国でも古来、寺院は薬房をもつ病院だった。しかしシャーマニズムと医療とが、こんな形で結びついている例が日本にあっただろうか。いや、ひょっとすると現代日本の医師も、医療機器のお告げを聞いて診療するシャーマンなのかもしれない。

18　他界

宇宙は無限空間で無限大だ。最近の宇宙物理学では、この世とは別に目には見えない別の空間があるとまで考えるようになった。ユニヴァースではなくマルティヴァースである。しかし宇宙物理学とは別に、われわれが宗教や信仰と称してきた世界では、すでに別空間の存在を古くから是認してきた。人がなくなると霊魂は、この別空間たる他界に赴く。他界での生活もわかっていて、ご先祖たちは生前とほぼ同じ生活をしているという。ただし人間界が昼間のうちは、他界は夜間である。だから祖先の霊は、ときどき人間界に迷って出てきて人をおどろかす。

このような祖先は他界で生活しているうち、うっかり別世界に迷ってきてしまったのだ。同じことを人間の方でもやっている。霊界経験者がそれだ。先祖の生活が人間界とほぼ同じとはいっても、他界でできないことがある。それは性生活と生産活動だそうだ。性生活ができないので、祖先から子供の祖先は生まれず、他界の「人口」は絶えず人間界から補充される。そして生産活動ができないから、食物や物資もまた、人間界からの供給に頼っている。日本を含めて東アジア一帯では、だから「先祖供養」と称して、食物や生活物資を「供物」という形で供給してやっている。先祖が飢えると、食を求めて人間界をさまようから注意してやりたい。

19 鬼

めったに聞けないが、中国のある農村で鬼の話を聞いたことがある（第四章第三節「餓鬼の変化とその対応術」）。日本で鬼というと、角や牙が生えていて、金棒をもちトラのパンツをはいて、体が赤いあるいは青い大男を連想する。しかし古代の日本でもそうだが、中国でもがんらい鬼とは、死者の霊魂が変形したものである。つまり中国の鬼とは祖霊のことを指す一方、死霊、とくに人間に危害を加えるような怨霊をも意味している。

鬼が祖霊であり怨霊だというのは、決して矛盾ではない。祀る子孫がおれば霊魂は祖霊になり、いなければ怨霊になるという、鬼の変化しやすい性質に由来する。ただ中国では、鬼といえば一般に後者のことだ。一般の人びとがイメージする鬼とは、姿かたちは見えないが、もし見えるとすると人間の姿と同じだという。だからむろん足がある。人間がもし鬼を見たら三年も不幸に会うというが、鬼を見なくても、原因不明の病気や死は鬼の仕業であるとされている。したがって人びとは家には護符を貼り、毎年魔よけの行事を行っている。それで鬼の危害を防げるわけだが、鬼の側からみると、お経や深紅のお札は、鬼の「生命」をおびやかす装置と写る。鬼はお経や護符によって「死」に至るというのだ。死霊がまた死ぬとは、死んでその先どうなるのだろう？

七　日本政府にもの申す

20　日の丸

卒業のシーズンとなると、毎年のように「日の丸」の掲揚をめぐって議論がおこっている。「国旗掲揚」といいつつ、「日の丸」は一九九九年になってようやく「国旗」になったばかりで、国家の印としての「日の丸」は、その旗のもとにおこした戦争イメージを払拭しきれていない。おまけに「日の丸」の起源はあいまいで、教育現場で教えようにもいま一つ納得がいかない旗だ。一般に「日の丸」は、戦国時代の武将がよく用いた印だといい、ペリー来航以後、異国船と区別すべく日本船舶の印に用いられたといわれる。一八六三年に至り、「御軍艦の儀、御国印白地日の丸」と定められ、日本の印として対外的意味をもつようになった。

得心がいかないのは、「白地日の丸」とはどんな印かということ。この旗を「日の丸」とはいうが、実際は「白地」あっての「日の丸」だ。このような印、実は日本だけのものではない。香港滞在中、墓や廟などの宗教施設で「白地日の丸」を実見したことがある。現地の人に聞くと、「白地」は雲を表し、「日の丸」は太陽だという。すなわちこの印は、陰（雲）と陽（太陽）、西（白地）と東（日の丸）を表わす、陰陽合一の宇宙調和のシンボルだというのだ。「白地日の丸」は、われわれのいうような「日の丸」ではなく、実は「陰陽旗」と称すべきものなのではなかろうか。日本を知りたいのなら、日本以外をも知っておくべきだろう。

21 「時短」より「量減」だ

かつてアメリカから自動車輸出の自主規制をもとめられた日本は、また欧米から「働き過ぎ」だ、「ワーカホリック（仕事中毒）」だと批判されてきた。だから政府は、「労働時間の短縮（時短）」を企業に促してきた。どうしてこうも日本政府は、教科書問題などではアジアに腰が重く、欧米には他力本願なのか。わたしはこうした政府の欧米中心政策に腹が立つ。が、さらに不満なのは欧米に批判されれば、直輸入の「時短」そのままを推し進めようとすることだ。米の輸入自由化は日本文化の破壊につながるといいながら、「時短」導入にあたっては、背景にある日本文化が眼中にないのだ。

「労働時間の短縮」とはいうが、日本人はこんにちまで「労働」をしてきたのかどうか。「労働」という翻訳語より、なおわれわれは毎日「仕事」をしているという実感をもつ。「労働」とはこんにちなお「骨折り仕事」をいうのであって、それもしだいに解放されつつある。「時短」が奨励されるからといって、「仕事への愛着」「仕事のいきがい」まで奪われてはたまらない。「労働」はなるほど時間に制約されるが、「仕事」は時間にかかわらない。「（仕事）量」にこそ関係しているからだ。だから政府が政策を成功させたいと思うなら、「時短」より「（仕事の）量減」なのではなかろうか。

22 「テーゲー主義」に学べ

日本はいま欧米から「働き過ぎだ」と言われている。「過労死」がずっと問題にされてきただけに、前項で述べたような欧米からの指摘にもうなずける。しかし日本は同時に、世界一の長寿国だ。欧米各国より長い労働時間と、欧米各国より長い生命力とを、どう合理的に説明できるのか。日本人はほんとうに働き過ぎているのだろうか。それにしては労働生産性が低すぎはしないか。日本人は欧米に比べて、「生活のゆとり」ならぬ、「仕事のゆとり」をもってきたのではなかろうか。

長寿では日本一の地域、それはかつて沖縄だった。わたしの知る八〇も半ば過ぎの老人会長は、けっこう忙しく会合をこなして働いている。若いころ、家業は「テーゲー主義」でこなしてきたという。「テーゲー主義」とは、いいかえれば「いいかげん主義」。事をつきつめてやらずに大まかにこなし、のんびりと気楽にやろうという一種の楽天主義だ。本土では「フレックス・タイム制」の導入などと、自分独自の出勤時間や労働時間をもつことをすでに実現している企業もあるが、なんということはない、沖縄のとくに地方では、はるか以前から実施されてきたのだ。「生活のゆとり」を目指すばかりでなく、「仕事のゆとり」を実現すべきだ。沖縄の「テーゲー主義」に学ぼうではないか。

終章　要約と結論

ここで、これまで述べてきた内容について、「術」というキイワードから漢民族のどんな生活や宗教が理解できたか振り返ることにしたいのだが、その前に述べ足りなかった、わたしの中国研究の時代的制約とも言うべき経験について触れておきたい。

第一章「漢民族の調査研究事始め」にかかわることだが、こんにち日本から海外に赴くとき、ビザが必須の渡航や短期滞在しか認めない渡航はかなり減っていると思うがどうだろうか。そんな時代だから理解し難いかもしれないが、わたしの若い時代、いかに海外に行くことが困難で、行ったとしてもなかなか充実した調査ができなかったことは知ってほしい。文化人類学（社会人類学）でも日本民俗学でもいいのだが、これらの学問はフィールドワークをしないと学問にはならない。文献資料ではなく、フィールドデータによって理論や学問を作っていくこれらの学問を実践するとき、フィールドワークに制約があったら、なかなかこれらの学問は成就しない。

本書の対象外だが、初の「海外」経験は「外国」としての沖縄だった。一九六九年に初めて沖縄を訪れることができたが、沖縄に行くにはパスポートとビザが必要だった。ビザにも沖縄現地からの招待状が必要だった。ビザ申請は英語で行うことになっていて、ビザが出ても一カ月の滞在を認めてくれるだけだった。パスポートからビザ申請までを行って許可が下りるまで一カ月だったか、何しろかなりの時間が必要だった。当時あまり情報が入って来ない沖縄のホテル予約から調査地選定まで、そして都市から離れた農村にはめったに存在しなかった泊まる場所まで、それらの準備を日本本土ですべて行うことは不可能だった。

わたしが博士課程に進学したころ、沖縄は日本に復帰し（一九七二年）、格段に行きやすくなった。わたしの沖縄調査研究も、「国境」がなくなって急速に進展した。しかし沖縄研究のまとまった成果が出せるようになったのは、初の沖縄調査から一六年後の一九八五年だった（『沖縄の社会組織と世界観』新泉社）。

わたしの海外調査は、さらに入域困難地域へと及んだ。本書に触れたように一九七八年、当時跡見学園女子大学の植松明石先生に誘われて初めて台湾に渡ったのだが、このときもまた、たいへんな困難があった。むろんパスポートにビザは不可欠。そしてビザが下りても滞在は一カ月間に過ぎなかった。ここまでは当時の沖縄渡航の困難とそんなに差はないのだが、台湾での困難は「調査」そのものだった。当時の台湾は「開発独裁」の国民党政権。しかも「大陸反抗」などという看板が市内のあちこちにあるほど、中国とは険悪な関係だった。だからずっと「戒厳令」が敷かれており、外国人は戒厳令下、かならず警察に目的や所在地などを告げておかないと、ホテルにも泊まれない状態だった。むろんスパイ活動防止のためである。海岸や橋など公共施設、軍事上の重要な場所は撮影禁止で、ろくに地図も入手できなかった。

沖縄では、わたしは警察に届け出ることもなく、農家に泊まりビザを更新しつつずっと調査ができたのだが、台湾ではそうはいかなかった。台湾でもわたしは農村調査を目的としていたので、農家に泊まることを希望していた。たまたま道で知り合ったおじさん宅に泊めてもらい、その後何日も何回も調査ができるようになったのだが、そのためには予めわたしを泊めてくれるおじさんと一緒に、近くの警察局に出向き、目的や滞在予定期間などを警察に説明しながら書類に書いて、やがて警察の許可を得て初めて調査が可能になったほどだった。それを一〇年間も繰り返して同じ村落に滞在することができ、いくつかの論文を書いて発表することができたが、沖縄とは違い民族誌作成のための全体的な調査研究は完成しなかった。その後書けた著書は、台湾のみならず一九八〇年代に調査ができた、香港・マレーシアの調査報告を含めた著書だった（『漢民族の宗教—社会人類学的研究—』第一書房、一九九一年）。

その後調査を行うことができたマレーシアや香港でも、台湾とは違った困難があったが、それよりも記憶に残るのは中国本土への上陸と調査だった。中国では調査に調査ビザが必要だったし、そのビザ取得のためには中国現地と人間関係があることが必要だった。調査に赴いても現地が作ってくれた日程に合わせて、それしか調査できないという困難があった。わたしの最初の中国調査は、本文に触れたように一九九二年の、福田アジオ先生を団長とする調査団の一員としてだった。当時は、調査日程に合わせての調査しかできなかったのはむろんのこと、コースを少しでも外れて散歩することも原則不可能だった。記憶に残るのは、現地で入手できた出版社によらない文書資料の持ち出しも禁止だったことである。

その後、わたしは科研費、国際交流基金の資金や東京都の研修制度などの公的資金を利用して何度も中国に赴き、滞在は計二年以上にも及び各地に滞在したが、沖縄や台湾で経験できた民家への宿泊はほとんどできなかった。だから現在まで拡大調査しか行っていない。外国人にとって、いま少しは中国で調査しやすくなっているのだろうか？

その後、わたしの海外調査はカメルーン、ベトナム、ブラジルなどに拡大するが、もはやそれはこんにちと同じ時代の経験だ。それら調査経験や成果の一部は、本書の「付章」のなかに記しておいた。

本書第一章で紹介した「調査体験」は、このような時代を考えると並大抵ではなかったことを、予め知っていただければと思う。そうした困難な環境下、主として初期の体験を綴ったが、一九九七年から半年滞在した台湾では、もはやこのような調査困難な状況ではなく、警察署への登録を介さずに調査ができた。また本書に描いた大陸中国での初期調査体験を経た後も、「調査ビザ」で調査を行うことの困難さを自覚し、そのほかのさまざまな手段で各地の調査が可能になった。こうして本書の後章の、さまざまな調査成果を得ることができたということである。

さて前置きが長くなったが、第二章「家族と親族の生活術」の内容についてである。国交は回復したが、なおまだ行けなかった中国（含む台湾）と、行って調査が可能だった香港に関する、「家族・親族」の研究および調査の概要を記すことができた。一九七六〜八三年の時期である。後ほど触れるような陳其南の大作［陳 一九八五］やその小熊誠訳（二〇〇六年）は、まだ世に出ていなかった時期だった。

当時の中国に関する文化人類学研究で盛んな研究の一つだったのが、「家族・親族研究」だった。とくに中国を中心とする東アジアや、インドなど南アジアの文明圏研究では「家族」の研究がきわめて盛んだった。また文化人類学といわず中国関連の研究では、「家族」研究は社会研究の筆頭に挙げられるほどだった。そこで文献研究でも調査研究でも、社会研究として「家族」とそれに関連する親族関係の研究を進めてみたのだが、本文に書いたようにその当初から先行研究による中国社会の捉え方の違いに、わたしは直面していた。中国社会はカルプの指摘するように一族（宗族）のあらゆる統合次元に対して「家族」概念の適用が有効なのか［Kulp 1925=1940］、それともフリードマンの指摘するように「家族」概念は中国でいう社会単位としての「房」「戸」あるいは「家」

に限定され、親族集団の最大範囲である「宗族」は、リネージ（一族）やクラン（氏族）として捉えるべきなのか［Freedman 1958］、そのような問題に直面して研究者の側で定義や社会認識が異なっていたわけである。

先行研究だけではない。わたしがその後調査した香港水上居民の「家族」もまた、それは船上生活の共同という意味での「居住家族」に等しかったが、「家族」を類型化すると小は四名からなる核家族から、大は二一人ものメンバーが共同生活する拡大家族まで、日本本土や沖縄ではそうそうあり得ないメンバーが同じ船内で生活していた。しかし水上居民には、陸上の「宗族」までの社会的な統合レベルの違いは認められなかった。

陸上居民には重要な「宗族」組織。これをわれわれの分析概念で「因襲的家族」（カルプ）と呼ぶべきか、それとも「リネージ」や「クラン」（フリードマン）と呼ぶべきか、後に台湾の人類学者である陳其南は、こうした西洋概念の中国社会への適用を不適切だとして批判するが［陳 一九八五］、たしかに文化人類学の唱える家族～氏族、あるいは自然家族～因襲的家族の「境界のある集団統合の概念」の中国社会への適用がなかなか難しいことは、本論を見ていただいてもよくわかるかと思う。

それは陳其南が指摘するような一族の分割単位である「房」から、一族の統合単位である「家・族」に至る、中国語の用法の問題というよりは、中国独特観念としての社会の統合レベルに「境界のない」、言い換えるなら一定の規則のない「房」～「家」間の、相対的で流動的な関係があって、そのしくみは独特な「生活術」によっていたからではなかろうか。

陳其南と同様に中国家族の研究者だった台湾の名だたる人類学者・王崧興が、中国社会は「関係あり、組織なし」の社会だと指摘していたことは、本書の冒頭で述べた［王 一九八七］。しかし陳其南やその先行者たちが認めているように、「房」「戸」「支」「家」「族」などの、父系出自集団（宗族）を統合のレベルに応じて、それらのカテゴリー名称を使い分ける「組織」は存在するではないかと言うかもしれない。いや中国では、たとえば日本のように長男が本家を継ぎ次男が分家をし、娘たちは婚出するなどというシステムとしての「組織原理」が規範として働いているのではなく、父子関係を基軸として親族組織をできるだけ分けないで家族関係を永続させ拡大させることが漢民族にとって重要なのである。わたしが台湾で調査をした当時、「四世同堂」など、四世代同一住居（同堂）の例が少なからず認められた。まさに「分家」、つまりは一族を分けることをしない例である。

しかし「宗族」という最大の親族の範囲、すなわち、いちばんの統合された単位である「家」や「族」の統合レベルを、内紛や居住スペースの限界などにより一族を分けて発展・展開せざるをえなくなったとき、日本の意味とは異なる「分家」（一族の平等分割、すなわち調和のとれた均衡ある居住地や共有財産の分割）が発生する。だから組織として「分家」するわけではなく、「関係原理」として密な人間関係があるから、その関係のあり方に応じて「分家」、つまりは不定期に新しい「族」内の「支」や「房」という一族の分割単位が発生するのである。

これこそ日本その他と異なる「生活術」だと称してよいのではなかろうか。関係する当事者が意識しているかどうかわからないが、そこには李亦園が指摘したような均衡（中）と調和（和）を「術《すべ》」とした「関係（コネ）」原理が働いていていないかということである［Li 1992］。

第三章「患者と高齢者の養生術」では、自分の体験をも踏まえて漢民族の養生術、往生術とはどんなものかを考えてみた。一九八一年に、わたしは台湾で交通事故に遭って、快復までに一年以上の歳月を必要とした。その経験から理解できたのは、同じ「西洋医学」で治療を受けながら、その医術、つまりは治療法が日本とは異なることだった。左脚の完全骨折が主だったが、台湾では非観血手術を受け、日本では観血手術を受けた。患者の食事も台湾では怪我と病は区別されて栄養豊富な食事を与えられ、日本では病人と区別されずカロリーの少ない食事が与えられた。そのような医術の違いは養生術の違いにまで及んでいることを、寺廟活動における病気判断から施薬にまで明らかにした。「医食同源」の中国、台湾。それは「医術と宗教同源」にも及んでいた。

高齢者の養生術をともなう老後の生活もまた、日本とは大きな違いがあった。ただし台湾で調査を行った、七、八年前までの違いと称したほうが良いかもしれない。台湾でも日本にまねた老齢年金制度が二〇〇八年にスタートしたからである。とはいえ高齢者の生活は、いまなお基本は儒教思想に委ねられた生活で、親は子供を慈しむとともに子供は親に孝行せねばならぬという道徳は、なお生活信条の基本になっている。このような敬老精神があるから、親の老後の生活は子供に委ねることが久しく行われてきた。言い換えるなら政府の援助に頼るより、親族関係のある子供家族に扶養されることを良しとしてきたのである。と同時に老後に大切となる「老伴」（配偶者）、「老友」（友人）よりも、はるかに重要だったのは「老本」（老後の資金）だった。この「老本」は、子供の援助に頼るより、現在はるかに多くなっているのは自己資金、すなわち高齢者自身による積み立て資金だった。

高齢者自身による積み立て資金は、しかし職業の「公」「私」によって違いがあった。「公」、すなわち公務員など国税、地方税により職業が成り立っていた者は、かつての日本の「恩給制度」同様に、税を投じて高額な生活資金が与えられていた。しかもこのような高齢者の生活資金は、公務に就いた年数が規定以上であれば必ず支給されるものなので、そのような年数を勤め上げた公務員は、早々に退職して高齢者生活資金の需給を受ける例が少なからず認められた。これも国家に忠義を尽くした者に手厚い保護を約束する儒教道徳の援用であった。われわれ現代の異国の者から見ると、職業の公私で高齢者生活の支援に差別をつける政策は「差序体系」（差別と序列を付けようとするシステム）であると認めざるをえなかった。養生術から見ると、公私の職業により、とくに資金面で対応が異なってしまうということになる。

敬老精神豊かだった台湾も、日本と同じように少子高齢化社会の典型例になっている。親との同居率は、日本よりなお遥かに高いとはいえ、子供の希望により同居しないか、できない例が多くなっている。しかし儒教道徳はなお健在で、身体的、精神的な理由から子供に養ってもらいたいという希望に変わりはない。このような矛盾状況に対して、行われてきたのは外国人に高齢者の生活の援助を求めるという、家政婦雇用による養生術だった。日本では家庭で介護者を雇うのではなく、高齢者介護センターのようなサービス機関で組織的な介護が行われ、そこに外国人も雇われている。台湾にも類例がないわけではないが、日本より圧倒的に多いのは家庭内介護、すなわち家政婦雇用による介護なのである。ここにも家庭道徳である儒教が背後にあり、かつ経済的その他の理由で台湾人ではなく外国人を雇用するという「差序体系」が見られないかと判断したわけである。

台湾を含む中国では、高齢者は「老人」あるいは「高齢者」と自覚したとき、すでに末期の準備が進行している。このような文化が、また漢民族文化の特徴である。日本にも「往生」や「大往生」には、何も仏教由来の観念としてではなく、そこに至るまでの末期の条件がある。死に際が老衰などの自然死であること、すなわち病気による死でも、殺されるような人為的な死でもなく、肉体が生命を維持できなくなるほど長生きして他界することである。

しかし、日本のように死に様だけが漢民族にとって重要なのではなく、本文で紹介したように「老人」の年齢に達した者が用意する「寿衣」（死に装束）、「寿棺」（棺桶）、「寿墳」（自分の墓）が、まずは必要だった。時代によるだろうが、わたしが台湾や大陸中国で聞いた話では五〇～六〇歳になれば、右の一連の準備を行うということだった。「寿衣」を自分で縫っている様子も目撃したことがあるし、「寿棺」は大陸中国農村で至る所に認められた。そして「寿墳」に至るや、その出来映えをかなりの人びとが自慢していた。これだけ整えても往生にはなお不足で、日本に似て死に際が重要だった。祖先の前で亡くなること、子孫に看取られること、自然死であることなどなど。とくに死に様を看取る専門家まで来て貰う例がある。

それらは「祖先」になるための条件ともなる。子孫がいること、とくに男子子孫がいること、長寿になって亡くなること、横死ではないこと、未婚ではないこと、生前に犯罪などしていないこと、そして位牌や墓に名が刻まれること……。亡くなったから現世に生きる子孫にとっての「祖先」になるのではなく、亡くなる前に往生のさまざまな条件をクリアして初めて「祖先」としてあの世でメンバーシップを得ることになり、子孫に定期的に祀られるようになる。だから人生の諸条件を満たすべく努力する方法、それが漢民族の往生術ということになる。

これらの養生術、往生術は、李亦園が指摘した［Li 2002］人生という「時間のシステム」における自然の法則（陰陽五行の運行）との均衡と調和にもなり、また儒教道徳にもとづく「社会のシステム」における秩序の均衡と調和をめざしたものともいえる。

第四章「宇宙三界との交渉術」は、本書の理論的背景を序章より詳しく述べたほか、わたしの先行研究にあたる『漢民族の宗教—社会人類学的研究—』で触れた内容を、「術」の課題に沿って再考したものである。

漢民族の社会は陳其南が指摘したように［陳 一九八五］、およそ出自集団に関して「房」という一族を分割した後に単位となる家族と、一族を統合するような「家」「族」というまとまりの間で、相対的にバランスよく組織化するような均衡と調和を理念とする社会である。そのために王崧興が指摘したような「関係（コネ）」が、言い換えれば相手に関わって関係づけが行われるような社会だった。関係づけには、理念として均衡と調和を保つような儒教道徳が、陰に陽に作用しているだろうと思われる。「関係原理」とは、人間関係次第で家族は分裂せず、また逆に人間関係次第で家族は分裂するということである。

そして李亦園は、こうした漢民族の「社会のシステム」をも包摂する社会〜宗教的なモデルを提案した［Li 2002］。漢民族の存在論的思考法として、かれらの世界観のなかには「陰」と「陽」とがあり、この二項が「天」と「人」、「地」と「人」、あるいは「神」と「人」だったりする。それら二項が「中」（均衡）と「和」（調和）を得るよう、それを目的として動態的に相互交渉することにより、理想状態としての「中和」が達成される。それら二項が「中和」に至るには、二項間の媒介物が必要であり、風水術でいうなら二項の媒体は「気」であった。風水術では地気に人気が「感応」すれば、地気の良い気＝「生気」が人体の気と共振して、生気の好影響を受けるとされていた。こうして「地」と「人」とが同じ性質を持つ「気」を通じて「天（自然）人（人間）合一」になること、言い換えるなら二項間の「均衡」と二項間の「調和」を得て一体化することが風水術の基本だった。風水術の例は本章でも挙げたが、次の章でより詳しく解説することにする。

いずれにせよ漢民族の存在論的思考法は、かなり徹底した相対主義が認められる。AとB間の「関係」と「交渉」のあり方で現象が形作られ、それらの間のバランスを取るという動態的プロセスにより、A・B両項間の要素を取り入れた、すなわち両要素が「調和」した新しい生成物としてのCが作られる。このプロセスこそ、漢民族にある独特な行為としての「術」なのである。

さて、本章で主として例に挙げたのは、祭祀の対象としての「神」と「鬼」だった。ここに「祖」（祖先）を入れると、漢民族の祭祀対象としての宇宙三位《さんみ》が存在することになり、それぞれの居場所としての宇宙三界が形作られるが、「三界」は、「神」は「天堂」、「祖」と「鬼」は同一世界に君臨して「陰間」、そして両者の間に人間界としての「陽間」があることになっている［渡邊 一九九二］。「祖」と「鬼」とは別々の宇宙的存在であるにもかかわらず、なぜ棲息する世界は同じなのだろうか。そして「祖」と「鬼」は、どのように区別されて存在するのだろうか。「神」をも含めてそれらは、すべて人間との交渉如何によっている。だから人間には、こうした宇宙存在に対する祭祀や対応に関する「術《すべ》」（差異化した儀礼手段）が欠かせないのである。

神は「有求必応」という条件の下に、「衆姓」（特定の姓＝一族を超えて万人）に対して利益をもたらす存在である。「有求必応」とは中国や台湾の廟で見かける標語の一つだが、「求めがあれば必ず応じましょう」という意味の神からのサービス宣言である。「神」はこのように人間の願いがあれば聞いてやり、それを叶える存在で、原則、決して人間に危害は加えたりしない。このような共通の特徴を持つサービス精神旺盛な存在だが、神々の世界にはその権能に応じて高低のランキングがあり、ハイアラキーを成している。漢民族の最高神こそ、本章で対象とした「玉皇上帝」別名「天公」、それである。「玉皇上帝」は「神」のなかでも特別な存在だから、それ以外の神々とは、祭日、祭祀時刻、祭祀場所、祭品、供物、紙銭、タブーその他祭祀方法、つまりは祭祀術全体が区別されて違っている。本章では述べなかったが、最高神がいるなら最低神の存在も認識されている。たとえば台湾の「七爺」「八爺」。廟の門前にも飾られていたり、それらの仮装行列を行う祭りもある。これらの神々は、一説では「有求必応」に変わりはないが、人びとが願いを叶えようとすると、祭品だけでは足りず賄賂を求めたりするという［渡邊 一九九一］。祭祀術以上に対応術に困窮するような「神」も存在するわけである。

神々とは逆の存在が「鬼」（餓鬼）であろう。だから、「神」の対極としての「鬼」への対応術について、本章で取り上げげた。さて、ここで「祖」（祖先）との区別を指摘しておかねばならない。祖先は「神」に似て、「単姓」（同姓の一族）に対して御利益を与える存在である。このような子孫に利益を与える存在として未来永劫にわたり、子孫によって祀られる存在なのだが、前章に述べたように人間が祖先になるためには、生前に厳格な養生術があり、その条件を満たすべく多くの手続きを経て、初めて資格を得た「祖先」になれるわけである。それらの条件を満たせず他界した者、それが広い意味での「鬼」である。生前悪行をなした者こそ「鬼」のイメージにふさわしいが、交通事故死や戦死など本人にとっての不本意な横死者もまた、典型的な「鬼」ということになる。

しかしほとんど祖先になるための条件をクリアしていながら、子供や子孫がないために「鬼」になった者もいて、かれらは「鬼」ではあるが日本で言う「無縁仏」のような、祖先か鬼かの境界領域にあるような存在でもある。鬼のヴァリエーションは尽きないが、祖先と鬼が棲む世界を共有しているのは、「祖」「鬼」とも死者だという点である。死者供養や死者への対応術は、祖先も鬼も変わりがない。両者は同じだということを示すように、祖先と鬼に与える紙銭は「銀紙」だったりする。供物も違えない地域もあるが、年忌を経て祖先らしい祖先になると、鬼とは祭祀術も対応術も違えるのが、おおかた漢民族の作法だろう。

こうして大別して「神」「祖」「鬼」からなる来世は、すでに述べたようにさらに現世との関係において、人間が祀るか祀らないかによってその存在が変化してしまう。すなわち祀れば「神」か「祖」だが、祀らなければ「鬼」（幽霊）となるわけである。子供や子孫が祖先を祀るのは、けっきょくのところ、みずからが「鬼」にならぬための手段だからであり、来世との諸関係を調和させるための手段（術）なのである。と同時に「鬼」も「鬼」のまま放置されるのではなく、「鬼」が及ぼす人間界への災いを最小限に食い止めるため、人間は定期的に「施餓鬼」を行い、あるいは「神」へと昇華させるよう「鬼」を祀っている〔渡邊 一九九一〕。こうして人びとは、いまなお来世と現世との均衡と調和を図るべく、さまざまな宇宙的存在に対して、相対的に、つまりは「神」と「人」、「鬼」と「人」とそれぞれ異なる関係（関わり）を考慮しながら、それぞれに対してさまざまな「術」を用いて交渉しているわけである。

その例として「正月行事」を取り上げてみた。台湾南部の客家《ハッカ》人村落の例である。宇宙三位（神・祖・鬼）に対する祭祀のコンテクスト（行事）から見ていくと、それら三者に対する祭祀として、時間の織物を織るようにして時間により祭祀術を使い分け、三者との違ったコミュニケーションをしつつ対応していることがわかる。旧暦一二月二四日に竈神を台所で天に送る儀礼をした後、二六日深夜には中庭で天公を丁重に祀る。そして三〇日には昼間に村内の諸神を巡拝し、家に帰って早々一家揃って家にある祖堂（仏間）で祖先に挨拶し、夕刻になれば屋外で餓鬼に供物を与えるなどなど、神→祖→鬼と時刻や場所、祭品、紙銭を違えて祭祀し対応する忙しさである。来世に対してはこうした高度な祭祀、すなわち色彩豊かな糸で織物を織るような、あの世に対する繊細で高度なコントロール技能＝術が欠かせないのである。

第五章「市場経済化する漢文化と風水術」では一見して異なるテーマ、すなわち現代中国の「市場経済化する文化」と「風水術」について述べた。しかし本文を読んでおわかりのように、「市場経済化」が進む中国にあって、さまざまな文化が市場原理によって生成・流通し、いままでになかった現代生活が生み出されてきた。その市場の一つが風水術を求める市場であり、それに応ずるのが風水師だということを本章で述べたわけである。

風水術の歴史は中国では非常に古く、いまに始まったことではないが、とくに明清期、風水術は官僚だけの知識ではなく、民間の知識として広く流布するようになり近代になって拡大した［渡邊 二〇〇一a］。特定地域の名称を示さず例に挙げた風水村は、それよりもっと歴史が古いのだが、何よりも風水術を教えるというこの村があって、何十人もの風水師がそこで風水術を学習し社会で活躍してきたこと、歴史を通じてそれだけの需要が中国にあることは背景として知っておくべきだろう。

例に挙げた人物は、不幸にして文化大革命の時代を生き抜いてきた。文化大革命時期には「破旧立新」、伝統文化は破壊の対象であり、科学信仰のもと風水術は「迷信」視されてきた。にもかかわらず風水判断に需要があったことは、本文で明らかだろう。この地域以外でも、わたしは文化大革命期における風水師の処遇について聞き取りをしてきたが、風水判断の道具である羅盤は公には使えず、代用品としての日影観測を強いられても需要に応えてきた風水師の話などを聞いている。風水術は文革が終わった後の現在もなお、中国では「迷信」というレッテルが貼られている。

にもかかわらず好況を続けている中国では、住宅やオフィス建設が絶えず、かつ社会資本による道路や河川の整備が進んでいる。それらの建設に先立って環境影響評価を行うことは、日本とて同じ。このような判断技術を近代以前から受け継いできた風水判断は、だから中国では欠かせないわけである。

公的に「迷信」であると認定されている風水術は、だから表向きには使えないし風水師も雇えない。なのに風水師が巷間大活躍しているのは、中国の政治経済が「表」と「裏」のシステムによって支えられているからなのである。いまの中国は「社会主義市場経済」とされるが、この標語もまた「社会主義」という「表」と「市場経済」という「裏」があって、「陰陽合一」ならぬ「表裏一体」の原則にもとづいて社会が運用されていることを示している。これを中国の政策術と呼んでよいかもしれない。

中国における風水術の知識の普及や、中国、沖縄双方で言語化されている「風水」は、また現代的な現象である。わたしが北京で誰に対して風水術ならぬ風水研究の一端を紹介したのか、そして誰が日本で風水を肯定的に言語化し挨拶したのか、誰がアメリカ軍に抗して風水の原則により施設返還を要求したのか。この例だけを見ても、風水術をこんにちどう位置づけるべきか戸惑う政治的世界があると言わざるをえない。総じて「表裏一体」の「社会主義市場経済」の中国における典型例が、だから風水師による風水判断活動なのだが、「表裏一体」の原則は、何も風水術だけに認められるわけではない。

そこで本章において、現代中国、とくに漢民族の「表裏一体」の政策術の効果を紹介してみたのが、後半の「市場経済化する漢文化」だった。社会を市場経済化していけば、あらゆるものが市場の対象となる。「社会主義」だけの中国だったら、市場価値の付いた、つまりは施設の使用料金などを伴うような都市開発は興らなかっただろう。しかしオリンピックを目前にした北京では、「市場経済化」を前提として大規模な都市開発が行われていた。しかしすべての市域を市場経済化したかといえばそうではなく、開発地域と環境保護地域とに分けて計画的に開発がなされていたのである。

わたしはこうした都市開発による市域の区別と、公園や公共施設などの入園・入館料金を年齢や地位、職業の有無などにより区別する料金格差とを同一視した。北京では「文明」と称していたが、市場経済化には「モラル」が必要だったからである。モラルとして開発や競争を許す人間や地域と、それを許せない人間や地域を分けるのである。市場経済化と同時に、北京市内の社区（地域コミュニティ）役員の選挙が戦後初めて実施されたことも、明らかにこの競争の一環であろう。

こうした市場経済化が地方の文化にまで及んでいた。市場経済化が進行するとともに、出稼ぎ収入が豊かなためにほぼすべての農家がコンクリート・ビル化した村落や、交通が不便で道路その他の社会資本が投じられず、「伝統」住居そのまま、「伝統」文化そのままに取り残された村落を紹介した。住民が「伝統」を守りたいから「伝統文化」があるのではなく、社会資本その他の資金がないから改築や市場経済化が進行しない村落があったのである。寺廟活動も市場経済化によって、以前とは違った現象が現れた。寺廟の玄関に書かれた標語は信仰の勧めではなく、日本（沖縄）からの観光客の来廟歓迎という標語だった。また寄付金や布施の金額により、寄付や布施した家族の関係者の名前が中国伝統の書式を無視して額の高低により刻まれたり、寺廟で病気判断やその対処法をおみくじによって神に告げられると、そのお告げに市内の薬局で薬を購入するよう勧める内容が書かれていたりする。その他、葬式において、あの世に贈る冥宅やあの世の生活に必要だとされる自動車やパソコンなどが、しだいに派手になり流行化していることも、漢文化の典型的な市場経済化であった。

こうして中国の市場経済化は「文明」（モラル）を基とする新たな経済ルールを生み、モラルを通してモラルのグローバル化を実現しようとしている。つまりは海外のモラルを中国が受け入れるとともに、中国の儒教道徳をも海外化しようとしているのである。さてそこに、中国の存在論的価値観のある諸「術」が入っているのだが、本書では「術」のグローバル化まで追うことはできなかった次第である。

そして**付章「フィールドワーク徒然草」**は、わたしのこれまでの調査研究の余滴ともいうべきものだが、その一部の余滴は論文になって本書に載せることができた。今後、何かの論文になって身を結ぶかもしれない、わたしのアイディア集である。

参考文献

〔日本語文献〕

愛知大学中日大辞典編纂処編　一九六八『中日大辞典』大修館書店
井岡大輔　一九三九『意匠資料　満州歳時考』（旧題『一簣』）村田書店
石田英一郎　一九六六『文化人類学序説』時潮社
植松明石　一九八〇「台湾漢人（客家村）の中元節―祖霊祭祀に関する予備的報告―」『日本民俗学』一二九、六〇―八一頁
植松明石　一九八九「台湾における死者の霊魂と骨」渡邊欣雄編『祖先祭祀』（環中国海の民俗と文化3）凱風社、四四八―四七五頁
王崧興　一九八七「漢人の家族と社会」伊藤亜人ほか編『現代の社会人類学』東京大学出版会
大胡欽一　一九六六「北部沖縄の家族組織」『政経論叢』三四―五
大胡欽一・渡辺欣雄　一九七四「生存配偶者の再婚―逆縁婚と順縁婚について―」『講座家族』第四巻
片岡巌　一九二一『台湾風俗誌』台北、台湾日日新報社
可児弘明　一九七〇『香港の水上居民―中国社会史の断面―』岩波書店
可児弘明　一九八五『シンガポール海峡都市の風景』岩波書店
窪徳忠　一九七七『道教史』山川出版社
国分直一　一九六八『台湾の民俗』岩崎美術社
崔昌祚　一九九九『風水地理入門』（熊谷治訳）雄山閣出版
蔡文高　二〇〇一『日中洗骨改葬の比較研究』成城大学大学院博士論文
坂出祥伸　一九九一『中国古代の占法―技術と呪術の周辺―』研文出版

桜井徳太郎　一九七六「比較民俗論の課題―ノクツリムとマブイグミ―」柴田実先生古稀記念会編『日本文化史論叢』同記念会、四〇九―四二三頁
桜井徳太郎　一九八〇「韓国の巫俗と魂魄婚姻」千葉徳爾編『日本民俗風土論』弘文堂、四一九―四四二頁
佐々木宏幹　一九八三『憑霊とシャーマン―宗教人類学ノート―』東京大学出版会
佐々木宏幹　一九九九「シャーマニズム」福田アジオ・新谷尚紀・湯川洋司・神田より子・中込睦子・渡邊欣雄編『日本民俗大辞典』上巻、七九七―七九九頁
滋賀秀三　一九六七『中国家族法の原理』創文社
清水盛光　一九三九『支那社会の研究―社会学的考察―』岩波書店
末成道男　一九九五「葬儀と埋葬―華やかで騒々しい旅立ち―」曾士才・西澤治彦・瀬川昌久編『アジア読本・中国』河出書房新社、一八四―一九〇頁
末成道男　一九七八「漢人の祖先祭祀（その二）―中部台湾の事例より―」『聖心女子大学論叢』五、七―五五頁
鈴木清一郎　一九三四『台湾旧慣・冠婚葬祭と年中行事』台北、台湾日日新報社
鈴木満男　一九七四『マレビトの構造―東アジア比較民俗学研究―』三一書房
瀬川昌久　一九八五「打醮―まつりにあらわれる香港の村の素顔―」『季刊・民族学』九―一、二〇―三五頁
瀬川昌久　一九九六『族譜―華南漢族の宗族・風水・移住―』風響社
中国農村慣行調査委員会編　一九五二『中国農村慣行調査』第一巻
戸川芳郎　一九九〇「気一元論」『東京大学公開講座・気の世界』東京大学出版会、三―三四頁
直江広治　一九六七『中国の民俗学』岩崎美術社
永尾龍造　一九七一『支那民俗誌』全三巻、台北、東方文化書局
中根千枝　一九七三「沖縄・本土・中罔・朝鮮の同族・門中の比較」『沖縄の民族学的研究―民俗社会と世界像―』民族学振興会
三浦國雄編　二〇一三『術の思想―医・長生・呪・交霊・風水―』風響社
村上玉吉　一九三四『南部台湾誌』台南、台南州共栄会

村田あが　一九九六『風水　その環境共生の思想』環境緑化新聞社
若林正丈・劉進慶・松永正義編　一九九〇『台湾百科』大修館書店
渡邊欣雄　一九七一「沖縄北部一農村の社会組織と世界観」『民族学研究』三六—二
渡邊欣雄　一九七三「親族関係の社会的距離をめぐって」『日本民俗学』九〇
渡邊欣雄　一九八〇「客家人の正月習俗覚書：記述篇—台湾屏東県竹田郷頭崙村を中心として—」『南島史学』一五、一—三二頁
渡邊欣雄　一九八二「玉皇上帝誕辰の祭俗に関する比較研究」『武蔵大学人文学会雑誌』一四—一、四七—一一二頁
渡邊欣雄　一九八四「客家」『日本大百科全書』小学館
渡邊欣雄　一九八五『沖縄の社会組織と世界観』新泉社
渡邊欣雄　一九八六a「民俗的知識の動態的研究—沖縄の象徴的世界再考—」『国立民族学博物館研究報告』別冊三、一—三六頁
渡邊欣雄　一九八六b「漢人社会の宗教—シンクレティズム再考—」『文化人類学』三、一一七—一三〇頁
渡邊欣雄　一九八六c「宗教と儀礼」戴國輝編『もっと知りたい台湾』弘文堂、一三六—一六一頁
渡邊欣雄　一九八七「マレーシア・ベナソ島における中元節の儀礼過程—一祭区の事例報告—」直江広治・窪徳忠編『東南アジア華人社会の宗教文化に関する調査研究』南斗書房、一三五—一九三頁
渡邊欣雄　一九九一『漢民族の宗教—社会人類学的研究—』第一書房
渡邊欣雄　一九九三a「墓と家族の地理学—風水論の視点から—」藤井正雄・義江彰夫・孝本貢編『家族と墓』早稲田大学出版部、八一—一〇三頁
渡邊欣雄　一九九三b『世界のなかの沖縄文化』沖縄タイムス社
渡邊欣雄　一九九四a『風水　気の景観地理学』人文書院
渡邊欣雄　一九九四b「墓地風水・解説」渡邊欣雄・三浦國雄編『風水論集』凱風社、四二七—四三七頁
渡邊欣雄　一九九六「東洋理論としての風水思想—社会人類学的研究成果と試論—」『iichiko』三八、九九—一二〇頁
渡邊欣雄　一九九七「思想がはぐくまれる環境認識」青木保ほか編『環境の人類誌』岩波書店、一五—四〇頁
渡邊欣雄　一九九八「フィールドワーク徒然草」大胡欽一・加治明・佐々木宏幹・比嘉政夫・宮本勝編『社会と象徴—人類学的アプ

ローチ・村武精一教授古稀記念論文集―』岩田書院、五一三―五二三頁
渡邊欣雄　一九九九「風水とシャーマニズム―中国東南部の事例―」『東アジアにおけるシャーマニズム文化の構造と変容に関する文化人類学的研究』科研費報告書、六三―六八頁
渡邊欣雄　二〇〇一a『風水の社会人類学―中国とその周辺比較―』風響社
渡邊欣雄　二〇〇一b「漢族的民俗宗教把握と理解の試み」『アジア漢文化地域の民俗宗教に関する宗教人類学的研究』文部省科研費報告書、一一九頁
渡邊欣雄　二〇〇三「あの世のために生きる―漢族の死生観と死の条件―」『路地裏の宗教―中国民俗宗教の営み―』(「アジア遊学」五八)勉誠出版、一四―二三頁
渡邊欣雄　二〇〇六「風水師と『裏』の市場経済」『民俗文化研究』七、一二一―一二六頁
渡邊欣雄　二〇〇八「高齢者生活論―沖縄・久米島を例とした仕事理論仮説―」『首都大学東京人文学報』三九三、一―一四頁
渡邊欣雄・小田亮　一九八一「民俗学と民族学」『地理月報』二八三、二〇―二三頁
渡邊欣雄編　一九八九『祖先祭祀』凱風社
渡邊欣雄編　二〇〇三『風水の歴史と現代』(「アジア遊学」四七)、勉誠出版
渡邊欣雄・三浦國雄編　一九九四『風水論集』凱風社

〔中国語文献〕

王崧興　一九六七『龜山島―漢人漁村社會之研究―』中央研究院民族學研究所專刊之一三
王崧興　一九七一「中日祖先崇拝的比較研究」『中央研究院民族学研究所集刊』三一
王世禎　一九八六『中国民情風俗搜奇―從喪葬習俗与異術信仰体認中華文化―』武陵出版社
黄順大斤・黄馬金・鄒子彬編　一九九四『客家風情』海潮摂影芸術出版社
何聿光編　一九九二『婚喪喜慶全典』上海社会科学院出版社
郭立誠　一九八三『中国民俗史話』漢光文化事業公司

郭禮臣　一九三六『燕京歳時記』〔Tr. and Ann. by D. Bodde 1965 *Annual Customs and festivals in Peking*, Hong Kong: Hong Kong Univ. Press〕
関鋭煊　一九九六『老人社会工作実務』桂冠図書股份公司
関華山　一九八一「台湾伝統民宅所表現的空間観念」『中央研究院民族学研究所集刊』第四九期、一七五―二一五頁
邱天助　二〇〇二『老年符号与建構』正中書局股份有限公司
呉老徳編　二〇〇三『高齢社会―理論与策略―』新文京開発出版有限公司
呉瀛濤　一九七七『台湾民俗』衆文図書公司
蔡文輝　二〇〇三『老年社会学』五南図書出版股份有限公司
朱元壽　一九七五『神誕譜』中午出版社
朱鋒　一九四二「臺南年中行事記・上」『民俗臺灣』二―五、二四―二八頁
周家華　二〇〇〇『老人学研究―理論与実務―』正中書局
周柏編　一九九二『中国礼儀大辞典』中国人民大学出版社
周尚意・趙世瑜　一九九四『天生地民―中国古代関于人与自然関係認識―』浙江人民出版社
徐傑舜編　一九九八『漢族民間風俗』中央民族大学出版社
饒秉才・欧陽覚亜・周無忌編　一九八一『広州話方言詞典』香港商務印書館
張雲飛　一九九五『天人合一―儒学与生態環境―』四川人民出版社
陳其南　一九八五「房与伝統中国家族制度―兼論西方人類学的中国家族研究―」『漢学研究』第三巻第一期、漢学研究資料及服務中心、一二七―一八四頁〔小熊誠訳　二〇〇六「房と伝統的中国家族制度―西洋人類学における中国家族研究の再検討―」瀬川昌久・西澤治彦編『中国文化人類学リーディングス』風響社〕
陳瑞隆　一九八二『台湾民間年節習俗』世峰出版社
陳瑞隆　一九八八『新編命理万年経』裕文堂
陳肇男　二〇〇一『快意銀髪族』張老師文化事業股份有限公司

鄭伝寅・張健編　一九八七『中国民俗辞典』湖北辞書出版社
内政部統計処編　一九九七『中華民国八十五年　老人状況調査報告』鼎易印刷事業有限公司
潘廼禎　一九四一「士林歳時記」『民俗臺灣』一―六、八―一六頁
馬以工編　一九九二『中国人的生命礼俗』十竹書屋
馬昌儀　一九九六『中国霊魂信仰』漢忠文化事業股份有限公司
孟憲明　一九九七『民間礼俗』海燕出版社
葉大兵・烏丙安編　一九九〇『中国風俗辞典』上海辞書出版社
羅香林　一九三三『客家研究導論』（有元剛訳　一九四二『客家研究導論』吉村商会印刷）
李亦園　一九七八『信仰與文化』巨流圖書公司
劉光輝　一九七九「台灣過年民俗（續完）」『中国地方自治』三一―一一、二五―二六頁
劉克宗・孫儀編　一九九一『江南民俗』江蘇人民出版社
凌志四編　一九八五『台湾民俗大観』第二巻、大威出版社
林明義編　一九九七『台湾冠婚葬祭家礼全書』武陵出版有限公司
林恵祥　一九六八『民俗学』台湾商務印書館
林衡道　一九七五『台灣的歴史冊民俗』（馮作民訳）青文出版社
呂理政　一九九〇『天・人・社会―試論中国伝統的宇宙認知模型―』中央研究院民族学研究所
婁子匡　一九六七『新年風俗志』臺灣商務印書館
婁子匡・許長楽　一九七一『臺灣民俗源流』臺灣省政府新聞處
Blieszner, R. & Bedford, V. H.　二〇〇七『老年与家庭―理論与研究―』（林欧貴英他訳）五南図書出版股份有限公司

[欧文文献]

Ahern, E. M. 1973 *The Cult of the Dead in a Chinese Village*, California: Stanford Univ. Press.

Ahern, E. M. 1981 *Chinese Ritual and Politics*, Cambridge Univ. Press.

Baker, H. D. R. 1968 *A Chinese Lineage Village*, London: Guilford.

Diamond, N. 1969 *K'un Shen: A Taiwan Village*, New York: Holt, Rinehard and Winston.

Doolittle, J. 1966 *Social Life of the Chinese*, Taipei: Cheng-Wen Pub.Co.（Orignal Publication: New York: Harper and Brothers, 1865）

Eitel, Ernest J. 1878 *Feng-shui: Or, The Rudiments of Natural Science in China*, Hong Kong: Lane, Crawford.〔中野美代子・中島健訳 一九九九『風水―欲望のランドスケープ―』青土社〕

Fallers, L. A. 1965 "The Range of Variation in Actual Family Size: A Critique of M. J. Levy' Jr.'s Argument", in *Aspects of the Analysis of Family Structure*, New York.

Fêng, Han-Yi 1967 *The Chinese Kinship System*, Massachusetts.

Fei, Hsiao-T.（費孝通）1939 *Peasant Life in China: A Field Study of Country Life in the Yangtze Valley*, London.〔仙波泰雄・塩谷安夫訳 一九三九『支那の農民生活』生活社〕

Feuchtwang, S. 1974 "Domestic and Communal Worship in Taiwan", in A. P. Wolf ed. *Riligion and Ritual in Chinese Sciety*, California: Stanford Univ. Press, pp.105-129.

Firth, R. 1964 *Essays on Social Organization and Values*, The Athlone Press.

Freedman, M. 1958 *Lineage Organization in Southeastern China*, London.

Freedman, M. 1964 "Ancestor Worship: Two Facets of the Chinese Case", in M. Freedman ed. *Social Organization: Essays Presented to Raymond Firth*, London: Aldine, pp.85-103.

Gallin, B. 1966 *Hsin Hsing, Taiwan: A Chinese Village in Change*, Berkeley, California: Univ. of California Press.

Hakari, H. 1985 "Some Problems Resulting from a Research of Cheung Chau Island 長洲島", in Shiratori, Y. ed. *The Boat Festival in Hong Kong*, Tokyo: Sophia University, pp.86-95.

Harrell, C. S. 1974 "When a Ghost Becomes a God", in A. P. Wolf ed. *Riligion and Ritual in Chinese Sciety*, California: Stanford Univ. Press, pp.193-206.

Hsu, F. L. K. 1948 *Under the Ancestors' Shadow: Kinship, Personality, and Social Mobility in China*, Stanford, California: Stanford Univ. Press.

Hsu, F. L. K. 1963 *Clan, Caste, and Club.*〔作田啓一・浜口恵俊訳　一九七一『比較文明社会論―クラン・カースト・クラブ・家元―』培風館〕

Jan, M. 1976 *La vie chinoise*.〔小川特明訳　一九七八『中国人の生活』白水社〕

Jordan, D. K. 1972 *Gods, Ghosts, and Ancestors: Folk Religion in a Taiwanese Village*, Berkeley, California: Uhiv. of California Press.

Keesing, R. M. 1970 "Shrines, Ancestors, and Cognatic Descent: the Kwaio and Tallensi", in *American Anthropoogist*, pp. 755-775.

Kulp, D. H. 1925 *Country Life in South China: The Sociology of Familialism*, New York.〔喜多野清一・及川宏訳　一九四〇『南支那の村落生活―家族主義の社会学―』生活社〕

Lévi-Strauss, C. 1949 *Les Structures elémentaires de la Parenté*〔Tr. by J. H. Bell & J. R. von Sturmer 1969 *The Elementary Structures of Kinship*, Boston〕

Li, Yi-Yuan（李亦園）1992 "In Search of Equilibrium and Harmony: On the Basic Value Orientations of Traditional Chinese Peasants", in Nakane, C. & C. Chiao eds. *Home Bound: Studies in East Asian Society*, The Centre for East Asian Cultural Studies.

Mabuchi, T. 1980 "Space and Time in Ryukyuan Cosmology", in *Asian Folklore Studies*, XXXIX-1: 1-19.

Osgood, C. 1975 *The Chinese: A Study of a Hong Kong Community*, Tucson, Arizona: The Univ. of Arizona Press.

Parish, W. L. and M. K.White 1978 *Village and Family in Contemporary China*, Chicago: The Univ. of Chicago Press.

Potter, J. M. 1970 "Land and Lineage in Traditiona1 China", in M, Freedman, ed. *Family and Kinship in Chinese Society*, California.

Shiratori, Y. ed. 1985 *The Dragon Boat Festival in Hong Kong*, Tokyo: Sophia Univ.

Ward, B. E. 1985 *Through Other Eyes: Essays in Understanding "Conscious Models" Mostly in Hong Kong*, The Chinese University Press.

Watanabe, Y. 1985, "Ritual Process of the Dragon Boat Festival in the Cheung Chau lsland 長洲島", in Shiratori, Y. ed. *The Boat Festival in Hong Kong*, Tokyo: Sophia University, pp.66-85.

Watson, R. S. 1988 "Remembering the Dead: Graves and Politics in Southeastern China", in J. L. Watson and E. S. Rawski eds. *Death*

Ritual in Late Imperial and Modern China, California: University of California Press, pp.203-227.

Weller, R. P. 1987 *Unities and Diversities in Chinese Religion*, Seattle: Univ. of Washington Press.

Wolf, A. P. 1974 "Gods, Ghosts, and Ancestors", in A. P. Wolf ed. *Religion and Ritual in Chinese Society*, California: Stanford Univ. Press, pp.131-182.

Yang, C. K. 1961 *Religion in Chinese Society: A Study of Contemporary Social Functions of Religion and Some of Their Historical Factors*, Berkeley, California: Univ. of California Press.

Yang, M. C. 1945 *A Chinese Village: Taitou, Shantung Province*, New York.

Yoshihara, K. 1985 "The Dragon Boat Festival and Fishermen's Organizations in the Cheung Chau Island 長洲島", in Shiratori, Y. ed. *The Boat Festival in Hong Kong*, Tokyo: Sophia University, pp.96-110.

初出一覧

序章　術としての生活と宗教……書き下ろし

第一章　漢民族の調査研究事始め

第一節　台湾研究と客家文化―客家の人びとは永遠の友であり師である―

原題「序言一―客家是永遠的師友―」（河合洋尚主編『日本客家研究的視角与方法―百年的軌跡―』社会科学文献出版社、二〇一三年一〇月、一―七頁）

第二節　中国浙江省調査体験記

原題同じ（『中国民話の会通信』二六号、中国民話の会、一九九二年一〇月、一〇―一一頁）

第三節　中国研修紀行

原題「大陸中国研究紀行」（『アジア文化』一九号、アジア文化総合研究所、一九九四年一〇月、八四―一〇三頁）

第二章　家族と親族の生活術

第一節　中国東南部の親族組織

原題「中国東南部の親族組織概報」（『国際基督教大学社会科学ジャーナル』一四号、国際基督教大学社会科学研究所、六七―九四頁）

第二節　香港水上居民の家族生活

原題「香港水上居民の家族生活―長洲島を事例とした予備的調査報告―」（白鳥芳郎教授古希記念論叢刊行会編『諸民族の歴史と

文化』六興出版、一九九〇年一一月、一一五―一四〇頁）

第三章　患者と高齢者の養生術

第一節　治療法と病院文化

原題「治療法と文化―現代病院文化研究―」（『歴博』九五号、一九九九年七月、国立歴史民俗博物館、六―一〇頁）

第二節　差序体系下の高齢者養生術

原題「台湾の都市地区における高齢者生活―差序体系の狭間で―」（伊藤眞編『東アジアにおける高齢者のセイフティ・ネットワーク構築に向けての社会人類学的研究』科研費報告書、二〇一〇年三月、九二―一〇三頁）

第三節　死の条件と往生術

原題「漢族における死の条件―大往生を考える―」（『東京都立大学人文学報』三二八号、二〇〇二年三月、一五―三七頁）

第四章　宇宙三界との交渉術

第一節　術としての宗教

原題「『術』（方法）としての宗教―漢族は漢族の民俗宗教をどう解釈するか―」（『東京都立大学人文学報』三三八号、二〇〇三年三月、一―一四頁）

第二節　玉皇上帝誕生祭をめぐる祭祀術の多様性

原題「玉皇上帝誕生祭をめぐる類比と対比―抄論―」（馬淵東一先生古稀記念論文集編輯委員会編『社会人類学の諸問題』第一書房、一九八六年一月、三四五―三六六頁）

第三節　餓鬼の変化《へんげ》とその対応術

原題「台湾の鬼小考―異文化理解のための民俗知識論―」（櫻井徳太郎編『日本民俗の伝統と創造―新・民俗学の構想―』弘文堂、一九八八年一一月、三二七―三四四頁）

第四節　神・祖先と人の交流―台湾客家人の正月―

原題「台湾の正月―台湾南部客家人の過年節―」(『アジアの正月』(「アジア遊学」四六号) 勉誠出版、二〇〇二年一二月、七四―八五頁)

第五章　市場経済化する漢文化と風水術

第一節　中国政治経済下の風水師

原題「中国政治経済下の風水師―市場経済の社会人類学―」(韓敏編『革命の実践と表象―現代中国への人類学的アプローチ―』風響社、二〇〇九年三月、五一一―五二四頁)

第二節　拡がる風水術と知識の普及

第一項　原題「中国風水理論講習会で講演して」(『沖縄タイムス』一九九三年九月二日)

第二項　原題「行政と風水」(『言語』三一巻二号、二〇〇二年二月、六―七頁)

第三項……書き下ろし

第三節　市場経済化する漢文化……書き下ろし

付章　フィールドワーク徒然草

原題同じ(大胡欽一・加治明・佐々木宏幹・比嘉政夫・宮本勝編『村武精一教授古稀記念論文集・社会と象徴―人類学的アプローチ―』岩田書院、一九九八年五月、五一四―五二三頁)

終章　要約と結論……書き下ろし

あとがき

本書は、出版年で言うと、一九七六年から未刊の論考（書き下ろし）までを載せた、わたしの台湾～香港～大陸中国の漢民族研究の成果の集成である。台湾研究から次第に拡大して、地域は香港～マレーシア～大陸中国～モンゴル～ベトナム～カメルーン～ブラジルまで、対象は台湾・香港・大陸中国の漢民族、海外では中国人（華僑、華人）だが、漢民族研究のためにフィールドは地球の反対側まで到達してしまった。

本文に触れたように、その大陸中国での調査は、一九九二年から行うことができた。はじめは浙江省各地の調査だったが、翌年度からほぼ毎年調査の機会が得られたこともあり、ここ二〇年の間に沿海部では福建省、広東省、広西省各地、内陸部としては湖北省、湖南省、陝西省、安徽省、雲南省の各地、そして東北部としては北京はむろんのこと河北省、遼寧省、吉林省の各地を調査することができた。

こうして毎年のように中国に赴いては調査を実施することができたが、論文ほか研究成果の発表が、かなり追いつかなかった。調査データとしての漢民族の観察や聴取の記録は、本書に載せた内容の十倍以上あるかと思われる。それらの多くはいま、大学教育のなかで教材として十分に生かしているが、できるなら将来、本書のような体系だった書にしたいものである。

これだけ中国研究の機会に恵まれたことは、わたし一人の努力に帰せられるものではない。本文中に台湾、香港、大陸中国でお世話になった方々の名前は挙げさせていただいたが、とくに台湾では当時台湾大学教授だった宋文薫先生、台湾における調査地選定の決め手になった徐正光先生とご家族・ご親戚のみなさん、中央研究院民族学研究所でのご指導やご助力をいただいた劉枝萬先生、劉斌雄先生、林美容さんなど研究所スタッフ各位や黄麗雲さん、それに教え子の陳文玲さん、横田祥子さんにも感謝しておきたい。香港では吉原和男さんは調査チームのメンバーとして、中生勝美さんには調査期のメンバーとしてだけではなく、その後の香港、中国研究において、また単に広東語通訳としてだけでなく人類学研究の友として梁礎安さん、王向華さんなど当時の中文大学の学生さんに感謝したい。また陳其南先生には彼の香港中文大学在職当時、とくにお世話になった。

大陸中国に渡ってのちは、当時中国民俗学会のリーダーであられた鍾敬文先生、その後のわたしの中国民俗学研究に助言をいただいた陶立璠先生、本文でも触れたが中国風水研究のリーダー王玉徳さん、中国でお会いしその後共同調査研究メンバーになった何彬さん、梁景之さん、麻国慶さん、日中双方で共同研究をした周星さん、包智明さん、色音さん、中国東北地方の調査でお世話になった劉春英さん、広東省の客家地域でのわたしの調査に多くの助言をいただいた房学嘉先生などなど。ここに名前を挙げると切りがないくらいだが、一部本文でもお世話になった方々を紹介している。それに教え子の楊昭さん、劉正愛さん、河合洋尚さん、横田浩一さんなどなど、わたしの漢民族研究の背景には教え子の並々ならぬ助力があったことは記しておかねばならない。

最近、自作の本を出版する機会のなくなっていたわたしに、出版の機会を申し出て下さったのは、西村篤さんだった。本を出さなくなってから十数年。しかし本になるほどの一定量の論文数は確保できていた。わたし自身、出版するならと迷っていたのは、論文を集大成して、それを「日本本土研究」にするのか「沖縄研究」にするのか、それとも「中国研究」にするのかということだった。あるいはテーマ別に「宴研究」にするか「風水研究」

にするのか、それとも「民俗宗教研究」でまとめるか、なかなか決められなかったのである。
西村さんと相談の結果、比較的まとまりのある本書を出すことになった。とくにこの二〇年は、中国で調査研究をすることが多かった。しかし意外と、わたしの中国研究書は少ない。だから良い機会を与えられたことになる。西村さんには記して感謝申し上げたい。

渡邊欣雄

［や］

［ら］

主要索引

［著者略歴］

渡邊欣雄（わたなべ・よしお）

1947年、東京生まれ。1969年、埼玉大学教養学部卒、1975年、東京都立大学大学院社会科学研究科博士課程満期退学。博士（社会人類学）。

跡見学園女子大学・武蔵大学・東京都立大学・首都大学東京・中部大学・國學院大學を経て、東京都立大学名誉教授・首都大学東京名誉教授、明治大学島嶼文化研究所客員研究員、日本文化人類学会名誉会員。

華中師範大学客員教授、嘉応大学客家研究院客員教授、贛南師範学院客家学刊学術顧問。

伊波普猷賞（1985年）、東村村政功労賞（1990年）、沖縄研究奨励賞（1993年）受賞。中国にて2005年、民俗研究傑出成就賞を受賞。

著書に『宴《うたげ》』（共著、弘文堂、1975年）、『沖縄の社会組織と世界観』（新泉社、1985年）、『風水思想と東アジア』（人文書院、1990年）、『漢民族の宗教』（第一書房、1991年）、『世界のなかの沖縄文化』（沖縄タイムス社、1993年）、『風水 気の景観地理学』（人文書院、1994年）、『風水の社会人類学』（風響社、2001年）ほか。

編著に『親族の社会人類学』（至文堂、1982年）、『象徴と権力』（共編、弘文堂、1988年）、『祖先祭祀』（凱風社、1989年）、『風水論集』（凱風社、1994年）、『日本民俗大辞典』上下巻（共編、吉川弘文館、1999～2000年）、『沖縄民俗辞典』（共編、吉川弘文館、2008年）ほか。

術《じゅつ》としての生活と宗教――漢民族の文化システム

発行日……………………………2017年12月22日・初版第1刷発行

著者………………………………渡邊欣雄

発行者……………………………大石良則

発行所……………………………株式会社森話社

〒101-0064　東京都千代田区猿楽町1-2-3

Tel　03-3292-2636

Fax　03-3292-2638

振替　00130-2-149068

印刷………………………………株式会社厚徳社

製本………………………………榎本製本株式会社

ISBN　978-4-86405-121-7　C1039